RÉMY LE MOIGNE

SUPPLY CHAIN MANAGEMENT

Achat, production, logistique, transport, vente

3e édition

DUNOD

Éditorial : Guillaume Clapeau et Sandrine Paniel
Couverture : Nicolas Wiel
Fabrication : Bertrand Thevenot
Mise en pages : Nord Compo

NOUS NOUS ENGAGEONS EN FAVEUR DE L'ENVIRONNEMENT :

PAPIER CERTIFIÉ

Nos livres sont imprimés sur des papiers certifiés pour réduire notre impact sur l'environnement.

Le format de nos ouvrages est pensé afin d'optimiser l'utilisation du papier.

Depuis plus de 30 ans, nous imprimons 70 % de nos livres en France et 25 % en Europe et nous mettons tout en œuvre pour augmenter cet engagement auprès des imprimeurs français.

Nous limitons l'utilisation du plastique sur nos ouvrages (film sur les couvertures et les livres).

11, rue Paul Bert, 92240 Malakoff
www.dunod.com
ISBN : 978-2-10-086978-7

Sommaire

À Maya, à Paolo.

Avant-propos

Le *supply chain management* (SCM) est une fonction critique de l'entreprise. Il représente une part très importante des coûts : de 60 % à 90 % des coûts d'une entreprise industrielle[1]. Il est le principal responsable de l'impact des entreprises sur l'environnement : le transport de marchandises, par exemple, consomme à lui seul 15 millions de barils de pétrole par jour, soit environ 20 % de la production mondiale[2], représente 8 % des émissions mondiales de gaz à effet de serre, et jusqu'à 11 % si l'on inclut les entrepôts et les ports[3]. Il a permis à de nombreux groupes d'acquérir un avantage concurrentiel déterminant : Walmart, Inditex (marque Zara) ou encore Amazon en sont des exemples connus.

Pourtant le *supply chain management* reste souvent difficile à comprendre pour les dirigeants et les responsables opérationnels des entreprises.

- Difficile à comprendre parce que le *supply chain management* couvre de nombreuses fonctions : achat, approvisionnement, production, maintenance, vente, pilotage des stocks et des flux de produits, gestion des entrepôts, transport.

- Difficile à comprendre parce que le *supply chain management* suppose souvent la connaissance de nombreuses méthodes : gestion partagée

---

1 Source : *Supply chain Council.*

2 Source : McKinsey Quarterly, août 2009.

3 *Freight Transportation Explainer*, Suzanne Greene, MIT Climate, 2023 : https://climate.mit.edu/explainers/freight-transportation

des approvisionnements, méthode des 5S, méthode Kanban, méthode SMED, *value stream mapping*, démarche Kaizen, cycle PDCA, théorie des contraintes, méthode Six Sigma, démarche DMAIC, maintenance basée sur la fiabilité, analyse ABC, analyse volume variabilité...

• Difficile à comprendre parce que le *supply chain management* fait appel à de nombreux outils : système de modélisation et d'optimisation des réseaux logistiques, *advanced planning and scheduling system*, gestion de la maintenance assistée par ordinateur, système d'optimisation des stocks multiéchelons, *warehouse management system, transportation management system, e-procurement*...

• Difficile à comprendre parce que le *supply chain management* utilise de très nombreuses abréviations : 3PL, 5S, AMDEC, ATP, CIF, CMI, CPFR, CTM, DRP, ECR, GPA, JIT, MRP, RCM, SMED, TPM, TRS, VMI...

• Difficile à comprendre, enfin, parce que le *supply chain management* fait l'objet de dizaines de définitions différentes.

S'il existe de nombreuses publications présentant une fonction, une méthode ou encore un outil, il n'existe pas d'ouvrage permettant à la fois d'acquérir une compréhension globale du *supply chain management* et d'en connaître l'ensemble des fonctions, des méthodes et des outils.

C'est cette absence que cet ouvrage vise à combler. Destiné aux dirigeants d'entreprise, aux responsables opérationnels mais aussi aux étudiants, il décrit le thème du *supply chain management* de façon exhaustive, structurée et synthétique. Après un chapitre d'introduction, qui rappelle les définitions et les origines du *supply chain management*, les chapitres suivants en présentent les différentes fonctions. Chaque chapitre décrit une fonction ainsi que les méthodes (fiche pratique), les outils (encadré) et les nouvelles technologies qu'elle utilise. Il est enrichi d'exemples opérationnels et de témoignages d'experts (avis d'expert). Des solutions pour réduire les coûts et l'impact sur l'environnement sont également rappelées.

Remerciements

Je remercie tous ceux qui ont contribué à la rédaction de chacune des éditions de ce livre et, en particulier, Magdeleine Allaume (Bénéteau), Alain Avau (Solvay), Florence Baiget (Groupe Veolia), Jean-Philippe Bigot (Bigot Fleurs), Ben Boone (Delhaize), Jean Damiens (ASLOG), Vincent Delozière (Refresco), Séverine Fletcher-Colombel (Région Île de France), Jean-Paul Guichard (PepsiCo), Damien Gustin (ArcelorMittal), Pierre-Martin Huet (Groupe Michelin), Laurence Laroche (Groupe La Poste), Denis Le Vot (Renault Group), Guy Lederer (PSA Peugeot Citroën), Olivier Legendre (CHEP), Luca Marangoni (Commission européenne), Alain Monnet (Heineken), Jean Oberlé (Schneider Electric), Isabelle Ragault-Rolland (GRTgaz), Peter Reinshagen (Ermewa), Daniela Rodriguez Caso (GRTgaz), Mourad Tamoud (Schneider Electric), Thomas Teisseire (Danone) et Slim Zeghal (Altea Packaging).

Je remercie également Guillaume Clapeau des éditions Dunod pour son assistance et ses conseils.

Ressources numériques

En complément de cet ouvrage, vous trouverez en ligne un glossaire et un lexique français-anglais.

http://dunod.link/u5ek9bd

http://www.dunod.com/ean/9782100869787/

Introduction

Executive summary

- **Le *supply chain management*** est devenu un thème très courant. Le moteur de recherche Google trouve plus de 25 millions de pages Web contenant le terme *supply chain management*. Tous les grands groupes industriels ont mis en place une fonction *supply chain management*.
- **Mais quelle est la définition** du *supply chain management* (ou gestion de la chaîne logistique) et quelle est la définition des termes qui lui sont liés : logistique, chaîne logistique et gestion des opérations ? Quelle est également l'histoire du *supply chain management* ?

Définitions

La gestion des opérations

Une opération est un processus qui transforme des ressources (une matière première, une information) en d'autres ressources (un produit fini, une autre information) en leur apportant de la valeur ajoutée.

Les principales opérations d'une entreprise sont rappelées figure 1.

<table>
<tr><th></th><th>Acheter</th><th>Produire</th><th>Vendre</th></tr>
<tr><td>Définir la chaîne logistique</td><td colspan="3">Définir le réseau de production et le réseau logistique
Définir le modèle de pilotage des stocks et des flux de produits</td></tr>
<tr><td rowspan="2">Planifier les opérations</td><td>Définir la stratégie achat
Sélectionner les fournisseurs
Gérer la relation avec les fournisseurs</td><td>Planifier la production</td><td>Prévoir la demande</td></tr>
<tr><td colspan="3">Planifier le transport</td></tr>
<tr><td rowspan="2">Gérer les flux d'information</td><td>Gérer les demandes d'achat
Gérer les commandes d'achat
Contrôler les factures fournisseurs</td><td>Contrôler les activités de production</td><td>Gérer les commandes de vente
Facturer les commandes
Gérer les réclamations
Gérer le service après-vente</td></tr>
<tr><td colspan="3">Piloter les stocks et les flux de produits</td></tr>
<tr><td rowspan="2">Gérer les flux de produits</td><td>Réceptionner les marchandises</td><td>Produire
Maintenir</td><td>Expédier les marchandises</td></tr>
<tr><td colspan="3">Préparer, exécuter et clôturer les ordres de transport</td></tr>
<tr><td rowspan="2">Piloter la performance</td><td>Piloter la performance des achats</td><td>Piloter la performance de la production
Piloter la performance de la maintenance</td><td>Piloter la performance du processus de traitement des commandes</td></tr>
<tr><td colspan="3">Piloter la performance de la logistique et du transport</td></tr>
</table>

Figure 1 – Fonctions de gestion des opérations

La gestion des opérations (*operations management*) désigne la gestion de l'ensemble des processus de transformation d'une entreprise. Cette gestion couvre à la fois les opérations de planification, d'exécution et de contrôle. Il ne semble pas exister une définition partagée du terme *operations management* apparu dans les années 1970.

La logistique

Le mot logistique a vu sa définition évoluer, depuis sa création en 1836. Jusqu'au début des années 1900, il était surtout utilisé dans le domaine militaire. L'American Marketing Association proposa en 1935, dans *Marketing Vocabulary*, l'une des premières définitions de la logistique : « La logistique regroupe les différentes activités réalisées par une entreprise, y compris les activités de service, durant le transfert d'un produit du site de production jusqu'au site de consommation ».

Le National Council of Physical Distribution Management (NCPDM), qui deviendra en 1985 le Council of Logistics Management (CLM) puis, en 2004 le Council of Supply Chain Management Professionals (CSCMP), proposa une définition plus large incluant les approvisionnements et le transport : « Le processus de planification, d'exécution et de contrôle des procédures de transport et de stockage des biens (et des services) efficace et efficient, et des informations associées, du point d'origine au point de consommation dans le but de répondre aux besoins du client.

Quelques organisations ont cherché à normaliser la définition de la logistique. Le Conseil économique et social des Nations unies proposa de définir la logistique comme le « processus de conception et de gestion de la chaîne d'approvisionnement dans le sens le plus large. Cette chaîne peut comprendre la fourniture de matières premières nécessaires à la fabrication, en passant par la gestion des matériaux sur le lieu de fabrication, la livraison aux entrepôts et aux centres de distribution, le tri, la manutention et la distribution finale au lieu de consommation[1] ».

1 Source : *Terminologie en transports combinés*, Conseil économique et social des Nations unies, 1er février 2000.

Certaines définitions présentent la logistique comme un ensemble d'activités dont le périmètre varie d'une définition à l'autre. D'autres présentent la logistique comme une méthode de gestion. En l'absence d'une définition partagée, le terme « logistique » prête souvent à confusion.

La supply chain

Une *supply chain* est un réseau d'organisations (fournisseurs, usines, distributeurs, clients, prestataires logistiques…) qui participent à la fabrication, la livraison et la vente d'un produit à un client.

Ces organisations échangent entre elles des produits, des informations et de l'argent.

Exemple

> Dans une chaîne logistique du secteur alimentaire, un producteur agricole envoie des fraises à une entreprise de transformation de fruits qui expédie, à son tour, du concentré de fraise à un fabricant de yaourt, qui livre des palettes de yaourts à la fraise à l'entrepôt d'un distributeur pour être vendues dans une grande surface.

Le terme *supply chain* est le plus souvent traduit en français par chaîne logistique. Les termes chaîne logistique étendue et chaîne d'approvisionnement sont également parfois utilisés.

La délégation générale à la langue française et aux langues de France a publié au *Journal officiel* du 14 mai 2005 la définition suivante de la chaîne logistique : « Ensemble des processus nécessaires pour fournir des produits ou des services ».

Une chaîne logistique est souvent représentée comme une chaîne reliant le fournisseur du fournisseur au client du client (voir figure 2).

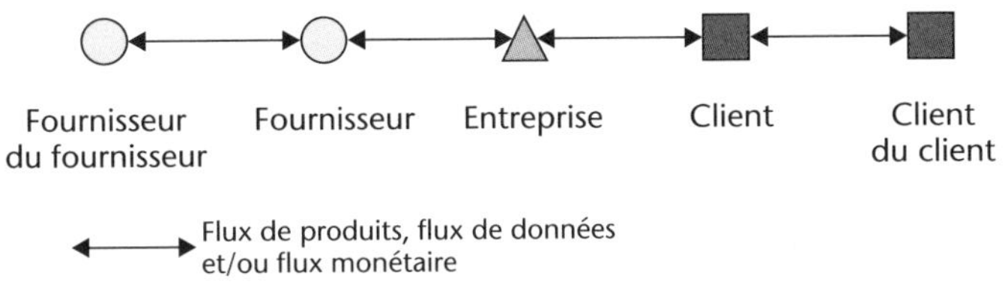

Figure 2 – ***Supply chain***

En réalité, les chaînes logistiques n'ont de chaîne que leur nom. Elles sont constituées d'un réseau complexe d'organisations dont la figure 3 reste une illustration simplifiée.

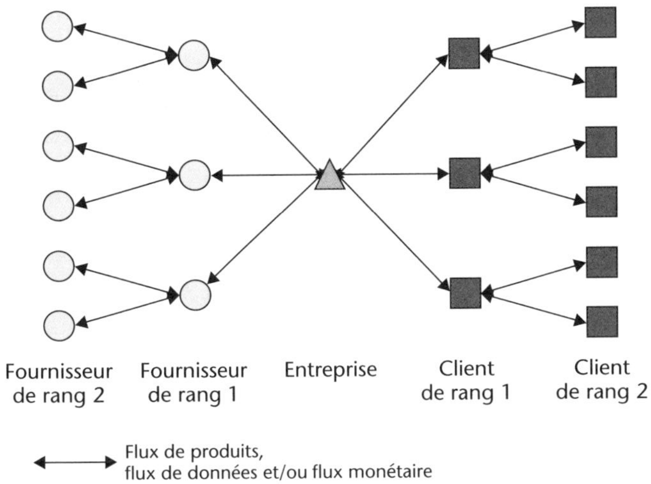

Figure 3 – ***Supply chain***

Exemple

Un fabricant d'ordinateurs compte généralement plus d'un millier de fournisseurs. L'entreprise agroalimentaire Nestlé travaille avec 50 000 fournisseurs et 600 000 fermes.

Les informations échangées sont des commandes de réapprovisionnement, des bons de livraison, des factures. Elles peuvent être aussi des prévisions de vente ou encore des plannings de fabrication (voir un exemple figure 4).

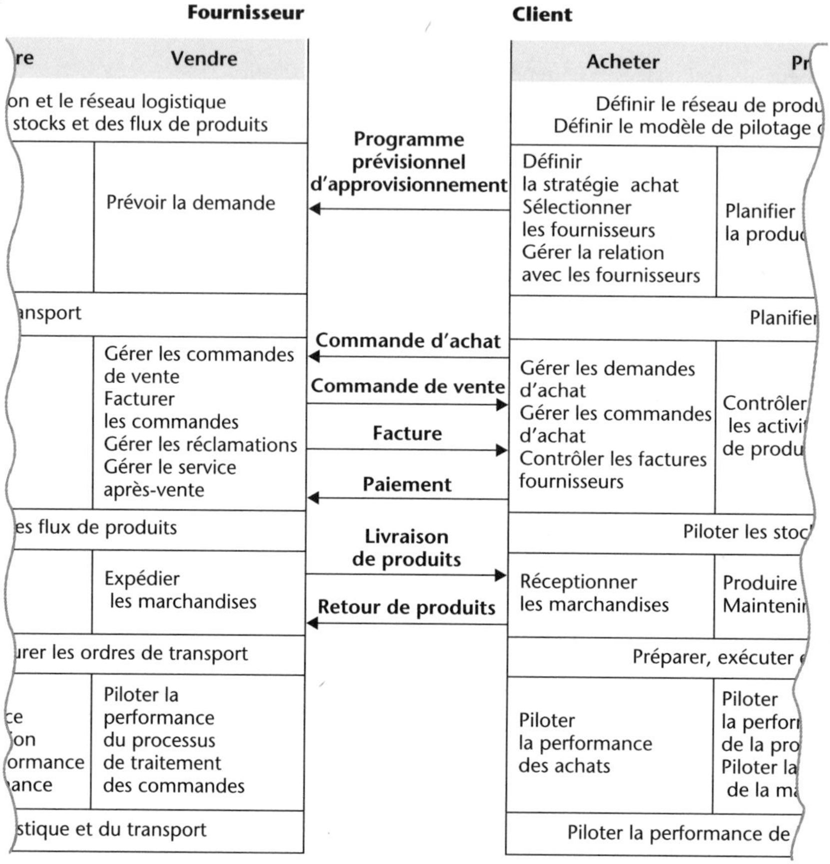

Figure 4 – Exemple d'échanges entre un fournisseur et un client

La gestion de la chaîne logistique ou supply chain management

Si le terme *supply chain management* (SCM) est très utilisé aujourd'hui, sa signification est toujours source d'une grande confusion.

Le terme *supply chain management* a vu sa définition évoluer depuis qu'il existe et, aujourd'hui, des dizaines de définitions différentes ont été recensées.

Certaines définitions présentent le *supply chain management* comme un ensemble de processus. En 1982, Oliver et Weber indiquent que le *supply chain management* couvre le flux de produits du fournisseur à l'utilisateur final en passant par les chaînes de production et de distribution.

D'autres définitions présentent le SCM comme un principe de management. Le Council of Supply Chain Management Professionals propose la définition suivante : « le *supply chain management* comprend la planification et la gestion de toutes les activités impliquées dans le *sourcing* et l'approvisionnement, la transformation et toutes les activités logistiques. Il inclut également la coordination et la collaboration avec des partenaires qui peuvent être des fournisseurs, des intermédiaires, des prestataires et des clients. Le SCM est une fonction d'intégration dont le rôle principal est d'intégrer les différents métiers et les différents processus dans et entre les entreprises au sein d'un modèle cohérent et performant. Il inclut toutes les activités de gestion de la logistique citées ci-dessus ainsi que les opérations de production, et il pilote la coordination des processus et des activités au sein et entre le marketing, les ventes, le développement produit, la finance et les technologies de l'information ».

Une définition, qui présente le *supply chain management* en termes d'objectif, est fréquemment utilisée : « Le processus pour obtenir le bon produit au bon endroit au bon moment et au meilleur coût ». Une définition très proche est utilisée pour définir le *merchandising*[1] !

Si le terme *supply chain management* prête à confusion c'est aussi parce que les mots *supply* et *chain* prêtent eux-mêmes à confusion. Les chaînes logistiques ne traitent pas uniquement de l'offre (*supply*), mais aussi de la demande. Elles sont plus souvent organisées en réseau qu'en chaîne.

Pour ajouter à la confusion, d'autres termes proches sont également utilisés : *inbound logistics, outbound logistics, materials management, demand chain* ou encore *value chain* (voir figure 5).

• La logistique amont (*inbound logistics*), ou logistique d'approvisionnement, est « l'ensemble des activités liées à la réception, au stockage et à la distribution (au sein de l'entreprise) des matières premières et

1 *The process of getting the right product to the right place at the right time at the right price.*

composants, telles que la manutention des marchandises, la gestion des entrepôts, le contrôle des stocks, l'ordonnancement des transports et le retour aux fournisseurs[1] ».

• La logistique interne est l'ensemble des activités liées à l'acheminement des produits au sein de l'entreprise.

• La logistique avale (*outbound logistics*) est « l'ensemble des activités liées à la collecte, au stockage et à la distribution de produits à des acheteurs, telles que la gestion des entrepôts de produits finis, la manutention des marchandises, l'exploitation des véhicules de livraison, le traitement et l'ordonnancement des commandes[2] ». Elle a longtemps été appelée *physical distribution.*

• Le *materials management* (gestion des flux) est « l'ensemble des fonctions de gestion qui supportent le cycle des flux de produits de bout en bout, de l'approvisionnement et du contrôle interne des matières premières à la planification et au contrôle de l'en-cours de fabrication et à l'entreposage, l'expédition et la distribution des produits finis[3] ».

• Le terme « *demand chain* » est quelquefois préféré à *supply chain* parce qu'il déplace l'attention du fournisseur et de l'usine vers le client.

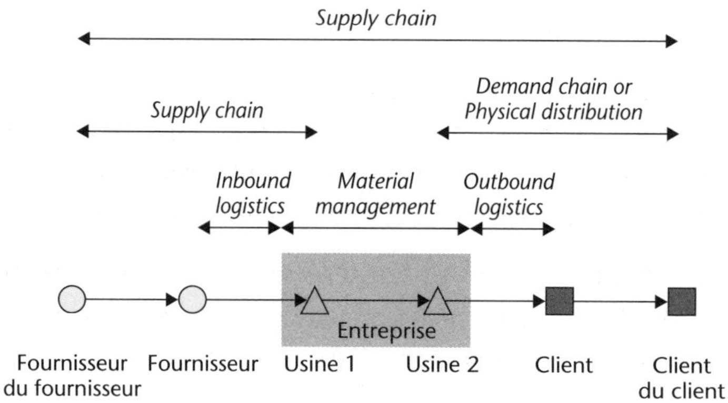

Figure 5 – Terminologie

1 Source : *Competitive Advantage : Creating And Sustaining Superior Performance,* Michael E. Porter.
2 Source : *Ibid.*
3 Source : APICS Dictionnary, 12e éd.

La *value chain* désigne l'ensemble des activités (*inbound logistics, operations, outbound logistics...*) qui sont réalisées par une entreprise pour concevoir, produire, vendre, livrer et supporter ses produits.

Historique

Il faut remonter à 1958 pour retrouver l'origine du terme *supply chain management*, lorsque Jay Wright Forrester écrivait : « Le management est à la frontière d'un changement majeur en comprenant comment le succès des sociétés industrielles dépend de l'interaction entre les flux d'information, de produits, d'argent, de main-d'œuvre et de biens d'équipement[1] ».

Le terme *supply chain management* apparaîtra vingt-quatre années plus tard, en 1982, dans un article d'Oliver et Webber : « Supply-chain Management : Logistics Catches Up With Strategy ».

Si le terme *supply chain management* n'est apparu qu'en 1982, les hommes ont sans nul doute été conduits à gérer des chaînes logistiques dès qu'ils se mirent à faire du commerce ou la guerre.

La logistique des armées[2]

La logistique militaire a pour rôle de gérer l'approvisionnement des forces armées et la maintenance des équipements comme les armes et les munitions.

■ Les convois de ravitaillement

Le problème de l'approvisionnement en vivres et en équipements ne se posait pas aux premières armées. Les armées étaient en effet équipées de façon rudimentaire et vivaient du pillage des régions traversées.

1 « Industrial Dynamics : A Major Breakthrough For Decision Makers », Jay W. Forrester, *Harvard Business Review*, vol. 38, juillet-août 1958.

2 De nombreuses informations de ce chapitre sont tirées de *Supplying War : Logistics From Wallenstein To Patton*, Martin L. Van Creveld.

Plus tard cependant, les équipements se sophistiquèrent (munitions, chariots...). En pillant les régions rencontrées, les armées devaient se disperser sur de grandes distances et se déplaçaient lentement, perdant ainsi en efficacité. Très vite le problème de l'approvisionnement des troupes se posa.

700 ans avant J.-C., les armées assyriennes étaient équipées de lances en fer, d'armures et de chariots. Comme moyens de transport, elles utilisaient des chevaux, des chameaux, des mules ou encore des bœufs. Les forces armées étaient suivies par des convois d'équipements et de vivres.

■ La spécialisation de la logistique

Au IVe siècle avant J.-C., parce que la vitesse des armées était souvent limitée par celle des convois de vivres et d'équipements, Alexandre Le Grand mit fin aux troupes qui regroupaient à la fois les combattants et les hommes en charge de l'approvisionnement. Il réduisit au minimum le transport des vivres et équipements qui accompagnaient les troupes armées. Dans *La Vie d'Alexandre*, Plutarque raconte qu'« Alexandre, prêt à partir pour l'Inde, vit ses troupes tellement accablées de butin, qu'on pouvait à peine les mettre en mouvement. Un jour, dès le matin, les chariots étant déjà chargés, il commença par brûler les siens avec ceux de ses amis, et commanda ensuite qu'on mit le feu à ceux des Macédoniens ». Parallèlement, il faisait précéder le mouvement de ses armées par la mise en place de dépôts avancés de vivres et de fourrage. Il fit également un usage intensif du transport maritime. Ainsi organisées, ses armées étaient beaucoup plus mobiles et il put effectuer l'une des plus longues marches, plus de 18 000 km en 8 ans, allant de l'Égypte jusqu'en Inde en traversant la Perse.

À la même époque, au IVe siècle avant J.-C., le général chinois Sun Tzu mit en évidence, dans son livre *L'Art de la guerre*, l'importance des moyens logistiques pour assurer la victoire d'une armée.

Au mois de mai de l'année 218 avant J.-C., Hannibal conduisit une armée de 40 000 hommes, de milliers de chevaux et de 38 éléphants de l'Espagne à l'Italie en traversant les Pyrénées et les Alpes. Durant cette marche, les armées durent construire des radeaux pour permettre aux éléphants de traverser le Rhône, attaquer des villes pour se réapprovisionner et affronter les avalanches. Cette marche, qui semblait impossible à l'époque, démontra l'importance de la planification et de la préparation même si seule la moitié des troupes atteignit l'Italie. Arrivé en Italie, Hannibal défit les armées romaines dans une série de batailles mais ne parvint pas à prendre Rome, ne possédant sans doute pas le matériel nécessaire à l'attaque et au siège de la ville.

Du Ier siècle avant J.-C. au IIe siècle après J.-C., les Romains développèrent un réseau de routes qui permit à leurs armées de se déplacer rapidement et de répondre sans délai aux attaques ennemies. Durant le IIIe siècle après J.-C., ce réseau fut même étendu aux territoires frontaliers, permettant ainsi de relier les bases militaires avancées aux sources d'approvisionnement. Les convois de ravitaillement étaient assurés par les servants et esclaves des militaires.

À partir du XIe siècle, les premières croisades soufrèrent beaucoup du manque de préparation logistique. Traversant des pays hostiles et arides, plusieurs armées de croisés furent décimées par manque de vivres. Pour résoudre ce problème d'approvisionnement, Richard Cœur de Lion fit transporter les vivres par des navires qui suivaient les armées qui longeaient les cotes. Toutefois, quand il pénétra dans les terres pour prendre Jérusalem, il traversa des champs ravagés et trouva des puits empoisonnés. Sans vivres, Richard Cœur de Lion ne put faire le siège de Jérusalem.

Au XIIIe siècle, les armées mongoles s'organisèrent pour être le plus autonome possible. Les combattants étaient équipés d'hameçons pour la pêche et transportaient avec eux une ration de vivres à base de viandes séchées. Chaque guerrier était accompagné de plusieurs chevaux, pouvant ainsi supporter de longues campagnes. Les troupes étaient également accompagnées de chariots qui transportaient de grandes quantités de flèches.

■ Les systèmes de magasins

En Occident, le système féodal était un moyen de fournir, en temps de paix, un support logistique aux cavaliers. La situation était beaucoup plus difficile en temps de guerre. Les armées combinaient le transport des vivres et le pillage des régions traversées. Ce mode d'approvisionnement se révélait de moins en moins adapté aux armées dont le nombre de soldats augmentait sans cesse. Les sièges, en particulier, étaient difficiles à tenir car si la ville assiégée disposait de provisions suffisantes, l'assaillant devait aller chercher les ravitaillements de plus en plus loin. En 1647, le cardinal duc de Richelieu rappelait dans son *Testament politique* que l'approvisionnement des armées restait un problème difficile : « Or parce qu'il n'y a rien de si important à la subsistance des gens de guerre, et aux succès de tous les desseins qu'on peut entreprendre, que de pourvoir si bien à leurs vivres qu'ils ne leur manquent jamais. [...] Il se trouve en l'histoire beaucoup plus d'armées péries faute de pain et de police, que par l'effort des armées ennemies ; et je suis fidèle témoin que toutes les entreprises qui ont été faites de mon temps, n'ont manqué que par ce défaut[1] ».

Au début du XVIIe siècle, pendant la guerre de Trente ans, Gustavus Adolphus, le roi de Suède, mit en place un système d'approvisionnement des armées composé de magasins de vivres et d'équipements, et de convois de ravitaillement. Durant les années 1640 et 1650, l'administrateur français Michel Le Tellier mit en œuvre un système similaire mais sur une plus grande échelle. Il fit construire, proches des frontières, des forteresses destinées à stoker vivres et fourrage pour soutenir les armées lorsqu'elles étaient en campagne au-delà des frontières. Il fit appel à des entreprises privées pour l'approvisionnement de ces magasins. Les transports entre magasins ou aux armées, jusqu'alors assurés par la corvée ou la réquisition, furent également confiés à des entreprises civiles.

---

1 *Testament politique D'Armand Du Plessis, cardinal duc de Richelieu, pair et grand amiral de France, Premier ministre du Conseil d'État sous le règne de Louis XIII, roi de France et de Navarre, commandeur des ordres de Sa Majesté, évêque de Luffon, confondateur et bienfaiteur de la Maison et Société de Sorbonne.*

Son fils, le marquis de Louvois, ministre français de la Guerre, mit en place des magasins généraux, de plus grande capacité que les magasins, destinés à répondre aux besoins de l'armée de Louis XIV et à permettre aux forteresses aux frontières de tenir un siège d'au moins six mois. La fonction d'intendant des armées et de commissaire fut créée pour gérer ce système de magasins. Des normes de ravitaillement furent établies afin de calculer les quantités de vivres et le fourrage à acheminer à une armée en fonction de sa taille. En 1700, une armée de 60 000 hommes avait besoin de 45 tonnes de pains par jour produites par 60 fours à pain. Les 40 000 chevaux consommaient jusqu'à 500 tonnes de fourrage par jour.

En 1644, la charge de maréchal des logis des camps et armées du roi fut créée[1]. Le maréchal des logis était alors responsable, en particulier, de la planification des marches, de la sélection des campements, de l'organisation des transports et des approvisionnements. L'origine du mot logistique provient de maréchal des logis : « Le mot logistique dérive, comme on le sait, de celui de major général des logis (traduit en allemand par celui de *Quartiermeister*), espèce d'officiers qui avaient jadis la fonction de loger ou camper les troupes, de diriger les colonnes, de les placer sur le terrain[2] ».

Durant la guerre de la Ligue d'Augsbourg (1688-1697), les armées ne s'aventuraient que rarement à plus d'une semaine de marche du magasin le plus proche et les manœuvres pour couper les lignes ennemies de réapprovisionnement devenaient bien plus fréquentes que les batailles. Les sièges des magasins généraux se généralisèrent car la prise de ces magasins interdisait à l'armée ennemie la gestion du territoire environnant.

En 1799, Napoléon créa le corps des inspecteurs aux revues et le corps des commissaires des guerres, en charge du contrôle des fournitures matérielles. En 1807, il mit en place les bataillons du train

1 Source : *Les Grades dans l'armée de terre*, ministère français de la Défense, service historique de la défense.
2 *Précis de l'art de la guerre*, baron Antoine Henri Jomini.

des équipages. Le train des équipages était en charge du transport des vivres et des matériels autres que ceux nécessaires à l'artillerie et au génie qui disposaient eux-mêmes de leurs propres moyens de transport. À compter de cette date, le transport militaire était alors totalement militarisé. Si Napoléon attacha une grande importance à la logistique et contribua à son développement, l'ironie de l'histoire voulu que ce soit la logistique qui fut l'un des responsables de l'échec de la campagne de Russie en ne parvenant pas à assurer les approvisionnements nécessaires à la Grande Armée. Pourtant la campagne de Russie avait été préparée logistiquement. Dès 1811, une réserve de 50 jours de vivres avait été mise en place à Dantzig pour 400 000 hommes et 50 000 chevaux. Des quantités importantes de munitions et de poudre avaient été stockées dans 5 villes différentes. Malgré cela, 270 000 hommes entrèrent en Russie avec seulement 4 jours de pain, 20 jours de farine et sans fourrage.

En France, le terme « logistique » apparut pour la première fois en 1836 dans l'ouvrage *Précis de l'art de la guerre*, écrit par un officier de Napoléon, le baron Antoine Henri Jomini. Dans le chapitre « Sur la logistique ou art pratique de mouvoir les armées », Jomini décrivit en dix-huit points les principales activités de la logistique. Ces activités recouvraient, par exemple, la planification (Point n° 1 : « Faire préparer d'avance tous les objets matériels nécessaires pour mettre l'armée en mouvement, c'est-à-dire pour ouvrir la campagne. Tracer les ordres, instructions et itinéraires pour la rassembler et la mettre ensuite en action »), l'ordonnancement (Point n° 9 : « Ordonner et surveiller la marche des parcs d'équipages, de munitions, de vivres et d'ambulances, tant dans les colonnes que sur les derrières, de manière à ce qu'ils ne gênent point les troupes tout en restant à leur proximité ; prendre les mesures d'ordre et de sûreté soit en marche soit dans les gîtes et *wagenburg* [barricades de chariots] ») ou encore la réception des marchandises et la gestion du transport (Point n° 10 : « Tenir la main à l'arrivage successif des convois destinés à remplacer les vivres ou munitions consommées. Assurer la réunion de tous les moyens de transport tant du pays que de l'armée, et en régler l'emploi »).

■ Les transports

En 1870, la guerre entre la France et la Prusse fut témoin de la première utilisation du chemin de fer à des fins militaires. Le train fut utilisé pour approvisionner les armées à partir de bases arrières de plus en plus lointaines.

À partir de 1917, l'automobile et le camion offrirent une alternative beaucoup plus flexible au train. En France, le carburant devenant une ressource sensible, le service des essences fut créé.

Le 6 juin 1944 fut entreprise la plus grande opération logistique de débarquement : 3 millions de soldats traversèrent la Manche pour débarquer en Normandie le jour J et les semaines suivantes. Les alliés mirent en place deux ports artificiels, un oléoduc sous marin et des navires pour organiser la logistique de ravitaillement en armements lourds, en munitions ou encore en carburant. Deux années avaient été nécessaires pour préparer ce débarquement.

En novembre 1943, plus de 560 hommes étaient dédiés à la planification de cette opération qui se déroulait à des milliers de kilomètres des bases de l'armée des États-Unis.

L'opération *Desert Shied* (Bouclier du désert), marquée elle aussi par une longue période de préparation, conduisit les forces de la coalition à déployer des moyens logistiques considérables dans le désert saoudien, situé à 10 000 km des bases américaines.

L'armée des États-Unis effectua 10 500 missions de transport aérien pour acheminer 350 000 tonnes de fret. Plus de 300 appareils de ravitaillement furent utilisés pour supporter le pont aérien. 385 navires furent également mis à contribution. 2 entrepôts, couvrant chacun plus de 900 hectares, furent mis en place en plein désert pour soutenir l'armée de terre[1].

---

1 Source : *La Guerre américaine du Golfe : guerre et puissance à l'aube du xxi*e *siècle*, Frédéric Guelton.

Le développement des échanges

■ Les premiers échanges

6 000 ans avant J.-C., les tribus de Mésopotamie mirent en place un système de troc pour échanger leurs biens (vaches, poules...). Pour faciliter le commerce, les sociétés anciennes utilisaient des produits d'échange dont la valeur était reconnue. Les îles du Pacifique utilisaient des coquillages, les sociétés de l'Arctique des fourrures, les Aztèques des graines de cacao, les Romains du sel. L'Égypte ancienne fut l'une des premières sociétés à utiliser un métal précieux. Les métaux précieux, tels que l'or ou l'argent, s'imposèrent alors progressivement comme un moyen d'échange privilégié. Dans les années 640 avant J.-C., un peuple d'Asie Mineure, les Lydiens, utilisa les premières pièces faites d'un alliage d'or et d'argent. Un siècle plus tard, le roi des Lydiens, Crésus, introduisit les premières pièces en or.

Dans les années 3000 avant J.-C., les Phéniciens, peuple de commerçants et de marins, quittèrent l'étroit territoire de la Phénicie, qui correspond à l'actuel Liban, pour fonder de nombreux comptoirs en bordure de la Méditerranée : en Afrique du Nord (Carthage, Tripoli), sur la péninsule Ibérique (Cadix), en Sardaigne, à Chypre ou encore à Malte. Leurs navires sillonnaient la Méditerranée et transportaient vin, huile, blé, orge, minerais de cuivre, d'argent et d'étain, bois de cèdre, pierres précieuses. Ils utilisaient des amphores comme contenant.

■ Le transport terrestre

En 139 avant J.-C., l'empereur chinois Wudi de la dynastie des Han envoya un ambassadeur, Zhang Qian, à l'ouest pour préparer des alliances contre les ennemis héréditaires des Chinois, les Xiongnu. Zhang Qian fut capturé par ces derniers mais s'échappa treize ans plus tard et retourna en Chine. Il conduisit une seconde expédition en 119 avant J.-C. qui ouvrit la voie aux futures ambassades et marchands. Cette voie fut reliée à d'autres pour former un réseau de communication reliant l'Orient à l'Occident : la route de la Soie. Ce réseau fut emprunté pour transporter non seulement de la soie (dont les secrets de fabrication furent longtemps seuls connus des Chinois), mais également des épices, des pierres et métaux précieux ou encore des étoffes de laine ou de lin.

Le transport terrestre montra cependant certaines limites. « On pouvait éventuellement transporter des pondéreux sur des distances qui pouvaient atteindre plusieurs centaines de kilomètres. La preuve en est fournie par la situation du XIXe siècle, où du grain produit en Anatolie intérieure pouvait être exporté vers la côte, ou d'une province à l'autre, mais avec des coûts très élevés. De Gangra à Castamon byzantine en traversant l'Ilgaz sur 132 km, le prix du blé était multiplié par deux. Le blé de Sebasteia dans l'intérieur des terres, pouvait être transporté à Amisos, sur une distance de 346 km. Mais le prix en était multiplié par quatre une fois rendu. On voit qu'à des distances d'environ 300 km, on atteignait les limites absolues du trafic terrestre des pondéreux. À des distances de plusieurs milliers de kilomètres, des transports de pondéreux par voie de terre étaient tout simplement inenvisageables, pour des raisons de coût bien évidemment, puis pour une série d'autres raisons. Il aurait fallu mettre en place un réseau de stations pour relayer les animaux. L'instabilité institutionnelle et politique aurait rendu des trajets de cette nature très aléatoire[1] ».

■ Le développement des échanges maritimes

Vers le milieu du XIIe siècle, les commerçants des villes de Hambourg et de Lubeck s'associèrent pour rendre le commerce maritime dans la Baltique plus sûr et lutter contre la piraterie. Ils furent rejoints par les commerçants de nombreuses autres villes pour former en 1358 la Ligue Hanséatique, qui devint une puissance commerciale et politique dans toute l'Europe du Nord.

De 1212 à 1214, la République de Venise prit part à la quatrième croisade et mit à la disposition des croisés ses navires. Elle assura en particulier le transport de 20 000 fantassins, 9 000 cavaliers et

1 *L'Économie de la Grèce des cités*, tome 1, « Les Structures et la production », Alain Bresson.

4 500 chevaux. En retour, elle obtint de nombreux comptoirs sur la route de l'Orient, comme Zadar en Croatie ou Corfou en Grèce. Grâce à ces comptoirs et à sa force maritime, elle domina au XIVe siècle, avec Gênes, le commerce de la Méditerranée. La République s'appuya sur une importante force maritime. Ses navires étaient fabriqués dans l'Arsenal.

L'arsenal, construit en 1104, était le plus vaste complexe industriel médiéval. Il regroupait des docks, des entrepôts pour les équipements (armures, mâts...) et des ateliers (pour la réparation des voiles ou la fabrication des cordages ou des rames). Les navires étaient fabriqués sur une chaîne de production en suivant un parcours au cours duquel ils recevaient les mâts, les armes, les rames, les ancres et enfin la cargaison. À son apogée, l'Arsenal employait jusqu'à 3 000 personnes.

Parce que la route de la Soie, qui reliait l'Orient à l'Occident, était longue et dangereuse, les Européens recherchèrent une route maritime pour atteindre l'Orient. Au début du XVe siècle, le Portugal organisa des explorations maritimes pour atteindre les Indes. Étape par étape, les navigateurs portugais contournèrent le continent africain et ouvrirent des comptoirs le long de la côte africaine. Les Portugais commencèrent le commerce des esclaves et de l'ivoire. En 1498, après avoir contourné le Cap de Bonne Espérance, Vasco de Gama atteignit finalement les Indes (les Indes orientales) mettant fin à un voyage d'une année. Il ouvrit la route des Indes.

Quelques années plus tôt, le navigateur espagnol Christophe Colomb découvrit l'Amérique (que l'on appelait alors les Indes occidentales) et devint ainsi le premier Européen à traverser l'océan Atlantique.

Envieux des richesses amassées par les Espagnols et les Portugais, les autres pays européens se lancèrent à leur tour dans le commerce avec les Indes en créant de grandes sociétés de commerce. Les Anglais furent les premiers, en 1600, à créer une société de commerce, la Compagnie anglaise des Indes orientales. En 1602, les Provinces-Unies créèrent la Compagnie néerlandaise des Indes orientales (*Vereenigde Oostindische Compagnie* ou VOC en néerlandais). La première flotte complète de la

VOC prit le large le 18 décembre 1603. À cette époque, le voyage aller-retour entre les Provinces-Unies et les Indes nécessitait une vingtaine de mois. La compagnie s'installa d'abord à Java puis à Jakarta pour devenir, progressivement, une véritable multinationale. Elle organisa d'abord le commerce du poivre et des épices fines, puis du textile, du thé et du café. En 1664, Jean-Baptiste Colbert, le ministre des Finances de Louis xiv, créa la Compagnie française pour le commerce des Indes orientales.

Le développement industriel

■ Les manufactures

En France, jusqu'au xviiie siècle, l'activité industrielle était assurée par de petits ateliers qui abritaient le plus souvent des entreprises familiales. Ces ateliers travaillaient essentiellement les denrées alimentaires, le textile et le bois. Colbert décida alors de créer les premières manufactures. Ces manufactures, si elles utilisaient encore peu de machines, concentraient une main-d'œuvre beaucoup plus nombreuse. Colbert mit ainsi en place la Manufacture nationale de Sèvres qui fabriqua de la porcelaine, la Manufacture de Beauvais et celle des Gobelins qui réalisèrent des tapisseries ou encore la Compagnie des Glaces (qui deviendra Saint-Gobain).

■ La première révolution industrielle

La première révolution industrielle débuta au xviiie siècle au Royaume-Uni. Elle vit l'émergence de nouvelles technologies : fourneaux à coke, machines à vapeur, machines à tisser.

En 1709, Abraham Darby parvint à faire fondre du minerai de fer en utilisant du coke. À partir de cette date, le coke remplaça progressivement le charbon de bois dans l'alimentation des fourneaux. Le procédé Bessemer permit de produire de l'acier en grandes quantités et à moindre coût. L'acier fut utilisé pour la fabrication des rails, des ponts et des structures des bâtiments.

En 1712, la première machine à vapeur fut utilisée dans l'industrie. Malgré un faible rendement, cette machine permettait de pomper de l'eau dans une mine. Le 21 février 1804, la première locomotive à vapeur était mise en marche en Angleterre. Elle atteignit une vitesse de 8 km/h. La première ligne ferroviaire pour le transport de passagers ouvrit deux années plus tard et relia les villes de Stokton et Darlington.

Plusieurs inventions successives, au cours du XVIIIe siècle, permirent de développer puis d'améliorer les machines à tisser.

En 1776, Adam Smith publia *La Richesse des nations* et proposa de mettre en œuvre la division du travail pour augmenter la productivité des ouvriers.

La première révolution industrielle fut le témoin de l'apparition de secteurs industriels importants comme l'industrie cotonnière, la sidérurgie ou encore la construction mécanique, et du développement de grands chantiers comme la construction de voies ferrées. Elle s'acheva lors de la dépression de la fin du XIXe siècle.

■ La seconde révolution industrielle

La seconde révolution industrielle vit le développement des industries de biens durables (comme les véhicules à moteur, les tramways électriques ou les appareils électroménagers), les industries de produits intermédiaires et de biens d'équipement (comme la chimie, les matériaux ou les machines).

Cette époque fut marquée par de nombreuses applications liées à la découverte de l'électricité. Par exemple, en 1879, Edison inventa la lampe à incandescence dans son laboratoire de Melo Park.

La seconde révolution industrielle prit fin aux environs de la Seconde Guerre mondiale.

■ Le développement de l'industrie automobile

En 1911, Taylor, dans son ouvrage *The Principles Of Scientific Management*, proposa une nouvelle organisation scientifique du travail afin d'améliorer la productivité des employés. Cette organisation reposait sur une division du travail en tâches simples et répétitives, individuellement optimisées, et sur le paiement des employés au rendement. Ce fut la naissance du Taylorisme.

En 1914, le constructeur automobile américain Henry Ford initia le travail à la chaîne dans ses usines et mit en place la première chaîne d'assemblage. L'ouvrier ne se déplaçait plus dans l'usine mais assemblait des pièces qui défilaient devant lui. Grâce à cette nouvelle organisation, le temps de construction de la Ford T passa de 6 heures à 1 heure 30. La Ford T fut la première voiture à être produite en masse.

Alfred P. Sloan réorganisa General Motors Corporation en mettant en œuvre les principes qu'il avait décrits dans son *Organization Study* en 1919. Il mit en place en particulier des organisations décentralisées avec un contrôle coordonné. Suite à un effondrement du marché automobile, afin de reprendre le contrôle des dépenses de l'entreprise, Sloan demanda que chaque responsable de division établisse un budget annuel et transmette tous les mois les prévisions de production et d'achat. Les principes de management développés par Alfred P. Sloan sont encore utilisés aujourd'hui par les grands groupes internationaux.

Les principes de la production de masse développés par l'industrie automobile furent mis en œuvre par l'industrie de l'armement aux États-Unis, en Allemagne ou encore au Japon pendant la Seconde Guerre mondiale.

Dans les années 1930, les dirigeants de Toyota Motors Corporation testèrent certains des principes de la production de masse sans obtenir de résultats très satisfaisants.

Dans les années 1950, un ingénieur de Toyota Motors Corporation, Taiichi Ohno, développa un nouveau système de production, le *Toyota Production System*, et mit en œuvre le *lean manufacturing*.

L'évolution des chaînes logistiques

■ La globalisation des chaînes logistiques

Les entreprises industrielles ne regroupaient qu'un nombre limité d'usines qui couvraient un marché local. Les employés de l'entreprise travaillaient souvent sur le site de l'usine. Progressivement, les entreprises industrielles mirent en place des usines dans de nouveaux marchés, pour augmenter leur chiffre d'affaires, ou dans des pays à bas coûts, pour réduire les coûts de production. À partir des années 1980, elles commencèrent également à consulter des fournisseurs autres que leurs fournisseurs locaux pour, une nouvelle fois, réduire leurs coûts.

■ La gestion des opérations

Pendant longtemps, les efforts pour améliorer la productivité des entreprises furent concentrés sur la gestion de la production (*production management*).

À partir de 1970, parallèlement à la troisième révolution industrielle qui vit le développement de l'informatique, ces efforts se portèrent également sur la gestion de l'ensemble des opérations (*operations management*).

■ L'intégration des fonctions au sein de l'entreprise

En 1993, Michael Hammer et James Champy publièrent *Reengineering The Corporation: A Manifesto For Business Revolution.* Les entreprises intégrèrent progressivement leurs différentes fonctions. Elles furent aidées en cela par la mise en œuvre de systèmes d'information intégrés couvrant les principales fonctions de l'entreprise (ERP).

■ La fragmentation des chaînes logistiques

À partir de la fin des années 1980, les entreprises se concentrent sur leur cœur de métier et externalisent auprès de fournisseurs une partie de leurs activités. Dans l'industrie automobile par exemple, Ford et General Motors se séparent, en 1999, de leurs activités de fabrication d'équipements automobiles en créant respectivement les sociétés Visteon et Delphi. Durant les années 2000, Boeing vendit la plupart de ses usines qui fabriquaient des systèmes, des câblages ou des éléments structuraux.

■ La collaboration avec les clients et les fournisseurs

À partir des années 1980, les entreprises initient des actions conjointes avec leurs fournisseurs. L'industrie des produits de consommation est à l'origine de plusieurs initiatives : *quick response, efficient consumer response* ou encore *collaborative planning, forecasting and replenishment.* À partir de la fin des années 1990, le développement des technologies Internet facilita la collaboration entre les clients et les fournisseurs.

Le développement durable

Après avoir cherché à réduire les coûts et à améliorer le service client, les entreprises durent mettre en place des chaînes logistiques durables (*sustainable supply chains*), non seulement efficaces économiquement mais également plus équitables socialement et plus respectueuses de l'environnement.

À partir des années 1990, sous la pression des consommateurs, de grandes entreprises, comme Nike ou Gap aux États-Unis, furent contraintes d'améliorer les conditions de travail dans les ateliers de fabrication qu'elles utilisaient dans les pays en développement. De nombreuses entreprises mirent en place des codes de conduite et organisèrent des audits de leurs fournisseurs.

Les entreprises durent également réduire l'impact, souvent très élevé, de leurs chaînes logistiques sur l'environnement. Par exemple, les chaînes logistiques de la plupart des fabricants de produits de consommation représentent plus de 80 % de leurs émissions de gaz à effet de serre[1].

1 "Starting at the source: Sustainability in supply chains", Anne-Titia Bové, Steven Swartz, McKinsey, 2016 : https://www.mckinsey.com/~/media/McKinsey/Business%20Functions/Sustainability/Our%20Insights/Starting%20at%20the%20source%20sustainability%20in%20the%20supply%20chain/Starting-at-the-source-Sustainability-in-supply-chains.pdf

La fragilité des chaînes logistiques

À la fois globales et fragmentées, les chaînes logistiques s'exposaient à des risques environnementaux, géopolitiques ou encore économiques toujours plus importants. Par exemple, à la suite du séisme de 2011 au Japon, de nombreuses usines automobiles en Europe, aux États-Unis et en Chine durent interrompre leurs productions, n'étant plus approvisionnées par leurs fournisseurs japonais. La pandémie de Covid-19 révéla également la fragilité des chaînes d'approvisionnement mondiales : la fermeture d'usines fabriquant des composants électroniques en Chine, épicentre de la pandémie, entraîna des pénuries dans de nombreuses industries.

Longtemps sous-estimée, la contribution de la fonction *supply chain* à la stratégie des entreprises est à présent reconnue. Les responsables des chaînes logistiques rejoignent progressivement les comités de direction (voir l'avis d'expert de Mourad Tamoud, vice-président exécutif, chaîne d'approvisionnement mondiale, de Schneider Electric).

Avis d'expert

MOURAD TAMOUD, vice-président exécutif, chaîne d'approvisionnement mondiale, de Schneider Electric (membre du comité exécutif)

COMMENT LA *FONCTION SUPPLY CHAIN* DE SCHNEIDER ELECTRIC EST-ELLE ORGANISÉE ?

La *supply chain* de Schneider Electric réunit 80 000 personnes qui livrent 228 000 références à partir de plus de 150 usines et 79 centres de distribution répartis dans 44 pays à travers le monde. Notre *supply chain* est complètement intégrée : toutes les fonctions, comme la stratégie, la performance industrielle, les achats directs et indirects, le planning, la qualité ou encore la logistique, sont regroupées au sein d'une même organisation.

COMMENT PILOTEZ-VOUS UNE CHAÎNE D'APPROVISIONNEMENT MONDIALE ?

Dans le cadre du programme *Tailored supply chain* lancé en 2012, nous avons choisi d'adapter notre *supply chain* aux besoins

•••

spécifiques de chacun de nos 17 segments de clients. Nous avons représenté chaque segment par un persona à qui nous avons donné un nom : il y a par exemple Dana, le distributeur, Simon, l'intégrateur de systèmes, Peter, le fabricant de tableaux électriques, ou encore Mike, le fabricant de machines. Les besoins de chacun de ces personas sont différents. Dana, le distributeur, demande à être livré en camions complets, tandis que Mike, le fabricant de machines, souhaite que tous les composants, comme les boutons-poussoirs ou les disjoncteurs, soient livrés en kit lors de l'assemblage de sa machine. Pour adapter notre *supply chain* à chaque persona, nous avons défini cinq modèles de *supply chain*. Par exemple, nous utilisons le modèle flexible et agile pour les centres de données qui ont besoin d'être livrés en pièces détachées en moins de quatre à huit heures. Pour les géants du Web, nous avons dédié des sites de fabrication, afin de pouvoir assurer des volumes de livraison très importants.

COMMENT GÉREZ-VOUS UN NOMBRE SI ÉLEVÉ DE RÉFÉRENCES ?

Nous avons établi différentes typologies de produits :

- Les références standard à fort volume sont fabriquées sur stock (*make to stock*).
- Les autres références standard sont fabriquées à la commande (*make to order*).
- Les références configurées à la commande (*configure to order*) sont assemblées suivant la configuration définie par le client.
- Les références conçues à la commande (*engineering to order*) sont développées par des ingénieurs de Schneider Electric et lancées en fabrication une fois la conception validée par le client.

COMMENT AMÉLIOREZ-VOUS LA PERFORMANCE DE VOTRE *SUPPLY CHAIN* ?

Nous mettons régulièrement à jour la stratégie de notre *supply chain*. En 2015, quelques années après notre programme *Tailored supply chain*, nous avons déployé une *Tailored, sustainable and connected supply chain*. Nous voulions que notre *supply chain* soit non seulement adaptée aux besoins de nos clients, mais aussi plus durable et digitale. En 2020, au début de l'épidémie du Covid-19, nous avons déployé une nouvelle stratégie *supply chain* que nous avons nommée STIVE pour *Sustainability, Trusted, Resilient, Intelligent, Velocity and Efficiency* :

- Avec le volet *Sustainability*, nous avons voulu accélérer nos actions, démarrées dès 2016, de décarbonation de nos sites et de notre *supply chain*, de suppression

• • •

des emballages en plastique à usage unique, d'incorporation de « matériaux verts » ou de matériaux recyclés dans nos produits. Par exemple, dans le cadre du *Zero Carbon Project,* nous aidons nos 1 000 principaux fournisseurs à réduire de 50 % l'empreinte carbone de leurs activités d'ici 2025. Ces fournisseurs sont responsables de 70 % des émissions de scope 3 amont.[1]

- Avec le volet *Trusted & Resilient,* nous avons cherché à améliorer la traçabilité de bout en bout de notre *supply chain* pour nos clients. Par exemple, nous voulions que, en scannant le code-barres d'un produit, nos clients puissent accéder aux données techniques, de qualité, ou encore de durabilité.
- Avec le volet *Intelligent,* nous avons voulu améliorer le pilotage de notre *supply chain* grâce à la digitalisation. Mais cela n'a pas été facile parce que le système d'information de Schneider Electric était constitué d'une multitude d'ERP issus de l'acquisition de nombreuses entreprises. À l'époque, nous avions abandonné l'idée de déployer un système d'information unique. Nous avons préféré mettre en place, au-dessus de cette multitude d'ERP, un lac de données (*data lake*) afin de consolider et d'analyser toutes les données. Cette consolidation nous a permis de déployer un réseau de sept tours de contrôle interconnectées et réparties dans le monde entier, comme à Singapour, Shanghaï ou encore Grenoble. Ces tours surveillent en permanence notre *supply chain* et interviennent dès qu'un événement se produit. Par exemple, lorsqu'un porte-conteneurs a bloqué le Canal de Suez en 2021, ces tours de contrôle ont pu rerouter très rapidement notre *supply chain.*
- Avec le volet *Velocity & Efficiency,* nous avons voulu établir une relation plus stratégique avec notre écosystème de fournisseurs, et pas seulement avec les fournisseurs de rang 1. La pénurie de composants électroniques avait mis en évidence les vulnérabilités très en amont de notre *supply chain.* Par exemple, notre relation avec les fournisseurs de semi-conducteurs, initialement très transactionnelle, est devenue beaucoup plus stratégique : nous partageons nos stratégies, nous donnons plus de visibilité et simplifions nos flux.

1. Les émissions de scope 3 sont les émissions de gaz à effet de serre qui sont produites en amont et en aval de la chaîne de valeur de l'entreprise.

• • •

• • •

SCHNEIDER ELECTRIC S'EST CLASSÉ PREMIER AU SEIN DU TOP 25 DES MEILLEURES CHAÎNES D'APPROVISIONNEMENT DE GARTNER POUR 2023 ET 2024. COMMENT AVEZ-VOUS BÂTI UNE CHAÎNE D'APPROVISIONNEMENT DE PREMIER ORDRE ?

Ce sont nos équipes – nous considérons nos employés comme des talents et nous investissons beaucoup en eux. Nous attachons en particulier beaucoup d'importance à la diversité et l'inclusion. Par exemple, mon équipe regroupe des nationalités différentes : chinoise, indienne, américaine pour n'en citer que quelques-unes. Elle compte également un nombre important de femmes qui ont des postes à responsabilités très élevées.

L'essentiel

- **Une opération** est un processus qui transforme des ressources (une matière première, une information) en d'autres ressources (un produit fini, une autre information) en leur apportant de la valeur ajoutée. La gestion des opérations désigne souvent la gestion de l'ensemble des processus de transformation d'une entreprise.

- **Une *supply chain*** est un réseau d'organisations (fournisseurs, usines, distributeurs, clients, prestataires logistiques…) qui participent à la fabrication, la livraison et la vente d'un produit à un client.

- **Le *supply chain management*** est parfois décrit comme un ensemble de processus, parfois comme un principe de management. Il existe des dizaines de définitions différentes du terme ***supply chain management***.

- **Si le terme *supply chain management*** n'est apparu qu'en 1982, la gestion des chaînes logistiques a accompagné le développement du commerce, de l'industrie et des armées.

Chapitre 1

Définir la chaîne logistique

Executive summary

- **Pour rester compétitives**, les entreprises doivent développer de nouveaux marchés, réduire les coûts ou encore raccourcir les délais de livraison. Pour que ces changements soient durables, elles doivent souvent faire évoluer leur chaîne logistique.
- **Elles sont alors amenées** à revoir le nombre et la localisation des usines de fabrication et des entrepôts de stockage, et doivent modifier les flux de produits entre ces sites, les fournisseurs et les clients.
- **Mais comment faire les bons choix ?** Comment prendre des décisions qui engageront l'entreprise sur le long terme et sur lesquelles il sera difficile de revenir en arrière ?

Définir le réseau de production

Les entreprises ne possédaient souvent qu'une seule usine qui servait un marché local. Cependant, une production centralisée ne permettait pas toujours de répondre à une demande de plus en plus globale.

Pour développer leurs activités à l'international, les entreprises ont dû progressivement mettre en place un réseau de production. Ainsi Michelin, le fabricant de pneus, fit évoluer son réseau de production d'une usine unique en Auvergne à 74 usines réparties dans 18 pays.

De façon schématique, la définition ou la mise à jour d'un réseau de production nécessite de définir à la fois la stratégie de production et la localisation des usines. La première théorie de localisation des usines de production fut publiée par Alfred Weber en 1929[1]. Kasra Ferdows[2] proposa de définir le rôle de chaque usine parmi six rôles possibles : *off-shore, source, server, contributor, outpost* et *lead plant.* Le choix du rôle assuré par une usine est déterminé, en particulier, par l'objectif assigné à cette usine : accéder aux pays à bas coût, être à proximité du marché ou avoir accès à la technologie. L'entreprise doit également prendre en compte les risques liés à la mise en place ou à la gestion d'un réseau d'usines (comme l'évolution de la demande locale et globale, la variation des taux de change, les coûts de transport et de la main-d'œuvre ou encore les réglementations commerciales).

Définir la stratégie de production

Une entreprise peut choisir de mettre en place des unités de fabrication spécialisées (par marché, par produit ou par technologie) ou polyvalentes. Dans *The Focused Factory*[3], Wickham Skinner démontra

---

1 *Theory Of The Location Of Industries*, Alfred Weber, Carl J. Friedrich, 1929.

2 « Making The Most Of Foreign Factories », Kasra Ferdows, *Harvard Business Review*, mars-avril 1997.

3 « The Focused Factory », Wickham Skinner, *Havard Business Review*, mai-juin 1974.

l'intérêt de spécialiser les usines : « Une usine qui se spécialise sur une gamme limitée de produits pour un marché de niche sera plus performante qu'une usine traditionnelle qui cherche à atteindre des objectifs plus larges. Parce que ses équipements, son organisation de support et ses procédures peuvent se concentrer sur un nombre limité de tâches pour un groupe de clients, ses coûts et particulièrement ses frais généraux sont probablement moins élevés que ceux d'une usine traditionnelle. »

■ Spécialiser les usines par produit ou famille de produits

Une même usine peut difficilement être à la fois très productive et très flexible. Pour cette raison, certaines entreprises industrielles choisissent de fabriquer leurs produits à fort volume de vente dans des usines très productives et de regrouper la fabrication des produits à plus faible volume dans des usines plus flexibles. Cette approche est d'ailleurs quelquefois mise en œuvre au sein d'une même usine où les lignes de production à rendement élevé sont dédiées aux produits à fort volume tandis que les lignes plus flexibles sont utilisées pour les produits à plus faible volume (usines dans l'usine).

La spécialisation des usines par famille de produits permet souvent d'utiliser au mieux l'outil industriel (focalisation sur l'efficience ou la flexibilité). Elle conduit cependant à une duplication des processus de fabrication et des stocks.

■ Spécialiser les usines par marché

Pour répondre, par exemple, à des exigences de qualité différentes ou à des délais de livraison courts, un industriel peut être conduit à spécialiser ses usines par marché.

Exemple

Une entreprise comme Danone qui produit des produits laitiers frais est obligée de mettre en place des usines dans chaque pays de consommation, les yaourts devant être livrés rapidement et ayant une durée de conservation limitée.

La spécialisation des usines par marché permet à l'industriel d'être réactif par rapport aux demandes du marché et facilite l'introduction de nouveaux produits. Elle entraîne cependant une duplication des procédés de fabrication. L'équilibrage des capacités de production entre les différentes usines est également plus difficile.

■ Spécialiser les usines par procédé de fabrication

La spécialisation des usines par procédé de fabrication permet de développer l'expertise technologique et favorise la standardisation des produits. Elle génère cependant des délais de fabrication souvent plus longs. Elle nécessite également une plus forte coordination entre les différentes usines.

Les entreprises de haute technologie, qui doivent maîtriser leurs technologies de production, spécialisent souvent leurs usines par procédé de fabrication.

Exemple

Intel, le fabricant de processeurs, possède, en 2011, quinze usines de fabrication de semi-conducteurs (appelé *wafer fabrication plant* en anglais ou *fab*) dans le monde. Le coût de construction d'une usine est très élevé. L'usine Fab 32 dans l'Arizona, qui produit des processeurs gravés en 45 nanomètres, a coûté 3 milliards de dollars à l'industriel. À chaque nouvelle génération de processeur, Intel est souvent amené à mettre en place une nouvelle usine de fabrication.

Définir la localisation des usines

■ Localiser les usines proches des clients

Des coûts de transport de produits finis élevés (comme des produits lourds, volumineux ou fragiles) ou des délais de livraison réduits, par exemple, peuvent conduire une entreprise à localiser ses usines proches de ses clients.

Exemple

En Europe, les cimentiers livrent rarement des clients au-delà d'une distance de quelques centaines de kilomètres, le ciment étant un produit pondéreux. Ils sont donc obligés de mettre en place suffisamment de cimenteries pour couvrir un territoire. De la même façon, parce que les coûts de transport sont élevés et les délais de livraison courts, les fabricants de béton doivent exploiter des centrales à béton proches des lieux de consommation. Le béton est un mélange de ciment, d'agrégats (sable, gravier) et d'eau. Des adjuvants peuvent être ajoutés en petites quantités pour améliorer certaines de ses propriétés. Une fois le mélange effectué, le béton prêt à l'emploi ne peut pas être stocké et doit être transporté sur le chantier du client dans des camions malaxeurs. Après un certain temps de prise (de 45 à 60 minutes), le béton devient inutilisable.
Les équipements automobiles mettent fréquemment en place des usines à proximité des sites d'assemblage de leurs clients afin de pouvoir livrer ces derniers en juste-à-temps.

■ Localiser les usines proches des fournisseurs

Des coûts de transport amont élevés peuvent conduire une entreprise à localiser ses usines proches de ses fournisseurs ou de ses sources d'approvisionnement.

Les usines de traitement des minerais sont souvent situées à proximité des sites d'extraction. Le transport du minerai de la mine jusqu'à l'usine est réalisé à l'aide de convoyeurs ou de camions spécialisés.

■ Localiser les usines dans les pays à bas coûts de main-d'œuvre

Pour réduire les coûts de fabrication, les entreprises peuvent décider de localiser les usines dans les pays à plus faibles coûts de main-d'œuvre.

Définir le réseau logistique

Plusieurs raisons peuvent conduire une entreprise à modifier son réseau d'approvisionnement et de distribution comme l'acquisition d'une autre entreprise, une augmentation des coûts logistiques et de transport, une évolution du réseau de production, une importante augmentation ou diminution de l'activité ou encore un changement de localisation des fournisseurs-clés.

La définition ou la refonte d'un réseau logistique nécessite de retenir les types de flux logistiques qui seront mis en œuvre et de choisir la localisation des sites logistiques.

Définir les types de flux logistiques

Il existe différents types de flux logistiques.

■ Livraison directe

Une livraison directe permet de livrer une marchandise directement du fournisseur au client sans utiliser une plate-forme intermédiaire (voir figure 1.1).

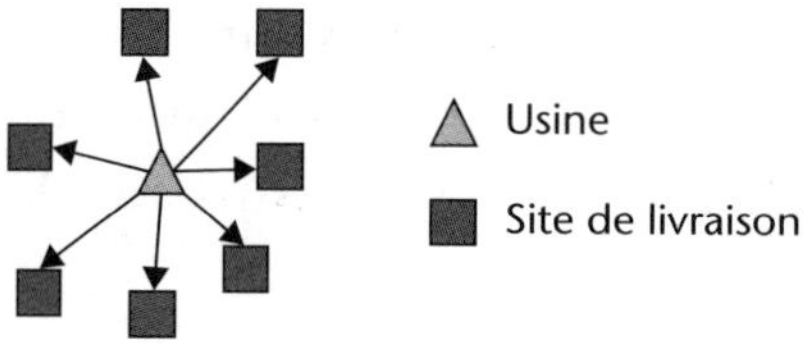

Figure 1.1 – Livraison directe

Les marchandises pondéreuses (par exemple le ciment ou le béton) sont souvent livrées directement du fournisseur au client. Elles ne nécessitent pas le passage par une plate-forme intermédiaire pour améliorer le taux de remplissage du véhicule de transport. La livraison directe, lorsqu'elle est possible, permet de réduire les coûts en limitant les ruptures de charge liées au passage par une plate-forme intermédiaire.

■ Livraison utilisant une plate-forme centrale de distribution

Une plate-forme centrale de distribution permet de livrer tous les clients à partir d'un site unique (voir figure 1.2). Les plates-formes centrales de distribution permettent de réduire les niveaux de stock et d'améliorer le taux de remplissage des véhicules qui réalisent les livraisons client.

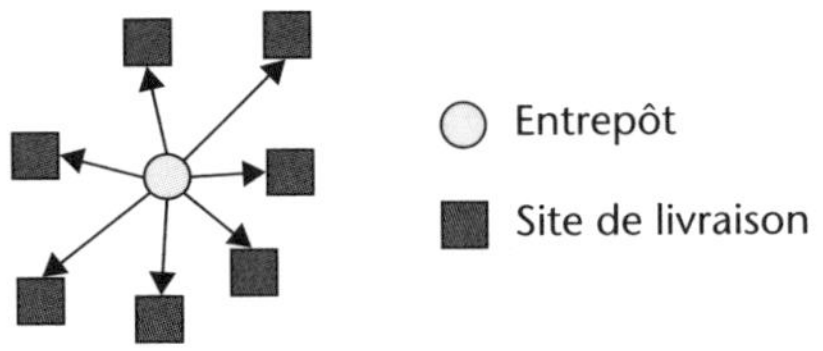

Figure 1.2 – Livraison utilisant une plate-forme centrale

■ Livraison utilisant des plates-formes décentralisées

Dans un réseau logistique utilisant des plates-formes décentralisées, chaque plate-forme est chargée de livrer les clients d'une région donnée (voir figure 1.3).

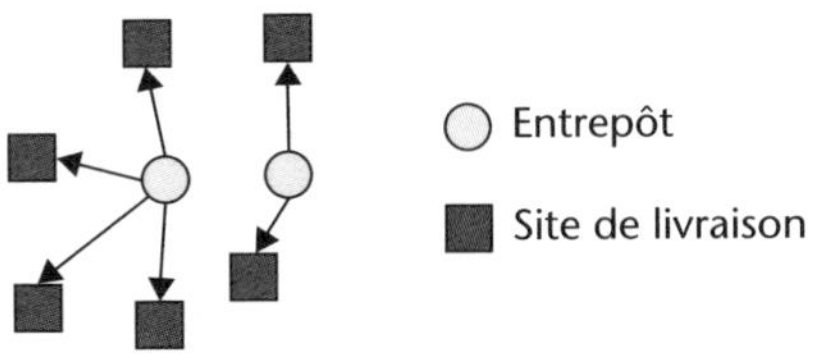

Figure 1.3 – Livraison utilisant des plates-formes décentralisées

Les plates-formes décentralisées génèrent souvent des coûts de transport plus faibles que les plates-formes centralisées. Elles sont en effet plus proches des clients. Les niveaux de stock sont par contre souvent plus élevés puisqu'un même produit doit être maintenu en stock sur plusieurs plates-formes.

La mise en place d'un réseau de plates-formes décentralisées nécessite de déterminer le nombre optimal de plates-formes.

Plus le nombre de plates-formes est important, plus le coût du transport aval sera faible mais plus le coût du transport amont et du stock sera élevé (voir figure 1.4).

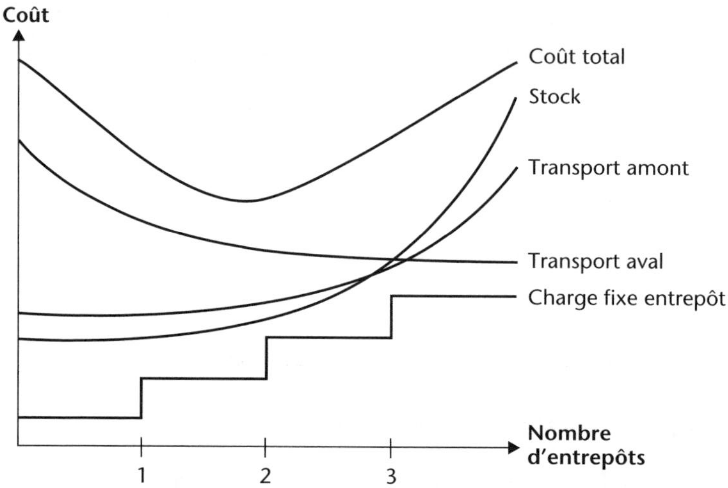

Figure 1.4 – Illustration d'un calcul théorique du nombre optimal d'entrepôts

■ Livraison utilisant un réseau multiéchelon de plates-formes

Dans un réseau multiéchelon, les plates-formes logistiques sont organisées sur plusieurs niveaux. Un réseau multiéchelon peut être par exemple constitué d'une plate-forme centrale et de plates-formes régionales, la plate-forme centrale livrant les plates-formes régionales qui livrent à leur tour les sites de livraison (figure 1.5).

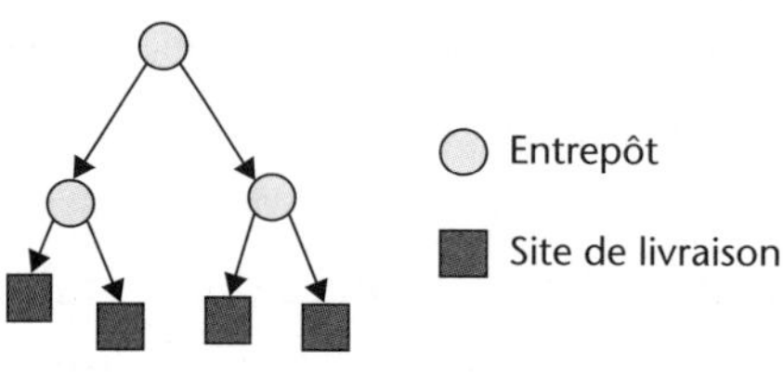

Figure 1.5 – Livraison utilisant un réseau multiéchelon de plates-formes

Pour mettre à disposition les pièces nécessaires à la maintenance de plus de 32 500 km de canalisations, GRTgaz exploite 140 dépôts répartis sur le territoire métropolitain et approvisionnés par une plate-forme centrale (voir l'avis d'expert d'Isabelle Ragault-Rolland, directrice adjointe de la Direction finance, RSE et achats de GRTgaz).

Avis d'expert

ISABELLE RAGAULT-ROLLAND, directrice adjointe de la Direction finance, RSE et achats de GRTgaz (avec la participation de Daniela Rodriguez Caso, responsable du département Logistique)

QUEL EST LE MÉTIER DE GRTGAZ ?

GRTgaz transporte le gaz vers des distributeurs de gaz, des centrales de production d'électricité, des sites industriels ou d'autres pays européens. Le gaz provient des réseaux internationaux, des terminaux méthaniers, des stockages ou des producteurs de biométhane. En France, l'entreprise exploite plus de 32 500 km de canalisations enterrées, des stations de compressions, des postes de livraison, ainsi que des postes d'injection de biométhane. GRTgaz conduit à la fois des travaux d'entretien, pour maintenir en état le réseau existant, et des travaux neufs, pour en construire de nouveaux.

COMMENT LA LOGISTIQUE CONTRIBUE-T-ELLE AU MÉTIER DE GRTGAZ ?

La logistique de GRTgaz a pour objectif de mettre à disposition les pièces, comme des tubes, des robinets, des compteurs, ou des outillages aux « bénéficiaires » en charge des travaux d'entretien et des travaux neufs. Nous exploitons une plateforme logistique située à Châteauroux dans le centre de la France. Cette plateforme dispose d'un entrepôt couvert d'une capacité de stockage de 5 000 palettes et d'un parc à tubes à l'extérieur. Elle stocke 7 000 références de pièces pour une valeur de 35 millions d'euros. Elle est approvisionnée par près

• • •

• • •

de 900 fournisseurs de matériel, dont 95 % sont français, et livre les 140 dépôts répartis sur le territoire métropolitain deux fois par mois, ou en urgence, si la situation le justifie. Nous avons également mis en place des livraisons directes des fournisseurs vers certains dépôts, comme pour le THT, un odorisant pour le gaz, et des livraisons entre dépôts, pour réduire les délais et les coûts de transport.

COMMENT AMÉLIOREZ-VOUS LA PERFORMANCE DE VOTRE LOGISTIQUE ?

Notre priorité est de contribuer à la sécurité industrielle en fournissant aux équipes de maintenance et de travaux les pièces dont ils ont besoin. Pour cela, nous avons, par exemple, mis en place une chaîne d'approvisionnement très résiliente en nous appuyant, de longue date, sur des fournisseurs locaux. Nous avons eu peu de ruptures lors de la pandémie de Covid-19. À la différence d'autres industries, la seule réduction de nos niveaux de stock n'est pas un objectif prioritaire. En revanche, nous conduisons en permanence des actions d'amélioration qui nous permettent de réduire nos coûts, par exemple en mettant en place une nouvelle organisation, un nouveau système d'information et en améliorant les process au quotidien.

Nous souhaitons également améliorer notre performance environnementale. Notre plateforme logistique a obtenu la certification HQE (haute qualité environnementale), qui atteste de la performance environnementale du site. Nous avons installé des panneaux solaires sur le toit, exploitons des ruches qui produisent 80 kg de miel par an et récupérons les eaux de pluie pour les sanitaires. Nous avons également l'objectif de réduire nos émissions liées au transport de 9 % sur trois ans, par exemple en passant de livraisons bimensuelles à des livraisons mensuelles.

■ Livraison utilisant une plate-forme de *cross-docking*

Dans une plate-forme de *cross-docking*, les produits sont déchargés des véhicules entrants, éventuellement triés puis chargés dans des véhicules sortants sans mise en entrepôt (voir figure 1.6).

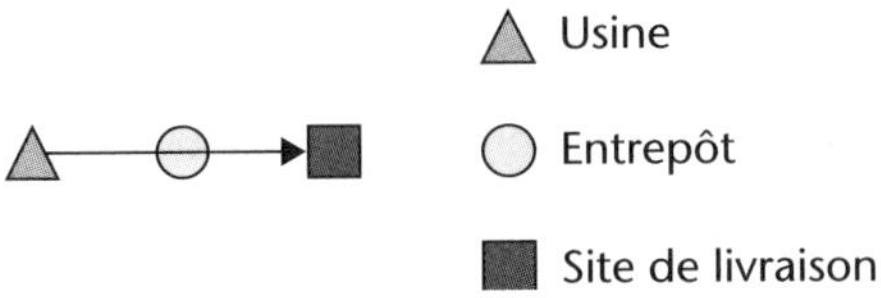

Figure 1.6 – Livraison utilisant une plate-forme de *cross-docking*

Les flux de *cross-docking*, ou flux tendus, permettent de réduire les délais de livraison et les niveaux de stock. Ils sont toutefois plus difficiles à mettre en œuvre car ils nécessitent une plus grande coordination entre les livraisons entrantes et sortantes. Leur mise en œuvre est plus difficile encore si les livraisons sortantes sont constituées de produits non stockés et de produits stockés sur la plate-forme. Par ailleurs, une surface importante de la plate-forme peut-être nécessaire aux activités de tri.

Le *cross-docking* génère également des coûts supplémentaires de rupture de charge. Une rupture de charge (*bulk breaking*) désigne les opérations de déchargement puis de chargement nécessaires au transfert de marchandises d'un moyen de transport vers un autre (d'un porte-conteneurs vers un camion ou d'un camion vers un autre camion par exemple).

Il existe deux types de flux de *cross-docking* :

- *Cross-docking* 1 : les unités de livraison (le plus souvent des palettes) sont déchargées des véhicules entrants puis chargées directement dans les véhicules sortants. Ces flux sont mis en place par exemple dans le secteur de la grande distribution. Les fournisseurs préparent les palettes par magasin, livrent la plate-forme de *cross-docking* qui répartit les palettes par magasin destinataire.
- *Cross-docking* 2 : les produits (le plus souvent livrés en palettes) sont déchargés des véhicules, triés (en éclatant les palettes par exemple), reconditionnés puis chargés dans les véhicules sortants.

Exemple

En 1979, avec 1 891 magasins et un revenu moyen par magasin de 7,25 M$, Kmart était le leader de la distribution aux États-Unis. Wal-Mart, avec seulement 229 magasins et un revenu moyen par magasin de moitié inférieur à celui de Kmart, n'était pas un concurrent de taille.
Pourtant, quelque dix années plus tard, Wal-Mart devint le plus important distributeur au monde, avec une croissance annuelle de 25 %.
La mise en place de flux de *cross-docking* fut l'un des moyens qui permit à Wal-Mart de faire la différence avec Kmart. Le distributeur mit en place des flux de *cross-docking* pour 85 % des produits (contre 50 % pour Kmart), qui permirent de réduire le coût des ventes de 2 % à 3 % comparé à la moyenne de l'industrie. Le temps moyen de passage d'un produit sur une plate-forme de *cross-docking* ne dépassait pas 48 heures[1].

Dans le secteur de la distribution, les produits suivants sont souvent éligibles aux flux de *cross-docking* :

- les produits dont la demande est prévisible afin d'équilibrer facilement les livraisons entrantes et sortantes ;
- les produits dont la demande est élevée pour autoriser des livraisons entrantes fréquentes en utilisant des camions pleins ;
- les produits faciles à manutentionner pour réduire le coût des opérations de *cross-docking*. Par exemple, le distributeur Home Depot ne livre pas en *cross-docking* les produits difficiles à manutentionner qui sont expédiés directement dans les magasins ;
- les produits qui ne nécessitent pas un contrôle qualité trop important à la réception ;
- les produits préalloués à un magasin donné ;
- les produits frais ou ultra-frais qui doivent être livrés le plus rapidement possible dans les points de vente.

1 « Compteting On Capabilities: The New Rules of Corporate Strategy », George Stalk, Philip Evans, Lawrence E. Shulman, *Harvard Business Review*, mars-avril 1992.

■ Livraison utilisant un centre de consolidation

Une livraison utilisant un centre de consolidation regroupe les marchandises de plusieurs fournisseurs sur une plate-forme commune afin de livrer les mêmes clients en utilisant les mêmes camions (voir figure 1.7). En France, Henkel et Reckitt-Benckiser font partie des premiers industriels à avoir mis en place un centre de consolidation pour livrer dans des camions communs leurs clients de la grande distribution.

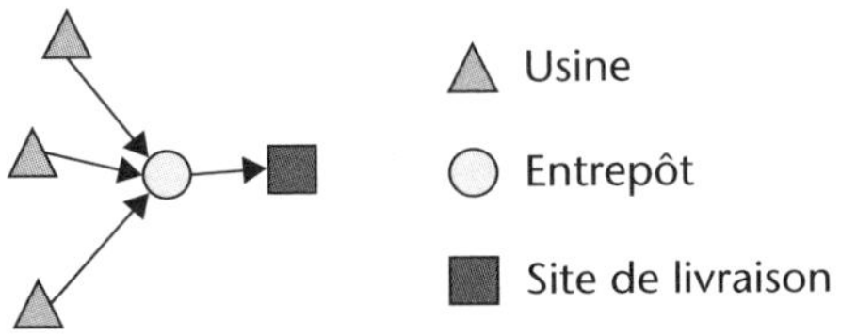

Figure 1.7 – Livraison utilisant un centre de consolidation

Les centres de consolidation permettent de réduire les coûts de transport (en améliorant en particulier le taux de remplissage des camions), les coûts logistiques (en mutualisant les moyens) et les coûts de stockage pour les clients (en livrant les clients en quantités plus réduites).

Chaque entreprise dispose de son propre réseau logistique qui n'est pas interconnectable avec un autre réseau. Ces réseaux sont de plus en plus difficiles à optimiser à cause de la fragmentation croissante des expéditions due au commerce en ligne ou aux flux en juste à temps. Ainsi le taux de chargement des camions de plus de 3,5 t se situe entre 50 et 60 % de leur capacité maximale en poids[1]. Pour optimiser les réseaux logistiques, l'Internet Physique (voir encadré nouvelle technologie) propose de rendre les différents réseaux logistiques interconnectables.

1 Source : *L'Internet Physique : Le réseau des réseaux des prestations logistiques*, Éric Ballot, Benoit Montreuil, La documentation Française, 14 juin 2014.

Nouvelle technologie

Internet physique

Définition

L'Internet Physique (*Physical Internet*) est « un système logistique global construit à partir de l'interconnexion des réseaux logistiques par un ensemble standardisé de protocoles de collaboration, de conteneurs modulaires et d'interfaces intelligentes pour une efficience et une durabilité accrues. »[1]

Description

L'Internet Physique vise à rendre les différents réseaux logistiques interconnectables. Pour cela il propose, en particulier, d'exploiter la métaphore de l'Internet pour transformer la façon dont les biens physiques sont transportés, manutentionnés, stockés, approvisionnés, réalisés et utilisés.

L'Internet Physique s'appuie en particulier sur des conteneurs, des protocoles standardisés et des centres de routage de conteneurs.

- Les marchandises sont encapsulées dans des **containers** modulaires, assemblables entre eux, standardisés, réutilisables ou recyclables, intelligents, appelés PI-conteneurs.
- Chaque acteur d'un réseau logistique (transporteur, manutentionnaire, prestataire logistique, etc.) fournit des services en respectant un **protocole standardisé**. Les services sont structurés en 7 couches : physique, liaison, réseau, routage, expédition, encapsulation et Web.
- Des **centres de routage de conteneurs** (hubs) assurent que chaque conteneur leur parvenant reparte en temps et en heure vers sa destination finale. Ils disposent pour cela d'information non seulement sur les conteneurs qu'ils reçoivent (comme l'engagement de service) mais également sur l'état du réseau afin de les orienter correctement.

Bénéfices

Un déploiement limité de l'Internet Physique permettrait d'augmenter de plus de 20 % les taux de remplissage des moyens de transport, de réduire les coûts de 10 à 35 % et les émissions de CO_2 jusqu'à 60 % en utilisant un mode ferroviaire décarboné.

• • •

1 Source : *L'Internet Physique : Le réseau des réseaux des prestations logistiques*, Eric Ballot, Benoit Montreuil, La Documentation française, 14 juin 2014.

• • •

Exemple

L'Internet Physique fait l'objet de plusieurs expérimentations. Par exemple la société CRC Services déploie des centres de routage pour gérer les expéditions d'industriels (comme SC Johnson, Mapa ou Energizer) à destination de distributeurs (comme Auchan, Carrefour ou Système U) et de grossistes. Après un an d'exploitation, le centre a permis de réduire de 10 % les émissions de CO_2 des livraisons et jusqu'à 7 % les coûts. Le taux moyen de remplissage des camions s'élève à plus de 86 %.
La plateforme technologique européenne ALICE (Alliance for Logistics Innovation through Collaboration in Europe) qui regroupe plus de 100 entreprises a défini une feuille de route pour mettre en œuvre l'Internet Physique.

Définir la localisation des plates-formes logistiques

Une fois le ou les types de flux logistiques retenus, les plates-formes logistiques doivent être localisées.

La distance de transport est souvent le principal critère utilisé pour localiser des plates-formes. Ce n'est cependant pas le seul. La proximité d'infrastructures de transport (comme les autoroutes, les gares ferroviaires ou les ports) ou de clients peuvent également être des critères à prendre en considération. Par exemple, afin d'être livré en flux synchrones, certains constructeurs automobiles demandent à leurs fournisseurs de mettre en place des plates-formes à proximité des usines de montage dans des parcs fournisseurs. Ainsi, à Valencia en Espagne, Ford a regroupé une quarantaine de fournisseurs qui livrent l'usine d'assemblage en utilisant l'un des trois convoyeurs mis en place.

Des systèmes dédiés permettent de modéliser et d'optimiser des réseaux logistiques (voir l'encadré ci-après).

Système de modélisation et d'optimisation des réseaux logistiques

Description

Un système de modélisation et d'optimisation des réseaux logistiques est un logiciel qui permet de concevoir un réseau logistique en arbitrant au mieux entre le niveau de service aux clients et les coûts.

Fonctions proposées

- Dans un premier temps, le réseau logistique actuel est modélisé. Ce modèle est construit à partir d'un nombre important de données comme, typiquement, la localisation des fournisseurs, des clients, des usines et des plates-formes existantes, les coûts de la chaîne logistique (coût du stock, coûts d'entreposage, coût de transport) ou encore la demande par produit et par client (historique et prévisionnelle). La difficulté à disposer de ces données ou la qualité insuffisante de ces données sont souvent le principal obstacle à l'utilisation du logiciel de modélisation et d'optimisation.
- Ces données peuvent être, par la suite, agrégées (par exemple par zone géographique ou par famille de produits) pour être plus facilement manipulables.
- Ce modèle est validé en s'assurant que ses données de sortie (en particulier l'estimation des coûts de la chaîne logistique) sont conformes à la réalité.
- La configuration du modèle existant est alors modifiée et optimisée. Différents scénarios sont en général étudiés et comparés pour retenir le scénario optimal.

Technologies utilisées

Un logiciel de modélisation et d'optimisation du réseau logistique s'appuie en général sur plusieurs technologies :

- un outil de modélisation permettant de comparer différents scénarios de réseaux logistiques ;
- des algorithmes d'optimisation ;
- un outil de cartographie permettant de positionner les différents entrepôts et de visionner les réseaux logistiques existant et cible.

Définir le modèle de pilotage des stocks et des flux de produits

La gestion d'une chaîne logistique nécessite de piloter le déplacement des produits (matières premières, composants, produits semi-finis ou encore produits finis) au sein d'une usine, d'un entrepôt ou encore entre différents sites. La gestion des déplacements ou flux de produits peut-être réalisée de deux façons différentes : en flux poussés ou en flux tirés.

- **Un flux poussé** (*push flow*) est un flux de produits pour lequel les produits sont déplacés sur la base de la prévision de la demande. Par exemple, une production en flux poussée est réalisée en « poussant » les produits sur la chaîne de fabrication afin de constituer un stock qui pourra satisfaire à une éventuelle demande.
- **Un flux tiré** (*pull flow*) est un flux de produits pour lequel les produits ne sont déplacés qu'afin de satisfaire une demande réelle (une commande client ou un signal Kanban par exemple), en aval du flux. Lorsqu'il utilise une quantité minimale de stock, le flux tiré est appelé **flux tendu**.

Un stock de produits est souvent nécessaire pour découpler les flux de produits poussés par les prévisions et ceux tirés par la demande. Ce stock est appelé **stock de découplage**.

Lorsque plusieurs flux se rencontrent de façon synchrone, ils sont appelés **flux synchrones**. La livraison de composants sur une ligne d'assemblage automobile dans leur ordre d'utilisation et au moment de leur consommation est un flux synchrone avec le flux de la ligne d'assemblage.

Définir la stratégie de production

Dans une usine, la gestion des flux est déterminée par la stratégie de production. Cette stratégie peut varier d'une production entièrement tirée par la demande client à une production entièrement poussée par les prévisions (voir figure 1.8).

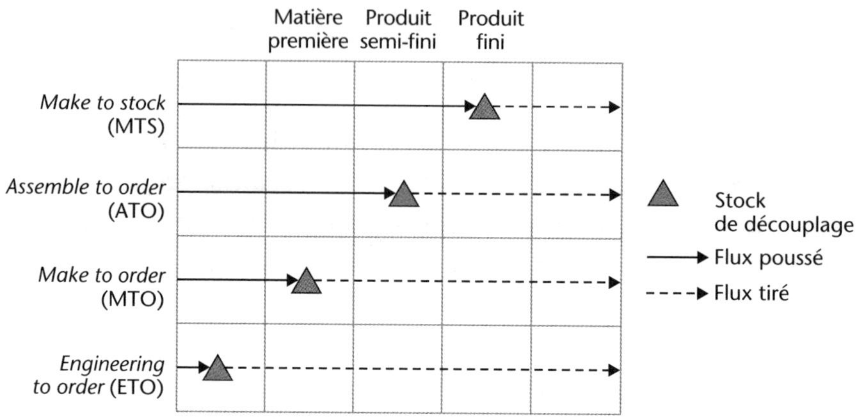

Figure 1.8 – Stratégies de production

■ Fabrication sur stock

La fabrication sur stock (*make to stock* ou MTS ou *make to forecast*) est une stratégie de fabrication où la production est réalisée sur la base de la prévision des ventes et non des commandes clients. Les produits finis fabriqués sont stockés pour être consommés, par la suite, par les commandes clients.

Cette stratégie de fabrication est adaptée aux produits dont le coût de stockage est faible et la demande prévisible.

■ Conditionnement à la commande

Le conditionnement à la commande (*package to order*) est une stratégie de fabrication où les produits sont conditionnés après la réception des commandes clients.

Cette stratégie de fabrication est adaptée aux produits qui sont communs à de nombreux clients et où seul l'emballage détermine le produit fini.

■ Assemblage à la commande ou finition à la commande

L'assemblage à la commande ou finition à la commande (*assemble to order* ou ATO ou *finish to order*) est une stratégie de fabrication où la production des composants est réalisée sur la base de la prévision des ventes mais où l'assemblage final est réalisé sur la base des commandes clients. Les produits semi-finis fabriqués sont stockés pour être assemblés, par la suite, pour honorer les commandes clients.

Cette stratégie est utilisée lorsqu'un grand nombre de produits finis (sur la base de la sélection d'options et d'accessoires) peut être assemblé à partir de composants communs.

La différenciation retardée (*postponement*) est une forme d'assemblage à la commande. C'est une stratégie de fabrication qui consiste à standardiser au maximum les opérations de fabrication et à intégrer aussi tardivement que possible les éléments de personnalisation d'un produit dans la chaîne de fabrication, de manière à dégager des économies d'échelle sur la majeure partie du processus de production. La différenciation retardée permet en particulier de réduire les niveaux de stock en mutualisant les stocks de produits semi-finis. Les opérations de personnalisation peuvent être réalisées à la suite du processus de fabrication, dans un entrepôt de stockage par exemple.

■ Fabrication à la commande

La fabrication sur commande (*make to order* ou MTO, ou *build to order* ou BTO) est une stratégie de fabrication où la production n'est lancée qu'une fois une commande client reçue. Le produit fini est généralement composé de composants standard et de composants conçus spécifiquement pour répondre aux besoins du client.

Cette stratégie de fabrication est adaptée aux produits hautement configurables et dont le coût du stock est élevé.

Exemple

Dell, le fabricant d'ordinateur, a pendant longtemps fabriqué ses ordinateurs à la commande uniquement. Chaque fois qu'un client passait une commande sur Internet, le fabricant commandait les composants nécessaires auprès des fournisseurs (qui devraient livrer l'usine dans des délais très courts) puis lançait la fabrication. Ce modèle, appelé par Dell *Direct to order*, a permis au fabricant d'avoir des stocks de composants et de produits finis beaucoup plus faibles que ses concurrents.

■ Conception à la commande

La conception à la commande (*engineering to order* ou ETO) est une stratégie de fabrication où la conception (et donc, *a posteriori*, la production) n'est lancée qu'une fois une commande client reçue. Chaque commande client se traduit par un ensemble unique de références produit, de nomenclatures et de gammes de fabrication.

■ Stock de découplage

Chacune de ces stratégies de fabrication utilise un stock différent pour découpler les fabrications poussées par les prévisions et celles tirées par les commandes (voir figure 1.9). Ce stock est appelé stock de découplage (*decoupling stock*).

Le client qui commande un produit souhaite souvent être livré rapidement. Une livraison rapide suppose que le produit soit en stock ou que le processus de fabrication soit court, ce qui n'est pas toujours le cas. Un client peut être servi rapidement quand il commande un plat au restaurant (parce que le processus de fabrication est court) ou un téléviseur dans un magasin (parce que le produit est en stock). Il n'est par contre pas possible de livrer rapidement un client qui passe la commande d'un avion, le délai de fabrication étant très long et le coût de stockage de toutes les configurations possibles d'un avion étant trop élevé. Il est souvent nécessaire d'anticiper la fabrication d'un produit pour pouvoir proposer aux clients des délais de livraison acceptables par ces derniers. Toutefois, l'anticipation de la fabrication peut entraîner des niveaux de stock élevés.

Il y a donc souvent un arbitrage à réaliser entre le délai d'anticipation et le délai de livraison (voir figure 1.9).

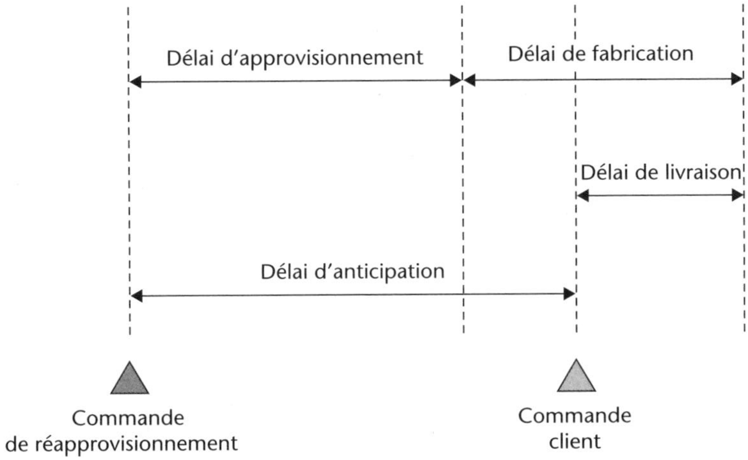

Figure 1.9 – Gestion des flux

Les technologies digitales en général, et l'intelligence artificielle en particulier, (voir l'encadré nouvelle technologie) deviennent indispensables pour concevoir et opérer des chaînes logistiques globales.

Nouvelle technologie

L'intelligence artificiel

Définition

L'intelligence artificielle (*artificial intelligence* ou AI) désigne tout outil utilisé par une machine capable de « reproduire des comportements liés aux humains, tels que le raisonnement, la planification et la créativité ».[1]

Description

Si des outils d'intelligence artificielle existent depuis plus de 50 ans, l'augmentation de la puissance de calcul des ordinateurs, l'accès à

• • •

1 Source : Parlement européen.

• • •

de grandes quantités de données et le développement de nouveaux algorithmes ont permis l'émergence de nouveaux outils :

- L'apprentissage automatique (*Machine Learning* ou ML) utilise des algorithmes pour analyser de grandes quantités de données, tirer des enseignements et prendre des décisions sans instructions explicites.
- L'apprentissage profond (*Deep Learning*) est une forme d'apprentissage automatique. Il utilise des algorithmes qui imitent le fonctionnement des réseaux neuronaux du cerveau humain.
- Les grands modèles de langage (*Large Language Models* ou LLM) sont des outils capables de reconnaître et de générer du texte. Ils sont entraînés à l'aide de vastes quantités de données. Ils utilisent l'apprentissage profond afin de comprendre comment les caractères, les mots et les phrases fonctionnent ensemble.

Bénéfices

Les outils d'apprentissage automatique, en analysant les données issues de capteurs sur des véhicules ou des lignes de production, peuvent prédire le moment où une maintenance est nécessaire. Les outils d'apprentissage profond, en analysant de grandes quantités de données comme l'historique des commandes clients, des niveaux de stock, ou de données de météo, peuvent établir des prévisions des ventes plus fiables, des plans de production ou de transport mieux optimisés. Les grands modèles de langage peuvent répondre automatiquement à des demandes des clients sur les fonctionnalités d'un produit.

Exemple

Unilever a installé des caméras dans 8 000 congélateurs des supermarchés de sa marque de glaces Ben & Jerry's. À l'aide de l'intelligence artificielle, les caméras sont capables de détecter le nombre de pots de glace restants. Une commande de réapprovisionnement est envoyée pour les références en risque de rupture. Les congélateurs équipés de cette technologie ont vu leurs ventes augmenter de 13 %.

Par exemple, Renault Group utilise plusieurs outils d'intelligence artificielle pour améliorer la performance de sa *supply chain* (voir l'avis d'expert de Denis Le Vot, Chief Supply Chain Officer, Renault Group).

© OMG (auteur
Olivier Martin-Gambier)

Avis d'expert

DENIS LE VOT, Chief Supply Chain Officer, Renault Group

COMMENT LA *SUPPLY CHAIN* DE RENAULT GROUP FONCTIONNE-T-ELLE ?

La *supply chain* de Renault Group opère deux flux très différents : le flux amont, qui converge vers les 34 usines du groupe pour transporter 300 000 références de pièces depuis 4 000 fournisseurs, et le flux aval d'expédition des véhicules vers 5 000 destinations dans 130 pays.

La *supply chain* est organisée en quatre fonctions opérationnelles :

- **Le S&OP** définit l'optimum des volumes de production sur 18 mois et les stocks associés entre les différentes marques, suivant la demande commerciale sur chaque véhicule, qu'il soit de série ou en projet, en prenant en compte les capacités industrielles de nos usines et de nos fournisseurs.
- **L'ingénierie des flux** dessine les routes sur lesquelles nous faisons des appels d'offres auprès des transporteurs par camion, rail, et bateau. Cette conception du réseau logistique (*network design*) évolue en fonction de la géographie de nos activités.
- **Les opérations** assurent la livraison quotidienne des pièces et des véhicules.
- **Les capacités et avant-projet** anticipent les risques d'approvisionnement et organisent la réaction aux aléas.

QUELS MOYENS DIGITAUX RENAULT GROUP A-T-IL MIS EN PLACE POUR PILOTER SA *SUPPLY CHAIN* ?

Il y a de très grandes quantités de données en jeu et les éditeurs de logiciel de *supply chain management* clé en main n'existent pas : nous avons donc développé nos outils sur mesure.

Notre transformation digitale s'est faite par étapes : nous avons d'abord digitalisé nos processus pour organiser la collecte de données en temps réel sur 100 % des mouvements physiques. Ensuite, nous avons mis en place des jumeaux numériques de toutes nos activités. Enfin, nous avons intégré des algorithmes d'intelligence artificielle.

COMMENT L'INTELLIGENCE ARTIFICIELLE CONTRIBUE-T-ELLE À AMÉLIORER LA PERFORMANCE DE LA *SUPPLY CHAIN* ?

Nous utilisons les trois types d'intelligence artificielle dans nos outils :

- **La recherche opérationnelle** traite de grandes quantités de

• • •

• • •

données pour optimiser les routes des véhicules ou les plans de production. Ce sont des algorithmes complexes, et nous faisons appel à des chercheurs en mathématiques pour les développer.

- **Le *Machine Learning*** analyse les données et peut prévoir l'évolution d'une série. Nous l'utilisons notamment pour prédire les délais de livraison. Nous pouvons même aller jusqu'à automatiser certaines décisions.
- **L'IA générative** nous facilite l'accès à l'information, permettant par exemple de mieux identifier et anticiper les risques liés à notre *supply chain* mondiale. Ce sont les premières applications concrètes, mais nous n'en sommes qu'au début.

L'essentiel

▸▸ **La définition** ou la refonte d'un réseau de production nécessite de définir, pour chaque usine, à la fois son rôle (spécialisée par produit ou famille de produits, par marché ou par procédé de fabrication) et sa localisation (proche des clients, proche des fournisseurs, dans les pays à bas coûts de main-d'œuvre).

▸▸ **L'approvisionnement** et la distribution de produits peuvent être réalisés au travers de différents types de flux logistiques : livraison directe, livraison utilisant des plates-formes logistiques, des plates-formes de *cross-docking* ou des centres de consolidation.

▸▸ **Le pilotage des flux** de produits le long de la chaîne logistique peut être réalisé sur la base de la prévision de la demande (flux poussés) ou pour satisfaire à la demande réelle (flux tirés). Un stock de découplage est souvent nécessaire pour découpler les flux tirés et poussés.

▸▸ **Dans une usine**, la gestion des flux est déterminée par la stratégie de production. Cette stratégie varie d'une production entièrement tirée par la demande client (fabrication à la commande ou conception à la commande) à une production entièrement poussée par les prévisions (fabrication sur stock).

Chapitre 2

Acheter

Executive summary

▸▸ **Le processus achat** constitue souvent le plus important levier de création de valeur d'une entreprise. La part des achats dans le chiffre d'affaires d'une entreprise représente 38 % dans le secteur de la santé, 60 % dans celui de l'équipement, 80 % dans l'industrie automobile et jusqu'à 83 % dans les secteurs de la distribution et de l'informatique.

▸▸ **Quelle stratégie** achat faut-il mettre en œuvre pour développer l'innovation, réduire les coûts ou encore diminuer l'impact sur l'environnement ? Quel processus faut-il mettre en place pour sélectionner au mieux les fournisseurs ? Quels types de relation faut-il mettre en place entre un client et ses fournisseurs ?

La gestion des achats

Les achats couvrent un nombre important d'activités. Pour s'en convaincre, il suffit de rappeler les nombreux termes utilisés pour couvrir ces activités, que ce soit en anglais (*purchasing, procurement, buying, sourcing, global sourcing, strategic sourcing, supply management, purchase to pay*) ou en français (achat, approvisionnement). Ces différentes activités sont souvent regroupées en deux processus : la gestion des achats et la gestion des approvisionnements. La gestion des achats est décrite dans le présent chapitre. La gestion des approvisionnements est décrite au chapitre 3.

Le processus achat

Le processus de gestion des achats (*sourcing*) est relativement invariant d'une industrie à l'autre. Un exemple de processus de gestion des achats est décrit dans la figure 2.1.

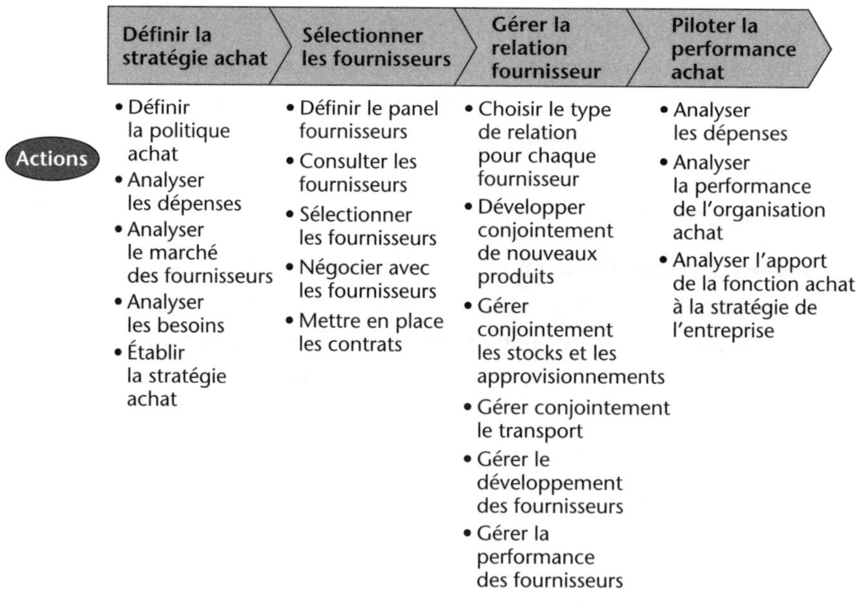

Figure 2.1 – Exemple de processus de gestion des achats

L'évolution des achats

Charles Babbage est, semble-t-il, le premier auteur à aborder la fonction achat dans son ouvrage *On The Economy Of Machinery And Manufactures* en 1832[1]. L'acheteur est alors le *materials-man* qui « sélectionne, achète, réceptionne et livre tous les produits nécessaires ». C'est sans doute le développement du chemin de fer aux États-Unis qui, quelques années plus tard, contribue au développement de la fonction achat. En 1866, les chemins de fer de Pennsylvanie créent l'un des premiers départements achat, le *Supply department*. Quelques années plus tard, en 1887, un employé de la Chicago and Northwestern Railroad, Marshall Monroe Kirkman, écrit le premier livre consacré à la fonction achat[2]. Pendant longtemps encore, les achats sont considérés comme une fonction administrative. Vers le milieu des années 1960, Bruce D. Henderson, un acheteur professionnel, regrette que la fonction achat soit considérée par le management des entreprises comme une fonction négative qui diminue la performance si elle est mal réalisée mais qui n'a qu'une faible contribution aux résultats[3].

L'importance de l'approvisionnement des usines d'armement pendant la Seconde Guerre mondiale, la crise pétrolière de 1973 et la pénurie de matières premières qui en découle ou encore, en 1979, le modèle des 5 forces de Michael Porter (qui décrit le pouvoir de négociation des fournisseurs comme l'un des cinq facteurs influençant la performance d'une entreprise) mettent en évidence l'importance de la fonction achat. À partir de la fin des années 1990, de nouveaux outils, comme l'e-procurement ou l'e-sourcing, font évoluer les moyens des directions achat. Progressivement, le rôle de l'acheteur ne se limite plus à réduire les coûts mais aussi à développer l'innovation et les partenariats stratégiques avec les fournisseurs.

---

1 Source : « Historical Evolution Of The Purchasing », Harold E. Fearon, *Journal Of Purchasing & Materials Management*, 22 mars 1989

2 *The Handling Of Railway Supplies : Their Purchase And Disposition*, Marshall Monroe Kirkman.

3 « The Coming Revolution In Purchasing », B.T. Henderson, *Journal Of Purchasing* (volume 11, numéro 2), été 1975.

Les fonctions achat et approvisionnement

Pendant un temps confondues, les fonctions achat et approvisionnement sont différentes :

- « En tant qu'acheteur, il convient de participer à la définition des fournitures et d'assurer la détermination de la stratégie de l'entreprise dans le marché fournisseur, la préparation, la négociation, la conclusion et la gestion des contrats d'achats, commandes et marchés, la surveillance du bon déroulement des contrats et le règlement des litiges[1]. »
- « En tant qu'approvisionneur, il convient d'assurer la programmation des besoins des livraisons et des stocks dans le cadre d'une planification générale, la gestion matérielle et administrative des livraisons et des stocks de produits achetés[2]. »

De nombreuses entreprises hébergent aujourd'hui les fonctions achat et approvisionnement dans des départements distincts. Les approvisionnements sont souvent rattachés à des directions opérationnelles, permettant ainsi aux acheteurs de ne pas être cantonnés à des tâches opérationnelles et administratives.

Le sourcing

Les termes *sourcing, strategic sourcing* et *global sourcing* sont sources de nombreuses confusions. Par exemple, le terme *strategic sourcing*, s'il est très répandu (le 27 octobre 2007 Google retournait 1 010 000 réponses à la recherche *strategic sourcing*), est assez mal défini et il existe un nombre important de définitions différentes.

Afin de mieux comprendre ces trois termes, il est nécessaire de rappeler la définition du mot *sourcing* ou sourçage en français. Le *sourcing* est l'activité de mise en relation d'une entreprise avec ses fournisseurs.

1 Source : Norme NF X 50-128.

2 Source : *idem.*

Les premières mises en relation des entreprises avec leurs fournisseurs étaient simples. Les fournisseurs, le plus souvent locaux, existaient en effet en nombre limité. Progressivement, les entreprises achetèrent un nombre plus important de produits et firent appel à un plus grand nombre de fournisseurs. À partir des années 1980, l'industrie automobile commença à utiliser des sources d'approvisionnement hors des marchés locaux. On parla alors de *global sourcing* et on développa les approvisionnements à partir des *low cost countries* (dont la Chine et l'Inde).

L'arrêté du 30 septembre 1991, en France, définit le *global sourcing*, qu'il traduit de façon peut-être erroné par sourçage, comme l'activité de mise en relation des centrales d'achat, des grossistes, des importateurs avec des fabricants étrangers afin de trouver dans tout pays du monde des produits au meilleur rapport qualité-prix.

Si l'acheteur dispose aujourd'hui d'un choix beaucoup plus important, il prend également plus de risques. L'achat d'un mauvais produit ou le choix d'un mauvais fournisseur peut avoir des conséquences importantes sur le fonctionnement de l'entreprise : retard de livraison, rupture des approvisionnements, qualité non conforme aux spécifications, faillite du fournisseur… Les entreprises réalisèrent alors que la fonction achat pouvait leur apporter un avantage compétitif et que le choix des fournisseurs pouvait se révéler décisif pour supporter leurs objectifs stratégiques. On parla alors de *strategic sourcing*. General Motors a été l'une des premières entreprises à mettre en place une démarche de *strategic sourcing* dans les années 1980.

Le *strategic sourcing* sera défini comme l'activité de mise en relation d'une entreprise avec ses fournisseurs qui permet les améliorations opérationnelles supportant les objectifs stratégiques de l'entreprise.

Les catégories d'achat

Une catégorie d'achat (*sourcing category*) est un ensemble de produits ou de services qui ont des caractéristiques communes en termes de fournisseurs, de technologies ou d'utilisateurs finals. Le regroupement par catégorie d'achat facilite le recueil et l'analyse des données, la définition des priorités ou encore le développement de la stratégie achat. La catégorie d'achat est également utilisée pour définir l'organisation du département achat.

Des termes différents peuvent être utilisés : famille d'achat, domaine achat et segment d'achat.

Les achats directs et indirects

La gestion des achats diffère suivant le type d'achat : direct ou indirect.

- Les achats directs concernent les marchandises qui sont destinées à être utilisées dans la fabrication d'un produit fini ou à être directement revendues. Il s'agit généralement de quantités importantes et relativement prévisibles. L'achat de lait constitue un achat direct pour un fabricant de yaourts. La gestion des achats d'un produit existant diffère cependant de celle d'un nouveau produit.
- Les achats indirects, également appelés achats hors production, concernent les marchandises ou services achetés qui ne sont pas destinés à être utilisés dans la fabrication d'un produit fini ou à être directement revendus. Les achats indirects peuvent être :
  – soit des dépenses d'investissement (*capital expenditures* ou CAPEX) : équipements de production, biens immobiliers ;
  – soit des charges d'exploitation (*operating expenses* ou OPEX) : énergie, prestations marketing, intellectuelles ou de ressources humaines, fournitures de bureaux ou industrielles, voyages.

La gestion des achats indirects, parce qu'elle ne participe pas directement à la fabrication des produits finis, est quelquefois considérée comme ne faisant pas partie de la gestion de la chaîne logistique.

Définir la stratégie d'achat

Définir la politique achat

La politique achat définit les orientations stratégiques, les objectifs pour une période donnée et les pratiques à suivre.

- Les orientations stratégiques peuvent concerner, par exemple, la performance économique des achats, l'innovation, le développement durable et l'achat responsable ou encore la maîtrise des risques.
- Les objectifs peuvent porter sur l'amélioration de la spécification des produits, la recherche d'une globalisation des achats, l'évaluation précise des besoins, la maîtrise des coûts et de la qualité ou encore le contrôle des consommations.
- Les pratiques à suivre peuvent, par exemple, décrire les procédures d'achat de biens et de services ou identifier les employés qui sont habilités à valider des demandes d'achat.

Analyser les dépenses

L'analyse des dépenses (*spend analysis*) a pour objectif de mieux comprendre les dépenses d'une entreprise. Cette analyse est réalisée sur la base des informations disponibles. Ces informations sont parfois difficilement utilisables. Elles nécessitent en effet souvent de consolider les données de sources multiples et de formats hétérogènes comme les états financiers de la comptabilité fournisseurs ou le *reporting* des ventes des fournisseurs.

La compréhension de l'historique des dépenses nécessite souvent de réaliser des analyses suivant différents axes (voir tableau 2.1).

Tableau 2.1 – Exemples d'analyses de dépenses

Axe d'analyse	Exemples
Quoi ?	Volume des dépenses par catégorie d'achat (énergie, téléphone, services)
Pour qui ?	Volume des dépenses par département (vente, achat, production, finance)
À qui ?	Liste des 10 fournisseurs les plus importants
Suivant quelle fréquence?	Répartition des volumes d'achat par fréquence (tous les jours, toutes les semaines, tous les mois)
Combien ?	Volume des dépenses par montant d'achat (< 500 euros, < 1 000 euros)
Suivant quelles conditions?	Répartition des commandes d'achat par condition de paiement

Analyser le marché des fournisseurs

Si l'analyse des dépenses est réalisée le plus souvent à l'aide des données internes à l'entreprise, l'analyse du marché des fournisseurs (*supply market analysis*) est effectuée en utilisant des données externes : veille technologique, appels d'offres, salons spécialisés, annuaires, revues et bases de données spécialisées, conventions fournisseurs...

L'analyse de marché porte généralement sur :

- son organisation (nombre de fournisseurs) ;
- ses tendances (croissance du marché, marge moyenne de l'industrie) ;
- la compétition en place (pouvoir de négociation des fournisseurs et des clients, menace potentielle de produits de substitution) ;
- les coûts (décomposition globale du coût des produits) ;
- ou encore les technologies (capacités technologiques des fournisseurs).

Dans certaines industries, l'analyse du marché des fournisseurs nécessite de mettre en place une veille technologique. Cette veille technologique doit permettre d'identifier les innovations et les développements à venir chez les fournisseurs.

Pour agir de façon proactive sur le marché des fournisseurs, certaines entreprises mettent en place les principes du marketing achat (voir la fiche pratique ci-après).

FICHE PRATIQUE

QU'EST-CE QUE LE MARKETING ACHAT ?

Description

Le marketing achat (*procurement marketing*), quelquefois appelé marketing inversé (*reverse marketing*), est « une démarche à la disposition de l'acheteur, qui lui permet de prévoir et d'intervenir de façon active dans la relation d'échange avec le marché amont afin d'adapter les besoins de l'entreprise aux possibilités du marché ou d'influencer l'offre du marché pour l'adapter à ses besoins dans l'intérêt de son entreprise[1] ».

Origines

Le marketing achat apparaît pour la première fois en 1973 dans un article de Philip Kotler et Sidney J. Levy publié dans le *Journal Of Marketing*, « Buying is marketing too », qui propose d'appliquer aux achats les stratégies marketing mises en œuvre pour la vente de produits de grande consommation. En 1987, dans *Reverse Marketing : The New Buyer-Supplier Relationship*, Michiel R. Leenders et David L. Blenkhorn proposent de faire évoluer la relation client-fournisseur d'une situation où le fournisseur prend l'initiative de vendre le produit à un client vers la situation où c'est le client qui recherche le produit qui répondra le mieux à ses besoins.

Démarche

Le marketing achat est quelquefois décrit comme une démarche en trois étapes :

- La première étape, tournée vers l'intérieur de l'entreprise, analyse les besoins.
- La deuxième étape, tournée vers l'extérieur de l'entreprise, étudie le marché des fournisseurs.
- Enfin, la dernière étape a pour objectif d'ajuster les besoins de l'entreprise aux possibilités du marché fournisseur et inversement.

1 Définition de M.-J. Sostenes.

Analyser les besoins

L'analyse des besoins (*needs analysis*) doit permettre d'identifier les besoins actuels et futurs de l'entreprise.

Les besoins peuvent être décrits dans un cahier des charges. Le cahier des charges permet de spécifier les attentes vis-à-vis d'un produit ou d'un service. Il peut être rédigé de façon détaillée ou de façon fonctionnelle. Dans le premier cas, les fournisseurs se contenteront d'y répondre point par point. Dans le second cas, les fournisseurs pourront proposer des solutions.

La rédaction du cahier des charges est un travail conjoint entre le département prescripteur et le département achat. Ce dernier doit s'assurer que le cahier des charges exprime un juste besoin afin d'éviter les risques de sur-qualité qui peuvent générer des coûts plus élevés. Il doit également vérifier que le cahier des charges n'est pas trop restrictif.

Établir la stratégie achat

Une stratégie achat définit, par catégorie d'achat, les leviers à mettre en œuvre pour supporter au mieux la stratégie de l'entreprise. Ces leviers permettent, par exemple, de réduire les coûts, de développer l'innovation, de réduire l'impact environnemental, de réduire les risques ou encore d'améliorer la qualité ou le service client.

Le choix des leviers à mettre en œuvre est réalisé sur la base de l'analyse des dépenses, de l'analyse du marché des fournisseurs et de l'analyse des besoins.

Le tableau 2.2 regroupe les leviers les plus courants.

Tableau 2.2 – Exemples de leviers d'achat

Leviers	Exemples
Concentration des volumes	Consolider les fournisseurs Regrouper les volumes des différentes unités Redistribuer les volumes entre les fournisseurs Combiner les volumes de différents types de produits Élargir les termes des contrats Mettre en place des groupements/centrales d'achat Consolider les achats en amont de la chaîne d'approvisionnement
Évaluation du meilleur prix	Comparer les prix en interne (entre unités) Renégocier les prix Décomposer les prix Mettre en concurrence Définir des indices d'évolution des prix Comparer les coûts complets Mettre en place des contrats à long terme
Globalisation du *sourcing*	Étendre la base géographique des fournisseurs Rechercher et qualifier de nouveaux fournisseurs Profiter des fluctuations de change Profiter des politiques commerciales incitatives Optimiser le contre-achat Agir sur les fournisseurs de second rang Exploiter les déséquilibres géographiques entre l'offre et la demande
Restructuration de la relation avec les fournisseurs	Mettre en place des fournisseurs-clés Mettre en œuvre des partenariats et des alliances stratégiques Réévaluer les choix stratégiques *make or buy* Intégrer la chaîne d'approvisionnement
Amélioration des processus conjoints	Reconfigurer les processus conjoints Partager les gains de productivité Intégrer les systèmes logistiques Favoriser l'amélioration opérationnelle des fournisseurs
Amélioration de la spécification des produits	Rationaliser/standardiser les composants Substituer des composants/fournitures Effectuer l'analyse de la valeur du produit et reconcevoir le produit Acheter en fonction de la performance requise Optimiser les coûts du cycle de vie du produit Rechercher l'achat de systèmes

Quelques-uns de ces leviers sont détaillés ci-après.

■ Réévaluer les choix stratégiques make or buy

Pourquoi les entreprises fabriquent-elles un produit qu'elles pourraient acheter ? La question est posée dès 1937 par Ronald Coase dans son article « The Nature Of The Firm ». La décision de fabriquer un produit en interne ou de l'acheter à un fournisseur (décision de faire ou de faire faire, couramment appelée en anglais *make or buy decision*) peut être prise sur la base de nombreux critères : qualitatifs et quantitatifs, stratégiques et opérationnels. Le tableau 2.3 rappelle quelques-uns des critères stratégiques et opérationnels.

Tableau 2.3 – Exemples de critères de *make or buy decision*

	Make	*Buy*
Critères stratégiques	• La maîtrise du produit ou du processus de fabrication est critique pour l'entreprise	• L'entreprise souhaite développer une relation de long terme avec le ou les fournisseurs • L'entreprise ne dispose pas du savoir-faire lui permettant de fabriquer le produit
Critères opérationnels	• Les capacités de production sont disponibles pour fabriquer le produit • Le fournisseur n'est pas à même de fabriquer un produit de qualité suffisante	• Le coût total d'achat est inférieur au coût total de fabrication

Le choix de faire ou de faire faire évolue d'une industrie à l'autre et d'une fonction à l'autre. Les constructeurs automobiles ont externalisé une partie importante de la conception et de la fabrication des composants. De nombreux fabricants de semi-conducteurs ont externalisé leur production pour devenir des *fabless companies*. À l'inverse, l'industrie du luxe limite l'externalisation de sa production. De nombreuses entreprises ont confié la fonction transport à des prestataires logistiques tandis que la fonction marketing est très rarement externalisée.

■ Consolider les fournisseurs

La réduction du nombre de fournisseurs permet de concentrer les volumes d'achat sur un nombre plus réduit de fournisseurs (voir figure 2.2).

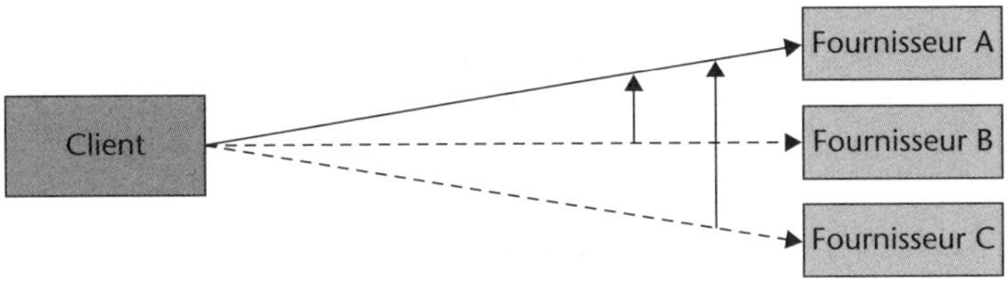

Figure 2.2 – Consolidation des fournisseurs

■ Regrouper les volumes des différentes unités

La consolidation des volumes d'achat de différents sites ou filiales permet d'augmenter les volumes d'achat auprès d'un fournisseur et donc le pouvoir de négociation (voir figure 2.3).

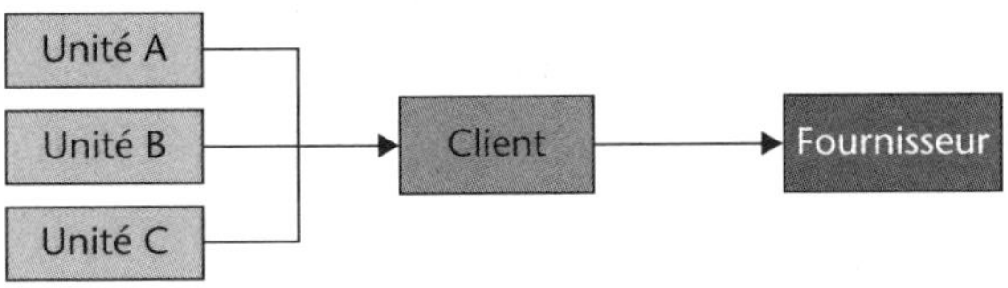

Figure 2.3 – Regroupement des volumes de différentes unités

■ Rationaliser/standardiser les composants

La rationalisation des composants permet de concentrer les volumes d'achat sur un nombre plus réduit de composants et donc, souvent, de fournisseurs (voir figure 2.4).

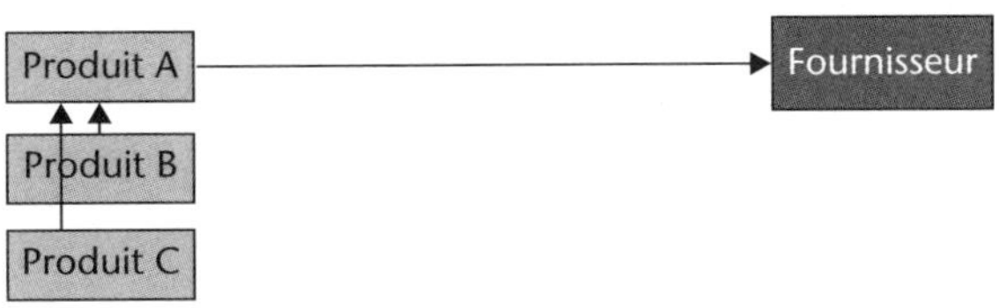

Figure 2.4 – Standardisation des composants

La standardisation des composants permet également de simplifier la conception des nouveaux produits et de réduire les niveaux de stocks de pièces.

■ Mettre en place des groupements/centrales d'achat

La mise en place de centrales ou de groupements d'achat permet de consolider les volumes d'achat entre plusieurs clients (voir figure 2.5).

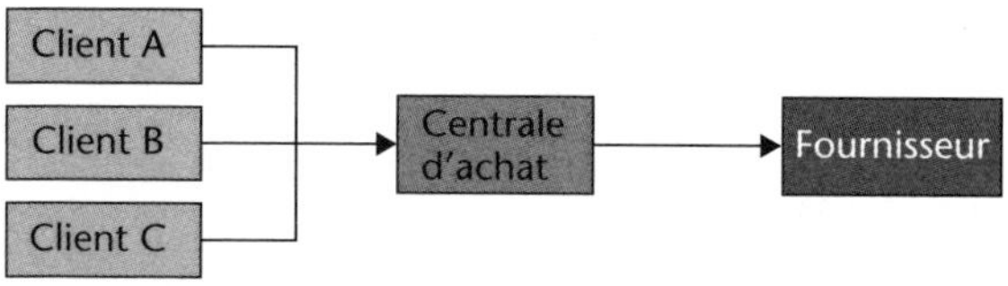

Figure 2.5 – Mise en place d'une centrale d'achat

■ Consolider les achats en amont de la chaîne d'approvisionnement

Il est quelquefois possible de consolider les volumes des fournisseurs des fournisseurs. Par exemple, un fabricant de yaourts qui achète des fruits concentrés à des entreprises de traitement de fruits, négocie directement le prix d'achat des fruits frais auprès des producteurs (figure 2.6).

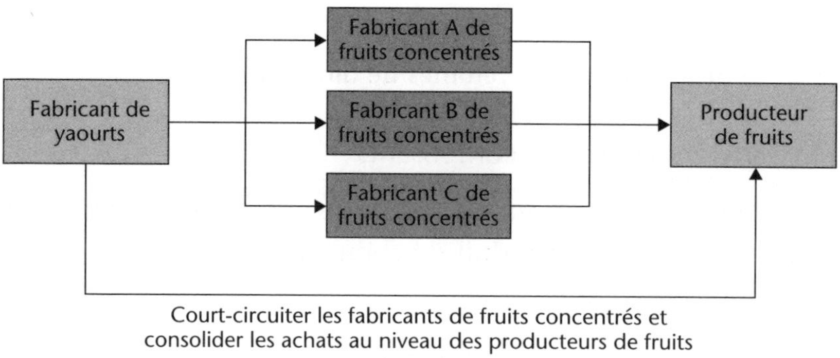

Figure 2.6 – Exemple de consolidation des achats en amont de la chaîne d'approvisionnement

■ Comparer les coûts complets

Quand il étudie plusieurs offres, l'acheteur doit souvent comparer non seulement le coût d'achat mais aussi le coût global. Le coût global ou coût complet (*total cost of ownership* ou TCO) correspond à la somme des dépenses sur l'ensemble de la vie d'un produit et ceci pour un usage donné. Ce coût global résulte de la superposition de plusieurs coûts (voir tableau 2.4).

Tableau 2.4 – Calcul du coût global

	Composant du coût global	
	Prix d'achat	
+	Coûts de transport	
+	Coûts d'emballage	
+	Coûts des assurances	
=	Prix rendu	
+	Coûts de passation de la commande	Coût d'acquisition
+	Coûts de stockage (personnel, matériel, locaux)	Coût de possession
+	Coûts financiers	
+	Coûts de fonctionnement (main-d'œuvre, matières premières)	Coût d'utilisation
+	Coûts d'exploitation (maintenance, énergie)	
=	Coût global	

■ Un exemple de méthode de définition de la stratégie achat

La méthode définie par Peter Kraljic en 1983[1] est souvent utilisée pour définir la stratégie achat par catégorie. Elle repose sur l'utilisation d'une matrice, la *Strategic Sourcing Matrix*, qui répartie les catégories d'achat en quatre groupes distincts (stratégique, levier, goulet et standard) suivant

---

1 « Purchasing must become supply management », Peter Kraljic, *Havard Business Review*, septembre-octobre 1983.

deux critères : l'impact de la catégorie sur l'activité de l'entreprise et l'influence de l'entreprise sur le marché des fournisseurs.

Le cadran **stratégique** (*strategic*) comprend souvent des produits de haute technologie réalisés sur la base de spécifications client. La source d'approvisionnement est souvent unique et ne peut pas être changée sur le court terme sans supporter des coûts importants. Le produit représente souvent une part importante du coût du produit fini. Les boîtes de vitesse pour un constructeur automobile, les moteurs pour un avionneur ou encore les équipements d'embouteillage pour un fabricant de boissons sont des produits du cadran stratégique. Pour ces produits, une forte interaction entre le client et son fournisseur est souvent nécessaire.

Le cadran **levier** (*leverage*) est composé de produits qui représentent une part importante du coût du produit final. L'acheteur a souvent le choix de s'adresser à un nombre important de fournisseurs et le coût de remplacement d'un fournisseur est souvent faible. L'abus de cette position peut toutefois conduire à une alliance entre les fournisseurs (cartels, ententes sur les prix de vente) même si ces alliances sont interdites. L'acier, l'aluminium ou encore les emballages font souvent partie du cadran levier.

Le cadran **goulet** (*bottleneck*) contient des produits dont le coût est relativement faible par rapport au coût du produit fini mais dont l'approvisionnement est critique pour l'entreprise. La source d'approvisionnement est généralement unique et le rapport de force est à l'avantage du fournisseur. Souvent, les prix d'achat sont élevés, les délais de livraison longs et le service faible. Les produits catalytiques pour l'industrie chimique, les pigments pour l'industrie de la peinture ou encore les arômes naturels pour l'industrie alimentaire appartiennent au cadran goulet. Les pièces de rechange pour les équipements de production appartiennent également à ce cadran.

Le cadran **standard** (*routine*) regroupe des produits qui ont une valeur relativement faible et qui sont proposés par un nombre important de fournisseurs. En pratique, la majorité des produits font partie de ce cadran.

Un exemple de répartition de catégories d'achat dans les quatre cadrans de la matrice est représenté ci-dessous (figure 2.7).

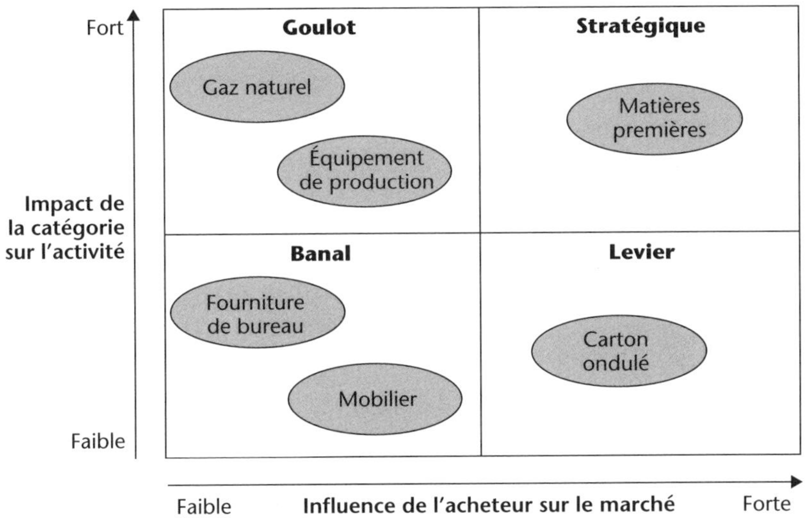

Figure 2.7 – Exemple d'utilisation de *Strategic Sourcing Matrix*

Une fois la répartition effectuée, la stratégie d'achat de chaque catégorie doit être définie. En général, chaque cadran regroupe des catégories de produit qui présentent des stratégies d'achat similaires. Par exemple des stratégies de type « concentration des volumes » ou « évaluation du meilleur prix » sont adaptées aux groupes « banal » et « levier ». La stratégie « amélioration de la spécification des produits » est plus adaptée au groupe « stratégique ».

Quelle que soit la politique achats retenue, elle devra être alignée sur la stratégie de l'entreprise (voir l'avis d'expert de Laurence Laroche, directrice des Achats du Groupe La Poste).

© AnnaMarchlewska

Avis d'expert

LAURENCE LAROCHE, directrice des Achats du Groupe La Poste

QUELLES SONT LES DÉPENSES DU GROUPE LA POSTE ?

Le Groupe La Poste regroupe de nombreuses filiales qui couvrent quatre métiers :

- la distribution du courrier et des colis, le métier historique de la Poste qui inclut aussi Colissimo ;
- les services financiers, avec La Banque Postale ou CNP Assurances ;
- les services de proximité et digitaux, avec les bureaux de poste ou Digiposte ;
- la livraison de colis, avec DPD ou Chronopost.

Nous achetons principalement du transport, mais aussi de l'informatique, de l'intérim, du mobilier, de la restauration collective ou encore des équipements industriels comme des machines de tri. Au total, le Groupe dépense 15 milliards d'euros en France et à l'international auprès de 100 000 fournisseurs pour un chiffre d'affaires de 34 milliards d'euros.

QUELLES SONT LES PRIORITÉS DE VOTRE POLITIQUE ACHATS ?

Nous avons défini une politique achats alignée sur le plan stratégique de l'entreprise, La Poste 2030. Cette politique a fixé quatre priorités, en plus de la performance économique :

- **La conformité fournisseurs :** d'abord, nous voulons nous assurer de la conformité de nos fournisseurs aux réglementations. Pour cela, nous avons mis en place un hub de e-conformité qui permet de vérifier que nos fournisseurs respectent les réglementations, par exemple, liées à la lutte anti-corruption ou au devoir de vigilance.
- **Les achats responsables :** nous avons aussi défini une politique d'achats responsables. Cette politique a des objectifs différenciés par catégorie d'achats : la réduction des émissions de CO_2 pour l'achat de transport, la diminution de l'impact sur la biodiversité pour l'achat immobilier, ou encore la réduction de la consommation de ressources pour les achats de matériels.
- **Les synergies entre la direction des achats groupe et les filiales :** pour améliorer les synergies, nous avons mis en place une communauté d'achats

• • •

• • •

qui regroupe la direction des achats groupe et douze filiales françaises. Nous partageons nos expertises et réalisons des appels d'offres communs.

- **La planification des appels d'offres** : nous améliorons la planification de notre processus d'appel d'offres. En effet, la réglementation de l'achat public, qui s'applique à une partie de nos achats, nous oblige à renouveler nos contrats régulièrement suivant un processus d'appel d'offres très long. Nous devrons renouveler 2 000 contrats dans les deux prochaines années.

QUELLE EST, SELON VOUS, LA PRIORITÉ D'UN DIRECTEUR ACHATS ?

La fonction Achats doit contribuer à la stratégie de l'entreprise. Elle ne doit pas se limiter à améliorer la performance économique, mais doit également contribuer à la réduction de l'impact environnemental, social ou des risques.

Sélectionner les fournisseurs

La sélection des fournisseurs est un processus qui réduit progressivement le nombre de candidats possibles pour ne choisir, à la fin, qu'un nombre limité de fournisseurs.

Définir le panel fournisseurs

Sur la base de la stratégie achat, l'acheteur doit mettre à jour son panel fournisseurs (*supplier portfolio*). Le panel fournisseurs est la liste des fournisseurs qui sont autorisés à, et susceptibles de, travailler pour l'entreprise.

Tout au long du processus de *sourcing*, l'acheteur peut être amené à solliciter ses fournisseurs potentiels en vue d'obtenir des informations. On distingue trois types de demandes :

- les demandes d'information (*request for information* ou RFI) qui visent à obtenir, de la part d'un fournisseur, des informations sur la société, ses produits et ses services. Les demandes d'information ne sont pas nécessairement suivies de demandes de proposition ou de demandes de devis ;

- les demandes de proposition ou appels d'offres (*request for proposal* ou RFP) qui visent à recevoir de la part des fournisseurs une proposition commerciale et technique qui réponde à un cahier des charges ;
- les demandes de devis (*request for quotation* ou RFQ) qui sont de simples demandes de prix pour des produits généralement assez courants et dont les spécifications sont connues.

Consulter les fournisseurs

L'appel d'offres est une méthode répandue de sélection d'un fournisseur. Le processus d'appel d'offres nécessite toutefois un travail important pour l'acheteur et le prescripteur, et n'est donc pas toujours adapté lorsque le volume d'achat concerné est faible.

L'appel d'offres est généralement constitué de différents chapitres :

- une présentation de la société ;
- une description de l'objectif de la consultation ;
- une description du processus de la consultation : date limite de remise de la réponse à l'appel d'offres, critères de sélection, coordonnées des personnes à contacter ;
- une description du format attendu de la réponse afin de pouvoir, en particulier, comparer les différentes offres : décomposition du prix ;
- le cahier des charges ;
- les conditions générales d'achat.

Une fois rédigé, l'appel d'offres est envoyé aux fournisseurs du panel qui sont concernés.

Sélectionner les fournisseurs

Une fois remises par les fournisseurs consultés, les différentes offres sont analysées. Elles sont comparées entre elles en utilisant une grille de dépouillement qui rappelle les critères de sélection et les coefficients de pondération associés. Cette grille doit être construite avant la réception des réponses des fournisseurs pour garantir une plus grande objectivité lors du dépouillement.

Tableau 2.5 – Exemple de grille de dépouillement des offres

Critère de sélection	Coefficient de pondération	Fournisseur 1	Fournisseur 2	Fournisseur 3
Prix	20 %			
Délai	10 %			
Qualité	20 %			
Respect de l'environnement	20 %			
Capacités de production	5 %			
Capacités techniques	10 %			
Capacités financières	10 %			
Conformité de la réponse à l'appel d'offres	5 %			
Note de synthèse				

L'analyse de la réponse d'un fournisseur peut être complétée par la visite de ses usines ou la rencontre de ses clients.

Négocier avec les fournisseurs

L'objectif de la négociation est de sélectionner le fournisseur qui offrira les meilleurs termes d'un accord. Il existe deux méthodes pour négocier avec les fournisseurs : la négociation classique et la négociation en ligne.

■ La négociation classique

Une négociation classique, souvent en face à face, se déroule en trois étapes :

1. La préparation de la négociation

   L'acheteur analyse le contexte de la négociation (besoins de l'entreprise, informations sur le fournisseur, rapport de force...) et fixe les objectifs de la négociation (hiérarchie des objectifs, marges de négociation...). Il construit ensuite son argumentaire (structuration des arguments, anticipation des objections du vendeur, détermination des différentes phases de la négociation...) et choisit la ou les tactiques de négociation (*good guy-bad guy*, par exemple). Enfin, il prépare le dossier de négociation (cahier des charges, analyse de la valeur, liste de questions...).

2. La conduite de la négociation

   Dans un premier temps, suite à la prise de contact, l'acheteur et le fournisseur tentent chacun de comprendre le contexte de la négociation (intérêts mutuels, intentions...). Dans un deuxième temps, ils prennent en compte les informations reçues. Dans un troisième temps, la phase de négociation proprement dite peut prendre place. Une phase de conclusion permet de terminer la négociation en rappelant les termes de l'accord qui a, éventuellement, été pris.

3. L'analyse des résultats de la négociation

   L'acheteur communique les résultats de la négociation et s'assure du respect des engagements des parties. Il analyse les gains obtenus par rapport aux objectifs fixés.

■ La négociation en ligne

Internet a permis le développement d'une nouvelle méthode de négociation : les enchères électroniques inversées (*electronic reverse auctions*). Une enchère inversée est une négociation simultanée entre un acheteur et plusieurs fournisseurs. Dans une enchère inversée, l'acheteur invite les fournisseurs, qu'il aura sélectionnés préalablement, à se connecter sur un site d'enchère (*e-auction*) à une date et une heure précise pour remettre leur meilleure offre de prix. Les fournisseurs ont accès à l'offre de leurs concurrents et ont la possibilité de proposer des prix plus bas pour enlever le marché. Au terme de l'enchère, qui dure en général une heure ou deux, le fournisseur qui aura fait l'offre la plus basse emportera l'enchère et, en principe, le marché.

Pour l'acheteur, l'enchère inversée permet de faire baisser les prix et de réduire le temps de négociation. Toutefois elle présente des inconvénients. Par exemple, elle peut inciter un fournisseur à prendre un marché dans des conditions risquées. Elle n'est pas adaptée à toutes les catégories d'achat comme les achats stratégiques.

Mettre en place les contrats

La contractualisation d'un accord entre un client et son fournisseur peut être réalisée de quatre façons différentes : l'accord-cadre, le contrat-cadre, le contrat et le bon de commande.

- **L'accord-cadre** est un contrat conclu entre un client et un fournisseur qui a pour objet d'établir les termes régissant les accords futurs au cours d'une période donnée, notamment en ce qui concerne les prix et, le cas échéant, les quantités envisagées. L'accord-cadre a pour caractéristique essentielle de séparer la procédure de référencement des fournisseurs de l'attribution des commandes.
- **Le contrat-cadre** est un accord-cadre qui fixe tous les termes régissant les accords futurs au cours d'une période donnée. Un contrat-cadre, comme un accord-cadre, ne se suffit pas à lui-même et doit être suivi d'un bon de commande.
- **Le contrat** formalise les relations entre un client et son fournisseur. Il se suffit à lui-même. Il est principalement utilisé pour les achats d'investissement (immobilier, équipements industriels, systèmes d'information...).
- **Le bon de commande** est un document écrit adressé par un client à un fournisseur pour préciser les prestations attendues. Il contient les conditions générales d'achat.

En France, les acheteurs publics doivent respecter le Code de la commande publique lors de la mise en place des contrats (voir l'avis d'expert de Séverine Fletcher-Colombel, directrice des achats de la Région Île-de-France).

Avis d'expert

SÉVERINE FLETCHER-COLOMBEL, directrice des achats de la Région Île-de-France

QUELLES SONT LES DÉPENSES DE LA RÉGION ÎLE-DE-FRANCE ?

La Région Île-de-France dépense 1 milliard d'euros par an. Elle achète par exemple des travaux de construction, de rénovation et de maintenance pour ses 470 lycées, des prestations de formation professionnelle destinées aux demandeurs d'emploi, ou des prestations pour accompagner la transformation numérique, comme 150 000 ordinateurs pour les lycéens. La Région recense 2 500 fournisseurs, dont 75 % sont des petites et moyennes entreprises.

QUELLES SONT LES SPÉCIFICITÉS DES ACHATS PUBLICS AUXQUELLES LA RÉGION EST SOUMISE ?

À la différence des acheteurs privés, les acheteurs publics doivent respecter le Code de la commande publique. Ce code définit les modalités d'élaboration, de mise en concurrence et d'exécution des contrats. Lorsque le montant des contrats est supérieur à 221 000 euros hors taxes pour les marchés de fournitures et de services ou 5 538 000 euros hors taxes pour les marchés de travaux, une procédure formalisée devient obligatoire, notamment avec des délais incompressibles. La mise en place d'un contrat nécessite généralement de six à neuf mois. Les acheteurs publics doivent aussi disposer de compétences juridiques afin de respecter le cadre réglementaire. La négociation avec les fournisseurs est également beaucoup plus encadrée pour les acheteurs publics qu'elle ne l'est pour les acheteurs privés.

COMMENT LES TECHNOLOGIES NUMÉRIQUES PERMETTENT-ELLES D'AMÉLIORER LA PERFORMANCE DES ACHATS ?

La Région a par exemple mis en place une centrale d'achat digitale accessible à tous les acheteurs

• • •

publics franciliens. Elle se charge de lancer les consultations, de négocier les prix, si la procédure retenue le permet, et de mettre en place les contrats, que nous appelons marchés publics. En utilisant la centrale d'achats, les acheteurs publics franciliens peuvent commander des produits à des tarifs compétitifs grâce à des achats mutualisés. Ils évitent également de lancer leurs propres procédures, souvent longues. La centrale d'achat couvre plusieurs familles d'achats comme les denrées alimentaires, la reprographie, la papeterie, les défibrillateurs ou encore les produits d'entretien.

Gérer la relation avec les fournisseurs

La gestion de la relation avec les fournisseurs (*supplier relationship management* ou SRM) est un processus qui définit les relations à mettre en œuvre entre une entreprise et ses fournisseurs.

Ce processus consiste à :

- choisir le type de relation à mettre en œuvre avec un fournisseur ;
- améliorer certains processus conjoints entre l'entreprise et le fournisseur ;
- évaluer l'évolution de la performance du fournisseur.

Les processus conjoints peuvent être, par exemple, le développement de nouveaux produits, la gestion des stocks et des approvisionnements ou encore la gestion du transport.

La gestion conjointe des approvisionnements et des stocks est décrite dans la partie « Mettre en place une gestion conjointe des approvisionnements et des stocks » (chapitre 7). La gestion conjointe du transport est décrite dans la partie « Gérer conjointement le transport » (chapitre 7).

Choisir le type de relation pour chaque fournisseur

La relation entre un client et son fournisseur a souvent été caractérisée par une confiance limitée. Si une relation de partenariat entre un client et son fournisseur est difficile à mettre en œuvre, parce qu'elle nécessite de concilier des intérêts divergents, elle présente de nombreux intérêts comme une meilleure maîtrise des coûts, l'amélioration de la qualité ou encore la réduction du temps de développement des nouveaux produits. Les constructeurs automobiles japonais ont été parmi les premiers à investir dans la relation avec certains de leurs fournisseurs. Deux années après sa création, en 1937, Toyota Motors Corporation indiquait dans sa charte achats qu'« une entreprise, une fois qu'elle a été choisie pour devenir un fournisseur, doit être traitée comme si elle faisait partie de Toyota. Toyota doit développer l'activité de cette entreprise, ne pas la remplacer et faire tous les efforts possibles pour améliorer ses performances ».

■ Les différents types de relation entre un client et son fournisseur

Il existe différents types de relation entre un client et son fournisseur. Plusieurs classifications de ces relations ont été définies. Par exemple, les relations entre un client et ses fournisseurs peuvent être réparties en trois catégories : la relation classique, la relation de collaboration et la relation de partenariat.

La relation classique

Dans une relation classique, le client cherche avant tout à obtenir les meilleurs prix de son fournisseur. Il multiplie pour cela les sources d'approvisionnement et effectue de nombreuses transactions d'achat lui permettant de mettre en concurrence à chaque fois ses fournisseurs. Il effectue fréquemment des inspections pour s'assurer de la qualité des produits et services fournis. Une relation classique n'implique souvent que l'acheteur du client et le vendeur du fournisseur (voir figure 2.8).

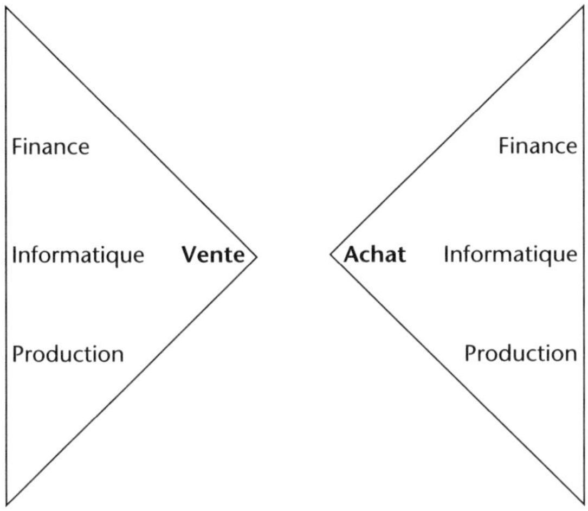

Figure 2.8 – Relation client-fournisseur classique

Les méthodes de Jose Ignacio Lopez de Arriortua, vice président des achats de General Motors dans les années 1990, illustrent bien l'intérêt mais aussi les limites d'une telle relation.

Exemple

En 1992, General Motors nomma Jose Ignacio Lopez de Arriortua au poste de vice président des achats. Ce dernier annula les contrats en place entre GM et ses fournisseurs, lança de nouveaux appels d'offres et renégocia les prix à la baisse. Considérant que des gains de productivité de 10 % n'étaient pas suffisants, il fixa comme objectif un gain de 50 % pour l'année 1995. Il mit en place un programme, appelé PICOS (*Program for improvement and cost optimization of suppliers*), qui consistait à réaliser des audits chez les fournisseurs pour identifier les sources de réduction des coûts. Si Lopez de Arriortua fut crédité d'avoir fait gagner 4 milliards de dollars à General Motors dans les années 1992-1993, il lui fut reproché d'avoir dégradé de façon irréversible la relation entre GM et ses fournisseurs. Lopez de Arriortua fut également rendu célèbre pour avoir rejoint VW en 1993 et pour avoir été accusé par General Motors d'avoir emporté avec lui des documents confidentiels sur les futurs modèles. VW dut payer 100 millions de dollars de dommages à General Motors et dut s'engager à acheter pour 1 milliard de dollars de pièces à ce dernier sur 7 ans.

La relation de collaboration

Dans une relation de collaboration, le client et le fournisseur prennent chacun un ensemble d'engagements sur les prix, les quantités, la qualité ou encore les délais de livraison. Le client met en place un accord commercial avec son fournisseur. Il peut également mettre en œuvre des programmes de certification qui lui permettront de réduire ou de supprimer les inspections des fournisseurs certifiés.

La relation de partenariat

Dans une relation de partenariat, le client et le fournisseur étudient ensemble les actions d'amélioration dont ils pourront tous les deux tirer avantage.

Une relation de partenariat implique souvent plusieurs représentants du client et du fournisseur qui participent, par exemple, à des groupes de travail transverses (voir figure 2.9).

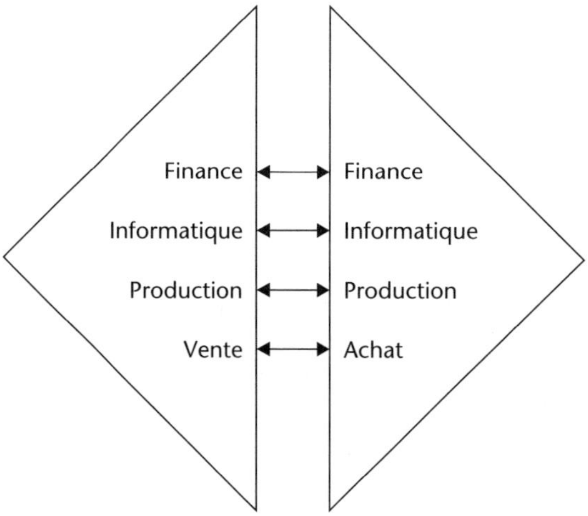

Figure 2.9 – Relation client-fournisseur de partenariat

■ Le choix du type de relation avec chaque fournisseur

Au début des années 1990, aux États-Unis, les constructeurs automobiles géraient exclusivement des « relations classiques » avec leurs fournisseurs tandis que, en Corée du Sud, les constructeurs mettaient principalement en place des « relations de partenariat[1] ». Pourtant, un seul type de relation n'est pas nécessairement adapté à tous les fournisseurs. Les constructeurs japonais ont été les premiers à mettre en place des relations différenciées en fonction des caractéristiques de chaque fournisseur.

Le choix du type de relation avec un fournisseur peut être réalisé de différentes façons, par exemple en fonction du nombre et de la complexité des produits (voir figure 2.10).

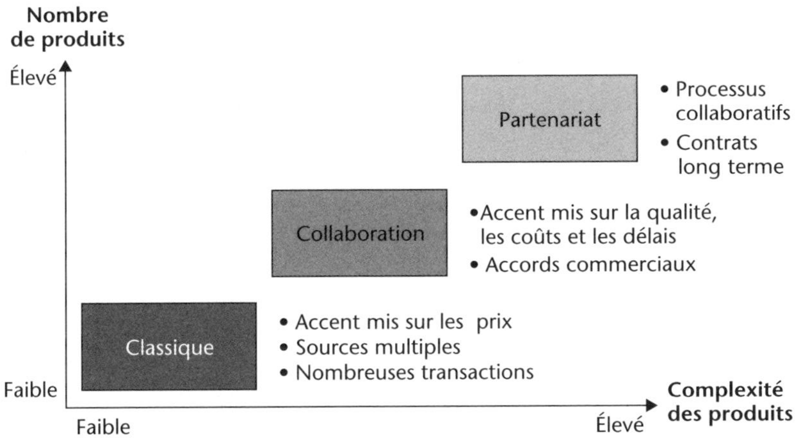

Figure 2.10 – Segmentation du type de la relation fournisseur

Développer conjointement de nouveaux produits

Les entreprises du secteur de l'automobile et de l'aéronautique ont été les premières à impliquer leurs fournisseurs dans le développement des nouveaux produits, poussées par la complexité croissante de leurs produits et leur recentrage sur leur cœur de métier.

---

1 Source : *Strategic Supplier Segmentation : A Model For Managing Suppliers In The 21st Century*, Jeffrey H. Dyer, Dong Sung Cho, Wujin Chu, décembre 1996.

Exemple

Pour développer son avion long-courrier A350 XW, Airbus a réuni ses ingénieurs et les ingénieurs de ses fournisseurs-clés pendant deux ans sur un même plateau projet à Toulouse. Par la suite, les partenaires du programme ont pu accéder à une maquette numérique partagée, afin de prendre connaissance des avancées du projet et d'intégrer leurs derniers développements.

Il existe plusieurs niveaux d'intégration d'un fournisseur dans le processus de développement d'un nouveau produit[1].

1. Le fournisseur est consulté lors de la phase de conception du produit. Il propose au client des améliorations pour réduire les coûts ou améliorer la qualité du produit ou du processus de fabrication.
2. Le fournisseur est responsable de la conception d'une pièce qu'il réalise sur la base de spécifications fonctionnelles fournies par le client.
3. Le fournisseur a la responsabilité complète d'un composant, de sa conception à sa production. La conception est réalisée sur la base de spécifications fonctionnelles établies par le client.
4. Le fournisseur a la responsabilité complète d'un composant qui nécessite l'assemblage de sous-ensembles pour lesquels le fournisseur doit assurer la coordination des fournisseurs de rang 2.

Un fournisseur peut intervenir à partir de différentes étapes du processus de développement. Généralement, plus la responsabilité du fournisseur est importante ou le produit dont il est responsable est complexe, plus l'intégration du fournisseur au plus tôt (*early supplier involvement* ou ESI) dans le processus de développement est nécessaire.

1 Source : tiré de *La Conception collaborative entre un client et ses fournisseurs : état de l'art et proposition d'une méthode d'aide à la conception des modes de coordination*, R. Calvi, M. A. Le Dain, 2003.

Le développement conjoint (souvent appelé co-développement) de nouveaux produits entre un client et son fournisseur présente de nombreux intérêts. Il permet de réduire les coûts, par exemple de production, en prenant en compte l'avis du fournisseur lors de la conception du processus de fabrication. Il conduit également à une réduction des délais de conception en transférant, par exemple, une partie de la charge de travail (et aussi des risques) au fournisseur. Il entraîne une amélioration de la qualité en prenant en compte au plus tôt les contraintes techniques du fournisseur. Il permet enfin de développer des produits plus innovants en profitant mieux de nouvelles technologies développées ou maîtrisées par le fournisseur.

Les projets de co-développement restent cependant difficiles à conduire et ne donnent pas toujours les bénéfices escomptés.

L'utilisation des technologies de l'information est souvent indispensable pour conduire un projet de co-développement.

Exemple

L'industrie aéronautique utilise un même logiciel de conception, Catia de Dassault Systèmes, afin de pouvoir échanger des informations entre les différents participants à un projet de développement.
En 2011, EADS, Dassault Aviation, Safran et Thales ont créé la plateforme numérique BoostAeroSpace qui permet aux industriels et à leurs fournisseurs de partager des données dans un environnement sécurisé.

Gérer le développement des fournisseurs

La gestion du développement des fournisseurs (*supplier development management*) définit les activités qui sont réalisées par une entreprise pour améliorer la performance de certains de ses fournisseurs dans l'intérêt de l'entreprise.

Différentes raisons peuvent conduire une entreprise à développer la capacité d'un fournisseur, par exemple lorsque le fournisseur maîtrise une technologie innovante, lorsqu'il n'a pas de concurrent ou encore lorsque l'entreprise souhaite développer un partenariat sur le long terme avec ce fournisseur.

Des organisations de développement internationales comme EuropeAid, l'International Finance Corporation (IFC) ou encore l'United Nations Industrial Development Organization (UNIDO) aident également, dans les pays en voie de développement, les sociétés internationales à développer les capacités de leurs fournisseurs locaux.

De façon schématique, un plan de développement fournisseur se déroule en cinq étapes :

1. Sélection des fournisseurs.
2. Mise en place d'une équipe conjointe regroupant des employés du client et du fournisseur.
3. Identification des axes d'amélioration.
4. Définition et mise en œuvre d'actions d'amélioration.
5. Suivi de l'atteinte des objectifs fixés.

Gérer la performance des fournisseurs

La gestion de la performance des fournisseurs (*suppliers performance management*) a pour objectif d'améliorer la performance des fournisseurs.

Cette gestion consiste, dans un premier temps, à définir, mesurer et analyser des indicateurs de performance. Le tableau 2.6 regroupe quelques exemples d'indicateurs de suivi de la performance des fournisseurs.

Tableau 2.6 – Exemples d'indicateurs de suivi de la performance des fournisseurs

Nom	Nom en anglais	Unité de mesure	Description
Délai de livraison fournisseur	*Supplier lead time*	Durée	Nombre moyen de jours séparant la date de prise de commande de la date de livraison
Taux de respect des délais	*On time deliveries*	%	$\frac{\text{Nombre de livraisons à l'heure}}{\text{Nombre total de livraisons}}$
Taux de service	*Fill case, line or order ratio*	%	Le taux de service peut être mesuré par nombre de colis, par nombre de lignes de commande ou encore par nombre de commandes. $\frac{\text{Nombre de colis reçus}}{\text{Nombre de colis commandés}}$ $\frac{\text{Nombre de lignes de commande honorées}}{\text{Nombre total de lignes de commande}}$ $\frac{\text{Nombre de commandes honorées}}{\text{Nombre total de commandes}}$
Taux de non-conformité	*Non conforming materials ratio*	%	$\frac{\text{Nombre de produits livrés non conformes}}{\text{Nombre total de produits livrés}}$

Dans un second temps, si des écarts de conformité avec les objectifs sont constatés, des actions correctrices sont définies avec le fournisseur.

Exemple

L'équipementier automobile Valeo a mis en place un tableau de bord (*scorecard*) pour chacun de ses fournisseurs-clés. Ce tableau de bord mesure l'évolution de la qualité et des coûts totaux sur une durée de trois ans. Il met en évidence l'amélioration continue menée par le fournisseur et le nombre de suggestions du fournisseur qui ont permis d'accroître la productivité.

Piloter la performance achat

Le pilotage de la performance des achats est réalisé de façon différente suivant qu'il est destiné aux acheteurs, au directeur des achats ou à la direction générale d'une entreprise (voir figure 2.11). Il comprend l'analyse des dépenses, décrite dans la partie « Analyser les dépenses », le pilotage opérationnel et le pilotage stratégique.

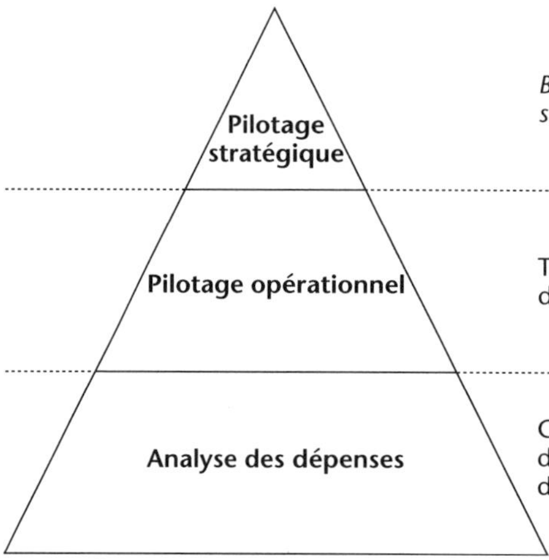

Résultat	Objectif	Utilisateur
Balanced scorecard	Mesurer l'apport de la fonction achat à la stratégie de l'entreprise	Direction générale
Tableau de bord	Suivre l'efficacité et l'efficience de la fonction achat	Directeur achat
Cartographie des dépenses	Analyser les dépenses	Acheteur

Figure 2.11 – Pilotage de la performance achat

Analyser la performance de l'organisation achat

L'analyse de la performance d'une organisation achat consiste à évaluer l'efficacité et l'efficience de cette organisation. Les termes efficacité et efficience ne sont pas synonymes. L'efficacité fait référence au degré de réalisation d'un objectif visé ou d'un programme envisagé. L'efficience désigne le rapport entre ce qui est réalisé et les moyens (sommes investies, ressources utilisées) mis en œuvre pour y parvenir.

■ L'efficacité de l'organisation achat

La mesure de l'efficacité d'une organisation achat porte généralement sur trois critères : la maîtrise des coûts, de la qualité et des délais.

- **La maîtrise des coûts** est souvent évaluée en suivant l'évolution du coût d'achat des produits (on parle quelquefois de dérive achat). Le suivi de l'évolution des coûts doit également permettre de comprendre les causes de cette évolution et, si nécessaire, de mettre en œuvre les actions correctrices. La cause de la variation d'un coût d'achat ne se limite pas à l'augmentation des prix de vente par les fournisseurs mais peut être aussi dû à la variation d'un taux de change ou du coût d'une matière première, à une évolution technique ou à l'augmentation d'un coût de transport.
- **La maîtrise de la qualité** peut être évaluée en vérifiant la qualité des produits livrés par les fournisseurs et leur conformité aux spécifications du bureau d'étude. Le taux de rebut des produits livrés par les fournisseurs, le nombre de fournisseurs certifiés ou encore le respect des quantités commandées permettent, par exemple, d'évaluer la maîtrise de la qualité. La maîtrise de la qualité peut être également évaluée lors de la phase de développement d'un nouveau produit en mesurant la charge de travail des acheteurs dans les projets de développement ou le nombre de demandes d'évolution transmises aux fournisseurs.
- L'évaluation du respect des délais peut concerner par exemple le processus de traitement d'une demande d'achat ou le respect des délais de livraison des fournisseurs. Le délai de traitement d'une commande d'achat, le taux de rupture des produits, le taux de livraisons en retard sont des exemples d'indicateurs permettant de mesurer le respect des délais.

■ L'efficience de l'organisation achat

La mesure de l'efficience d'une organisation achat concerne les principales ressources de cette organisation : les employés, le management, les procédures et les systèmes d'information. Le nombre d'heures de formation suivies annuellement par les acheteurs ou encore le taux de commandes d'achat gérés à l'aide d'un système d'information peuvent permettre de mesurer l'efficience de l'organisation achat.

Le tableau 2.7 regroupe quelques exemples d'indicateurs de suivi de la performance de l'organisation achat. Les formules de calcul ont été données à titre d'exemple. Des formules différentes peuvent être utilisées pour calculer un même indicateur.

Tableau 2.7 – Exemples d'indicateurs de suivi de la performance de l'organisation achat

Nom	Nom en anglais	Unité de mesure	Description
Dérive achat		%	La dérive achat mesure l'évolution du prix d'achat. Cette évolution peut être le résultat de négociations commerciales, de l'évolution d'un taux de change ou encore de l'évolution du coût de matières premières. $\frac{\text{(Prix produit – Prix produit année N–1)} \times \text{Qtité}}{\text{Prix du produit année N–1} \times \text{Qtité}}$
Valeur moyenne d'une commande	*Average order value*	Valeur	$\frac{\text{Valeur totale des commandes d'achat}}{\text{Nbre de commande d'achat}}$
Ratio de rotation du crédit fournisseurs	*Days payable outstanding (DPO)*	Durée	Le ratio de rotation du crédit fournisseurs mesure le délai moyen de paiement des fournisseurs. $\frac{\text{Montant encours fournisseurs} \times \text{durée période}}{\text{Nbre des achats TTC sur la période}}$
Coût moyen de passation d'une commande	*Average order processing cost*	Coût	$\frac{\text{Coût annuel de passassion des commandes}}{\text{Nombre total de commandes}}$

Analyser l'apport de la fonction achat à la stratégie de l'entreprise

Si l'analyse des dépenses ou l'analyse de la performance de l'organisation achat sont réalisées par de nombreuses entreprises, l'analyse de l'apport de la fonction achat à la stratégie de l'entreprise est moins fréquente. Une carte stratégique et une *balanced scorecard* peuvent être mises en œuvre pour mesurer et suivre la contribution des achats à la stratégie de l'entreprise.

Comment améliorer la performance des achats ?

Réduire le coût des achats

Pour réduire leurs coûts, les entreprises commencent souvent par réduire le coût de leurs achats. Pour une entreprise qui consacre 50 % de son chiffre d'affaires aux achats et dont le bénéfice s'élève à 5 % du chiffre d'affaires, une réduction de 5 % du coût des achats entraîne un doublement des bénéfices.

Exemple

En 2002, la société Heineken, en réduisant de 2 % le coût des achats, augmenta de 9,2 % la rentabilité de son actif économique (ROCE[1]).

Les principales actions de réduction du coût des achats ont été décrites ci-dessus (« Établir la stratégie achat »).

Réduire l'impact des achats sur l'environnement

Différentes actions peuvent être mises en œuvre pour réduire l'impact des achats d'une entreprise sur l'environnement. Les achats qui réduisent leurs impacts sur l'environnement sont des

1 Source : *Purchasing & Supply Chain Management*, Arjan J. Van Weele, 2005.

achats responsables. Un achat responsable (*sustainable procurement*) est un achat dont les impacts environnementaux, sociaux et économiques sont les plus positifs possible sur toute la durée du cycle de vie[1].

■ Intégrer des critères environnementaux dans les décisions liées au processus d'achat

Des critères environnementaux peuvent être intégrés dans les décisions liées au processus achat, depuis la définition du marché jusqu'au choix des offres. Ces critères viennent compléter des critères sur les coûts, les délais, la qualité ou encore la sécurité. Wal-Mart, par exemple, a inclus des critères environnementaux dans l'évaluation de ses fournisseurs dès octobre 2007.

Exemple

La SNCF a chaque année 13 milliards d'euros de travaux, de fournitures (notamment industrielles), ainsi que des prestations de services et intellectuelles auprès de 20 000 fournisseurs. Les achats représentent 80 % des émissions des gaz à effet de serre de la SNCF. Pour réduire ses émissions, la direction des achats a introduit progressivement des critères de notation liés au carbone dans tous ses appels d'offres. Cette notation repose notamment sur le prix interne du carbone, fixé initialement à 100 euros par tonne de CO_2.

■ Inclure des clauses environnementales dans les contrats avec les fournisseurs

Les clauses environnementales des contrats avec les fournisseurs peuvent, par exemple, prescrire des matières premières à utiliser, imposer l'utilisation d'un processus de fabrication particulier, faire référence à des labels écologiques ou encore exiger la participation à un système de management environnemental.

1 Source : « Norme ISO 20400 – Achats responsables – Lignes directrices », ISO (2017).

■ Évaluer la politique environnementale du fournisseur

L'envoi de questionnaires, la réalisation de missions d'audit ou d'évaluation permettent de vérifier l'application des clauses environnementales contractuelles ou, plus généralement, la politique environnementale du fournisseur. Des outils d'évaluation spécifiques peuvent être utilisés.

■ Sélectionner à l'achat des produits plus respectueux de l'environnement

Les écolabels permettent d'identifier les produits plus respectueux de l'environnement. Initiés par les pouvoirs publics, les écolabels garantissent que le produit est performant et génère moins d'impacts sur l'environnement tout au long de son cycle de vie.

■ Développer avec les fournisseurs des chaînes logistiques plus respectueuses de l'environnement

L'amélioration des processus conjoints d'une entreprise avec ses fournisseurs permet souvent de réduire l'impact environnemental : réduction du packaging, réutilisation ou recyclage des matériels utilisés en commun (les palettes par exemple), augmentation du taux de remplissage des camions...

■ Développer avec des fournisseurs sélectionnés des produits plus respectueux de l'environnement

La mise en place d'une chaîne logistique respectueuse de l'environnement commence dès la conception de nouveaux produits. Une démarche d'éco-conception peut-être mise en œuvre avec certains des fournisseurs pour concevoir des produits ou des procédés de fabrication plus respectueux de l'environnement.

L'éco-conception consiste à concevoir un bien ou un service de façon à en réduire au maximum les impacts sur l'environnement. Cette réflexion porte sur les différentes phases de la vie du produit : extraction des matières premières, fabrication, emballage, distribution, utilisation, récupération, recyclage, incinération... La figure 2.12 illustre quelques exemples de décisions qui peuvent être prises, lors de la conception d'un produit, afin de réduire l'impact sur l'environnement. L'éco-conception a été développée par le World Business Council for Sustainable Development à l'occasion du sommet de Rio.

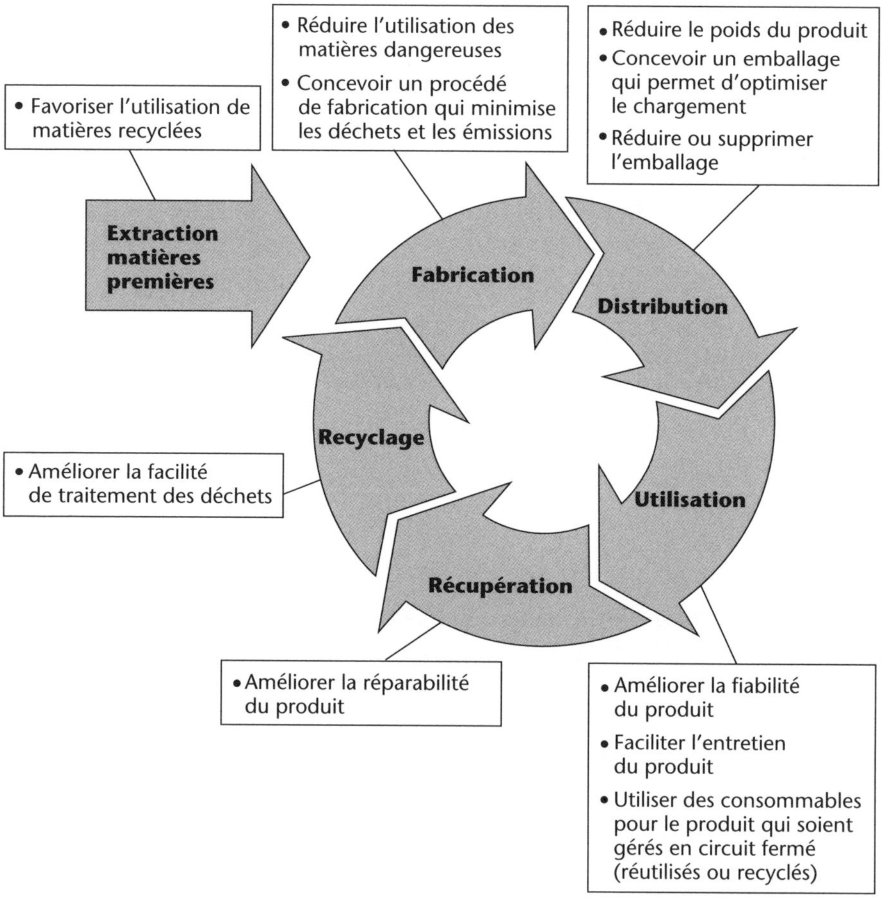

Figure 2.12 – Exemple de décisions prises dans une démarche d'écoconception

La conduite d'un programme de transformation peut être nécessaire pour améliorer de façon significative la performance des achats (voir l'avis d'expert de Florence Baiget, directrice des Achats du Groupe Veolia).

Avis d'expert

FLORENCE BAIGET, directrice des Achats du Groupe Veolia

COMMENT LA FONCTION ACHATS DU GROUPE VEOLIA EST-ELLE ORGANISÉE ?

Le Groupe Veolia, qui conçoit et déploie des solutions pour la gestion de l'eau, des déchets et de l'énergie, dépense chaque année 20 milliards d'euros dont 16 sont adressables par la fonction achats. Une équipe centrale de *category managers* (gestionnaires de catégorie d'achats) est directement en charge de la stratégie d'achats sur les catégories globales, comme l'instrumentation, les équipements d'usines, la flotte automobile ou encore l'intérim, qui représentent 25 % des dépenses. Les équipes achats des 54 *business units* du groupe déploient les stratégies sur les catégories d'achats globales. Elles portent également la responsabilité des stratégies sur les catégories d'achats locales, comme le transport des déchets ou la maintenance des réseaux, et qui représentent les 75 % des dépenses restantes.

COMMENT CONDUISEZ-VOUS LA TRANSFORMATION DE LA FONCTION ACHATS ET QUELS OBSTACLES RENCONTREZ-VOUS ?

Depuis mon arrivée chez Veolia, je m'attache à renforcer et à valoriser la contribution de la fonction achats à l'entreprise, de la relation fournisseur jusqu'à la stratégie du Groupe. Je cherche à renforcer l'alignement entre les objectifs de la fonction Achats et ceux du *business*. Cela passe par le développement d'une posture de *business partner*. Nous avons engagé une transformation profonde afin d'améliorer notre maturité achats dans un contexte particulièrement complexe pour une fonction achats, comme la décentralisation, la multitude des catégories, la variété des *business models*, ou l'importance du poids des catégories locales. Aussi, après avoir évalué notre maturité achats, j'ai mis en place un plan d'actions sur huit axes :

• • •

• • •

la vision, les processus, les outils, la relation avec les fournisseurs, la relation avec les partenaires, le développement durable, la performance économique et les talents. Chaque année, je définis des livrables très concrets à atteindre pour chaque axe, comme la mise en place d'une *procurement academy*, le déploiement de nouvelles méthodologies relatives au *category management* (gestion des catégories d'achats), l'organisation d'une revue achats avec le management opérationnel des *business units*, l'optimisation de processus grâce à l'intelligence artificielle ou le plan de décarbonation de notre scope 3.[1] La transformation de la fonction achats est un programme extrêmement ambitieux dans une organisation très décentralisée avec des portefeuilles achats très morcelés et des systèmes d'information très hétérogènes (90 systèmes différents) qui rendent très difficile l'analyse consolidée de la dépense achats et la mise en place d'indicateurs de performance standardisés.

COMMENT LA FONCTION ACHATS DOIT-ELLE ÉVOLUER ?

La fonction achats doit renforcer son positionnement au sein des comités de direction afin de créer encore plus de valeur dans un monde où l'interdépendance est de plus en plus prégnante. La qualité des relations avec les partenaires externes est un véritable facteur clé de succès pour nos entreprises. La transition d'une économie linéaire à une économie circulaire passera nécessairement par un repositionnement des acteurs de la chaîne de valeur. La fonction achats doit devenir encore plus stratège et être capable de manager des relations complexes. Elle doit aussi appréhender de manière encore plus professionnelle l'évaluation et la maîtrise des risques dans un monde de plus en plus incertain. Elle doit prendre le tournant de la digitalisation, afin de gagner en efficacité et exploiter davantage le potentiel du *Big Data*.

---

1 Les émissions de scope 3 sont les émissions de gaz à effet de serre qui sont produites en amont et en aval de la chaîne de valeur de l'entreprise.

L'essentiel

▶▶ **Une stratégie achat** définit, par catégorie d'achat, les leviers à mettre en œuvre pour supporter au mieux la stratégie de l'entreprise : concentration des volumes, évaluation du meilleur prix, globalisation du ***sourcing***, restructuration de la relation avec les fournisseurs, amélioration des processus conjoints, amélioration de la spécification des produits.

▶▶ **Le processus de sélection des fournisseurs** se déroule en cinq étapes : définition du panel fournisseurs, consultation des fournisseurs, sélection des fournisseurs, négociation avec les fournisseurs et mise en place des contrats avec les fournisseurs.

▶▶ **Les relations entre un client et ses fournisseurs** peuvent être réparties en trois catégories : la relation classique, la relation de collaboration et la relation de partenariat. Un client peut gérer conjointement avec son fournisseur le développement de nouveaux produits, la gestion des stocks et des approvisionnements ou encore la gestion du transport.

▶▶ **Le pilotage de la performance des achats** est réalisé de façon différente suivant qu'il est destiné aux acheteurs (analyse des dépenses), au directeur des achats (pilotage opérationnel) ou à la direction générale d'une entreprise (pilotage stratégique).

Chapitre 3

Approvisionner

Executive summary

- **La fonction approvisionnement** représente souvent une charge de travail importante. Dans certains secteurs, comme celui de l'automobile, elle est cependant critique au bon fonctionnement des sites de production.
- **Quel processus** faut-il mettre en place pour gérer au mieux les approvisionnements ? Quelles méthodes faut-il mettre en œuvre pour automatiser certaines tâches ?

La gestion des approvisionnements

La gestion des approvisionnements (*procurement*) diffère suivant le type d'achat : direct ou indirect.

Le processus d'approvisionnement

Un exemple de processus de gestion des approvisionnements est représenté figure 3.1.

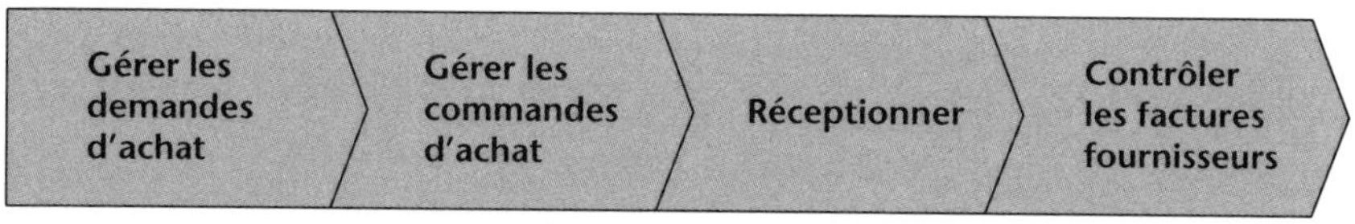

Figure 3.1 – Exemple de processus de gestion des approvisionnements

Le terme *purchase to pay* est quelquefois utilisé pour désigner le cycle de traitement des commandes d'achat, de la création de la demande d'achat jusqu'au paiement des factures fournisseurs.

Gérer les demandes d'achat

Il est quelquefois nécessaire de créer une demande d'achat avant de pouvoir créer une commande d'achat. Une demande d'achat est un ordre ou une instruction invitant la fonction achats à acquérir une certaine quantité d'un article ou un service pour une date donnée. Une demande d'achat est un document interne qui n'est pas utilisé en dehors de l'entreprise.

Gérer les commandes d'achat

Les commandes d'achat pour les achats directs

La création des commandes d'achat pour les achats directs est souvent automatisée en utilisant des méthodes de réapprovisionnement.

Une méthode de réapprovisionnement définit suivant quelle fréquence et quelle quantité une commande de réapprovisionnement doit être effectuée. Selon la méthode retenue, la fréquence ou la quantité peuvent être fixes ou variables et calculées de différentes façons.

Le choix de la méthode de réapprovisionnent dépend d'un nombre important de paramètres : les caractéristiques du produit (produit périssable par exemple), le coût de possession du stock, les délais de réapprovisionnement, la valeur du produit, le type de la demande, le nombre de fournisseurs ou encore le cycle de vie du produit.

Il existe trois principales méthodes de réapprovisionnement des stocks : le système du point de commande, le système à intervalles fixes et le calcul des besoins nets. Ce dernier est décrit dans la partie « Planifier les besoins en matériel ».

■ Le système du point de commande

Le système du point de commande (*order point system*) est une méthode de réapprovisionnement des stocks qui génère une commande de réapprovisionnement lorsque la quantité en stock tombe sous une limite donnée, le point de commande. Le point de commande correspond généralement au niveau de stock nécessaire pour couvrir la demande durant le délai de réapprovisionnement. Il existe plusieurs types de méthodes de réapprovisionnement sur point de commande.

Le système min-max

Le système min-max est un type de méthode de réapprovisionnement sur point de commande ou le « min » (minimum) est le point de commande et le « max » (maximum) la quantité maximale voulue en stock. Une commande est générée lorsque la quantité en stock est inférieure à la quantité min. La quantité de commande est variable et est égale à la différence entre la quantité max et la quantité en stock.

Le système à quantité fixe

Le système de réapprovisionnement à quantité fixe (*fixed order quantity system, lot-size system* ou *order point-order quantity system*) est une méthode de réapprovisionnement des stocks qui génère une commande à quantité fixe lorsque la quantité en stock est inférieure à une limite donnée, le point de commande (voir figure 3.2). Ce système est généralement utilisé lorsque la demande est constante et prévisible.

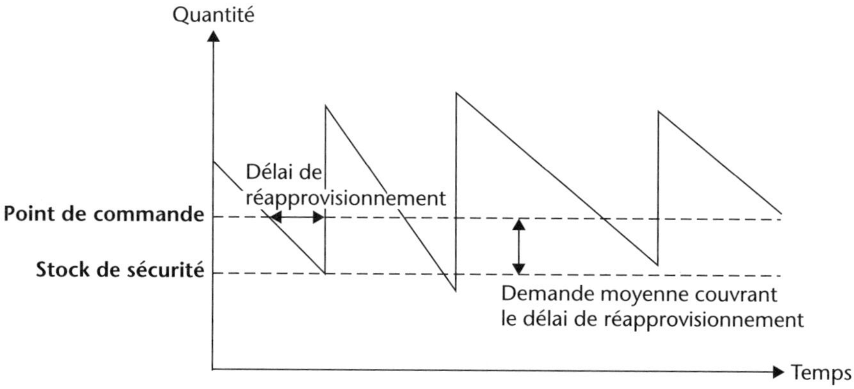

Figure 3.2 – Système à quantité fixe

La quantité de commande peut être déterminée, par exemple, par le calcul de la quantité économique de commande (voir fiche pratique ci-après), ou par une valeur fixe (comme le contenu d'un carton ou d'un camion). La méthode des deux bacs (voir « Approvisionner les postes de travail ») est une méthode de réapprovisionnement à quantité fixe.

FICHE PRATIQUE

COMMENT CALCULER LA QUANTITÉ ÉCONOMIQUE DE COMMANDE ? L'EXEMPLE DE LA FORMULE DE WILSON

Objectif

Le calcul de la quantité économique de commande (*economic order quantity* ou EOQ) permet de déterminer la quantité des commandes de réapprovisionnement qui permet de minimiser le coût total du stock.

Description

Plus une quantité de commande est élevée, plus le coût de possession du stock est élevé. À l'inverse, plus une quantité de commande d'approvisionnement est faible, plus le coût de passation de commande est élevé. La quantité économique de commande est la quantité qui permet de minimiser le coût total (voir figure 3.3).

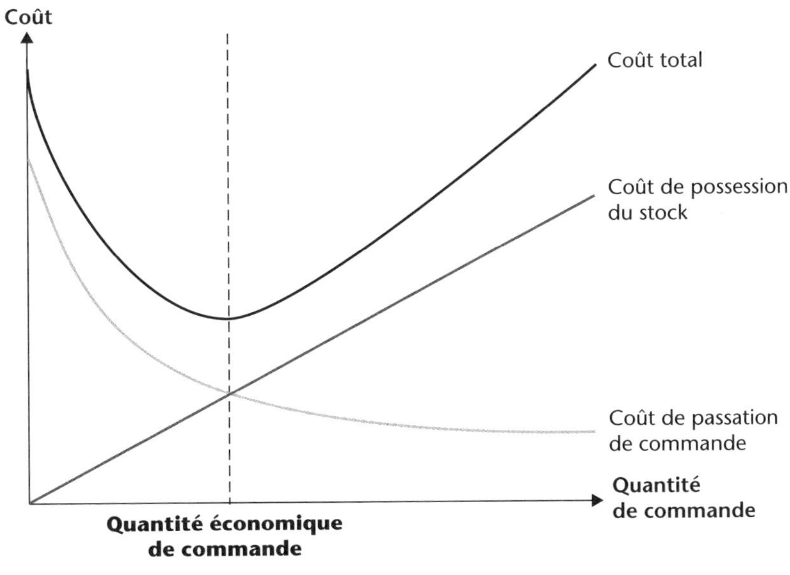

Figure 3.3 – Détermination de la quantité économique de commande

• • •

En 1915, Ford Harris, un ingénieur de Westinghouse, publia la première formule pour calculer une quantité de la commande économique. En 1934, R. H. Wilson, sur la base d'hypothèses simplificatrices (comme une consommation stable tout au long de l'année ou un coût de stockage proportionnel à la quantité stockée), proposa une nouvelle formule de calcul, connue aujourd'hui sous le nom de « formule de Wilson » (voir ci-dessous).

$$\sqrt{\frac{2 \times \text{Nombre de produits commandés annuellement} \times \text{Coût d'une commande}}{\text{Coût du produit} \times \text{Taux de possession annuel}}}$$

■ Le système à intervalles fixes

Le système de réapprovisionnement à intervalles fixes (*time-based order system, fixed-interval order system, order level system* ou *periodic review system*) est une méthode de réapprovisionnement des stocks qui génère une commande à intervalles fixes (voir figure 3.4). La quantité commandée est variable et est destinée à remplacer la quantité consommée durant la période. Si une quantité maximale en stock a été définie, alors la quantité de réapprovisionnement pourra être égale à cette quantité maximale moins la quantité en stock. Un camion-citerne qui réapprovisionne toutes les semaines (date fixe) une station-service pour remplir la citerne à pleine capacité (quantité variable) utilise un système de réapprovisionnement à intervalles fixes.

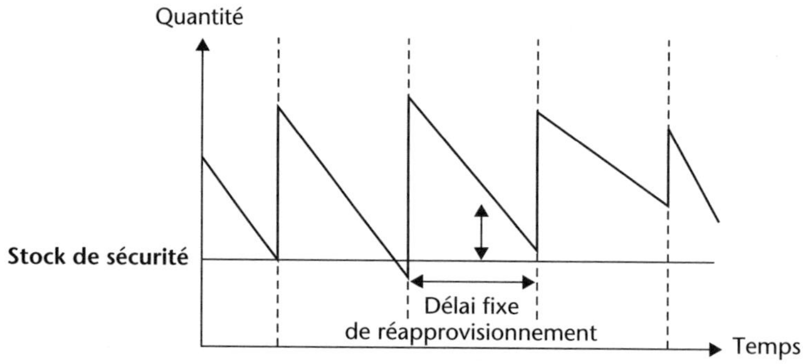

Figure 3.4 – Système à intervalles fixes

Les commandes d'achat pour les achats indirects

Une part importante des achats indirects effectués par une entreprise est réalisée par des achats de faibles montants (frais généraux, intérim, frais de voyage, fournitures de bureau...) souvent récurrents, dont le coût de gestion peut être parfois très supérieur au montant même de la commande. La gestion de ces achats est difficile à maîtriser car ils sont, en règle générale, très disséminés et reposent souvent sur des processus manuels.

Comme l'illustre l'exemple ci-dessous, le traitement d'une demande d'achat est souvent un processus long, consommateur de temps et de ressources.

Exemple

Le demandeur recherche le produit qu'il souhaite acquérir, dans un catalogue par exemple. Il remplit un formulaire de demande d'achat. Son responsable hiérarchique valide la demande d'achat. D'autres responsables, à leur tour, valident éventuellement la demande d'achat, en particulier si le montant de celle-ci est élevé. L'acheteur, à qui la demande d'achat a été transmise, vérifie cette dernière et identifie un fournisseur à même de livrer le produit ou le service. L'acheteur crée une commande d'achat qu'il transmet au fournisseur.

De plus, à la différence des commandes d'achat pour les achats directs, les commandes d'achat pour les achats indirects peuvent rarement être créées automatiquement.

Certaines solutions ont été mises en place pour simplifier la gestion des commandes d'achat pour les achats indirects comme l'utilisation de solutions de *e-procurement* (voir l'encadré ci-après) ou de cartes d'achat.

Solution de *e-procurement*

Description

Les solutions de *e-procurement* (gestion électronique des approvisionnements) supportent le processus de gestion des achats, de la demande d'achat à la facturation des fournisseurs. Elles apportent trois principaux bénéfices :

- Une augmentation du nombre de commandes sur contrat (en rationalisant le nombre de fournisseurs et en mettant en place des catalogues, par exemple).
- Un renforcement du pouvoir de négociation avec les fournisseurs (en consolidant les volumes d'achat par fournisseur et par produit).
- Une amélioration de l'efficacité du processus achat (en automatisant certaines tâches administratives comme l'envoi automatique des commandes aux fournisseurs).

Fonctions proposées

Une solution de *e-procurement* couvre tout le processus de gestion des achats :

- Création de la demande d'achat.
- Validation de la demande d'achat.
- Création de la commande d'achat.
- Transmission de la commande d'achat au fournisseur.
- Réception du produit ou service.

Technologies utilisées

Une solution de *e-procurement* s'appuie en général sur plusieurs technologies :

- **Des catalogues électroniques** de produits qui peuvent être consultés et mis à jour simplement.
- **Une interface utilisateur utilisant un navigateur Internet** qui permet à l'application d'être accessible au plus grand nombre.
- **Un *workflow*** qui permet d'automatiser une partie du processus d'achat d'un produit.
- **Des échanges de données électroniques** avec les fournisseurs qui permettent d'automatiser une partie des transactions d'achat.

La carte d'achat

La carte d'achat permet de réaliser des économies sensibles sur le coût de gestion des achats indirects. Une carte d'achat (ou *purchasing card* ou *Pcard*) est un moyen de paiement confié à des salariés d'une entreprise, d'une administration ou d'une collectivité, mandatés par leur organisation pour s'approvisionner auprès de fournisseurs préalablement référencés. À la différence d'une carte privative (par exemple, une carte pétrolière permettant de payer de l'essence dans un réseau de distribution), la carte d'achat n'est pas restreinte à une seule enseigne mais est utilisable de la manière la plus large chez un grand nombre de fournisseurs. La carte d'achat permet de réaliser des économies sensibles sur le coût de gestion des commandes par la simplification du processus d'approvisionnement (délégation d'achat sécurisée, remontée des données factures, automatisation du paiement...) et le respect de la politique d'achat (facilités d'analyse et de suivi mises à disposition par les fournisseurs de cartes d'achat, achats autorisés uniquement sur les fournisseurs homologués...). Elle permet de réduire de façon significative les coûts de traitement.

Réceptionner les marchandises

Le processus de réception des marchandises est décrit dans la partie « Réceptionner les marchandises » (chapitre 8).

Contrôler les factures fournisseurs

Pour contrôler la facture d'un fournisseur, il est nécessaire de disposer à la fois du bon de commande et du bon de réception. Le bon de commande permet de vérifier le prix de vente unitaire tandis que le bon de réception permet de connaître la quantité effectivement reçue (qui peut-être différente de la quantité commandée, en cas de rupture de stock chez le fournisseur par exemple). Ce contrôle réalisé sur la base de trois documents différents (la commande d'achat, le bon de réception et la facture fournisseur) est appelé *3 ways match* en anglais.

Ces contrôles peuvent toutefois être difficiles à réaliser et consommateurs de temps, en particulier en l'absence de systèmes d'information de gestion. Le contrôle peut alors être réalisé sur la base de la commande d'achat et de la facture fournisseur uniquement (*2 ways match*), voire sur la base uniquement de la facture fournisseur (*1 way match*).

Dans certains cas, aucun contrôle facture n'est effectué.

L'essentiel

- **Le processus de gestion des approvisionnements** se déroule en quatre étapes : création de la demande d'achat, création de la commande d'achat, réception, contrôle de la facture fournisseur.
- **La gestion des approvisionnements** diffère suivant le type d'achat : direct ou indirect.
- **Les trois principales méthodes de réapprovisionnement** sont le système du point de commande, le système à intervalles fixes et le calcul des besoins nets.
- **Le contrôle des factures fournisseurs** peut-être réalisé de trois façons : *3 ways match, 2 ways match* ou *1 way match.*

Chapitre 4

Produire

Executive summary

- **Pour beaucoup d'entreprises**, la fabrication des produits consomme de nombreuses ressources (personnel, composants, énergie), mobilise d'importants investissements industriels et génère de nombreux déchets. Elle participe directement au respect de la qualité et des délais client.
- **Comment gérer au mieux la planification**, l'exécution et le suivi de la production ? Quel modèle d'organisation et quel processus faut-il mettre en place ? Quels méthodes et outils permettent d'améliorer la performance de la production ?

La gestion de production

Les modèles d'organisation de la production

Trois modèles d'organisation de la production se sont succédé : la production artisanale, la production de masse et la production au plus juste.

■ La production artisanale

Avant la première révolution industrielle, la production était réalisée de façon artisanale. Les « artisans » fabriquaient manuellement des produits à l'unité ou en petites séries.

Dans les années 1890, en Europe et aux États-Unis, les automobiles étaient produites à l'unité par des artisans très expérimentés. Les différents composants des véhicules étaient également fabriqués à l'unité. Les clients passaient des commandes spécifiques et chaque automobile était unique, ce qui n'était pas sans poser de problèmes pour les réparations. Les rendements de production n'étaient pas élevés et il était difficile de réduire les coûts de fabrication.

■ La production de masse

Au début du XXe siècle, la production de masse (*mass production*) remplaça en partie la production artisanale. En appliquant les principes de l'organisation scientifique du travail développés par Frederick Taylor en 1911 et en standardisant les composants et les produits finis, Henry Ford organisa la production en masse de la Ford T. En 1914, il initia le travail à la chaîne dans ses usines, améliorant encore la productivité. Les autres constructeurs automobiles américains, General Motors et Chrysler, puis européens mirent en place à leur tour des productions de masse.

Suivant à nouveau les recommandations de Frederick Taylor, les entreprises séparèrent progressivement les fonctions de planification de celles d'exécution et mirent en place des bureaux de contrôle de la production (*production control office*). Ces bureaux regroupaient un nombre important d'employés pour créer des programmes de fabrication, gérer les stocks et suivre les opérations.

Les responsables des ateliers de production utilisaient les diagrammes définis par Henry L. Gantt pour identifier rapidement si la production était dans les temps, en retard ou en avance. Les diagrammes de Gantt devinrent des outils majeurs pour planifier et suivre la production.

La production de masse permit d'augmenter les rendements de production mais il lui fut reproché de chercher plus à utiliser au mieux les capacités de production qu'à répondre aux besoins du client.

■ La production au plus juste ou le *lean manufacturing*

Dans les années 1930, des responsables de Toyota Motors Corporation testèrent certains des principes de la production de masse sans obtenir de résultats très satisfaisants. Ils réalisèrent assez rapidement que les méthodes qui firent le succès des constructeurs automobile américains n'étaient pas adaptées au marché japonais qui ne bénéficiait pas de la même économie d'échelle (demande fragmentée, marché de taille limitée).

Dans les années 1950, l'un des ingénieurs de Toyota, Taiichi Ohno, fit le constat que les industriels se focalisaient le plus souvent sur l'optimisation de leurs ressources de production et cherchaient rarement à optimiser le processus transverse de production, de la réception des matières premières jusqu'à la livraison chez le client. Il chercha alors à organiser au mieux les flux de production en éliminant toutes les activités ou gaspillages qui n'apportaient pas de valeur au client final. Il mit en place un système de production, le *Toyota Production System* (TPS) qui, pendant plus de trente ans, s'enrichit considérablement.

Le terme *lean manufacturing* n'apparut toutefois pour la première fois qu'au début des années 1990 dans un ouvrage intitulé *The Machine That Changed The World : The Story Of Lean Production* de James P. Womack, Daniel T. Jones et Daniel Roos.

Le *lean manufacturing* présente de très nombreuses différences avec la fabrication de masse (voir tableau 4.1).

Tableau 4.1 – Les différences entre les productions de masse et au plus juste

Mass production	*Lean production*
Produire ce qui est possible	Produire ce qui est nécessaire
Large taille de lot	Faible taille de lot
Stock important	Stock faible
Production « poussée » par la production et les prévisions	Production « tirée » par les commandes clients
Ajustement périodique	Amélioration continue
Production organisée par fonction	Production organisée par produit

Les nomenclatures

■ Définition

Une nomenclature (*Bill Of Material* ou BOM) est une liste de tous les sous-ensembles, produits intermédiaires, pièces et matières premières, qui entrent dans la composition d'un produit, appelé article parent, et qui précise la quantité nécessaire de chacun de ces composants pour la fabrication du produit. Elle est utilisée, par exemple, par le calcul des besoins pour déterminer les composants pour lesquels une demande d'achat ou un ordre de production doit être lancé.

L'article parent est appelé le composé. Les articles qui entrent dans la composition du composé sont appelés les composants.

Les industries de la chimie, de la pharmacie ou encore des cosmétiques utilisent le terme formule (*formula*) pour désigner une nomenclature. L'industrie de l'agro-alimentaire utilise le mot recette (*recipe*).

La figure 4.1 représente un exemple de nomenclature. Dans cet exemple, la nomenclature indique que, pour fabriquer un exemplaire du produit A, il est nécessaire de disposer d'un exemplaire du produit B, de trois exemplaires du produit C et de deux exemplaires du produit D. De la même façon, pour fabriquer un exemplaire du produit B, il est nécessaire de disposer d'un exemplaire du produit E et de deux exemplaires du produit F.

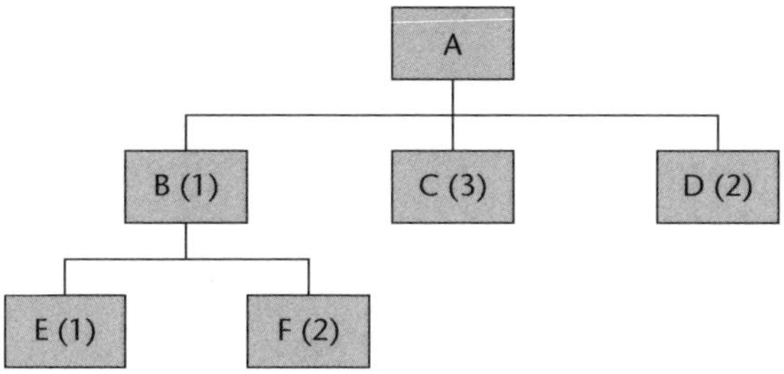

Figure 4.1 – Exemple de nomenclature

▪ Les typologies des nomenclatures

La forme de la nomenclature d'un produit fini a une influence déterminante sur la stratégie de production du produit (voir « Définir la stratégie de production »). Les principales typologies de nomenclature sont décrites dans le tableau 4.2.

Tableau 4.2 – Principales typologies de nomenclature

Description	Illustration
Les nomenclatures en forme de I correspondent aux processus de fabrication qui utilisent un nombre limité de matières premières et de composants pour fabriquer un nombre limité de produits finis. Par exemple, la production d'huile ou de sucre utilise un nombre réduit de matières premières pour fabriquer un nombre limité de références de sucres ou d'huiles raffinés.	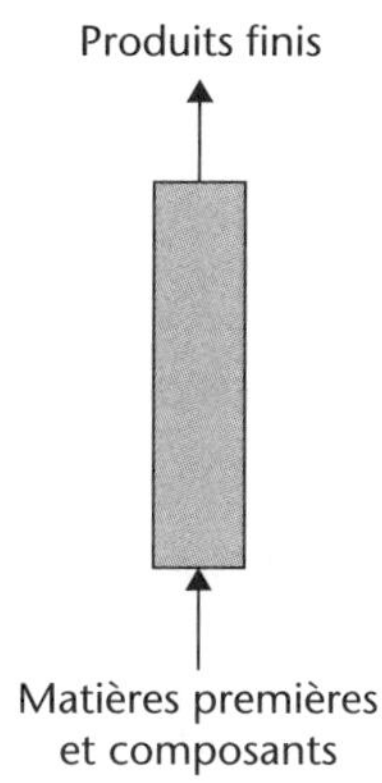

•••

Description	Illustration
Les nomenclatures en forme de T correspondent aux processus de fabrication qui utilisent un nombre limité de matières premières et de composants pour fabriquer un nombre important de produits finis. L'accroissement de la diversité est généré par les dernières étapes de fabrication. Ces processus de fabrication sont mis en œuvre dans les industries d'assemblage comme, par exemple, la fabrication de produits électroménagers. La stratégie de fabrication « assemblage à la commande » est en général la plus adaptée pour les nomenclatures en forme de T.	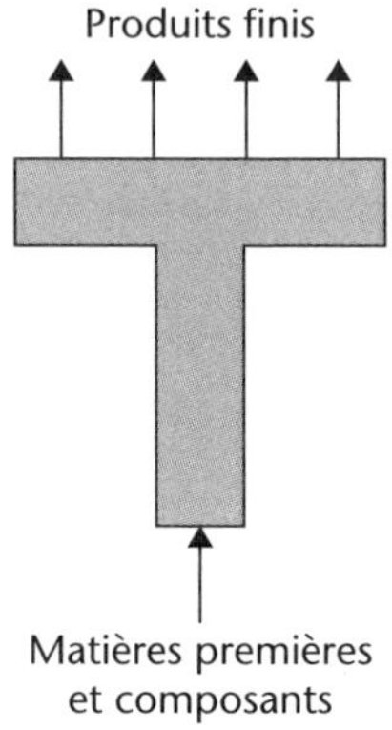
Les nomenclatures en forme de V correspondent aux processus de fabrication qui utilisent un nombre limité de matières premières et de composants pour fabriquer un nombre important de produits finis. L'accroissement de la diversité est généré tout au long du processus de fabrication. Ces processus de fabrication sont mis en œuvre dans l'industrie métallurgique, pétrolière ou laitière. La stratégie de fabrication « fabrication à la commande » est en général la plus adaptée pour les nomenclatures en forme de V.	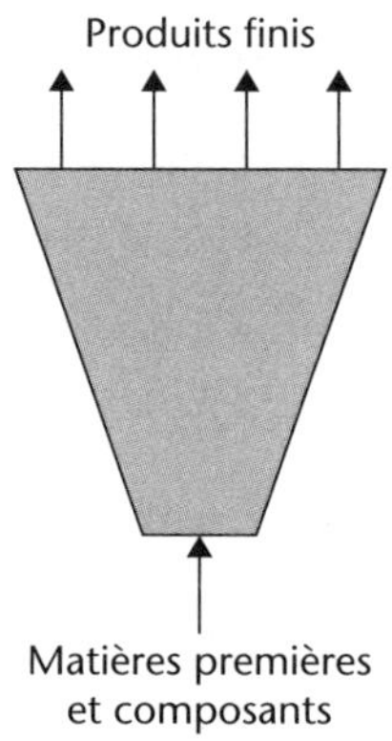
Les nomenclatures en forme de A correspondent aux processus de fabrication qui utilisent un nombre important de matières premières et de composants pour fabriquer un nombre réduit de produits finis. La réduction de la diversité est réalisée tout au long du processus de fabrication. Ces processus de fabrication sont mis en œuvre dans l'industrie des produits de grande consommation. La stratégie de fabrication « fabrication sur stock » est en général la plus adaptée pour les nomenclatures en forme de A.	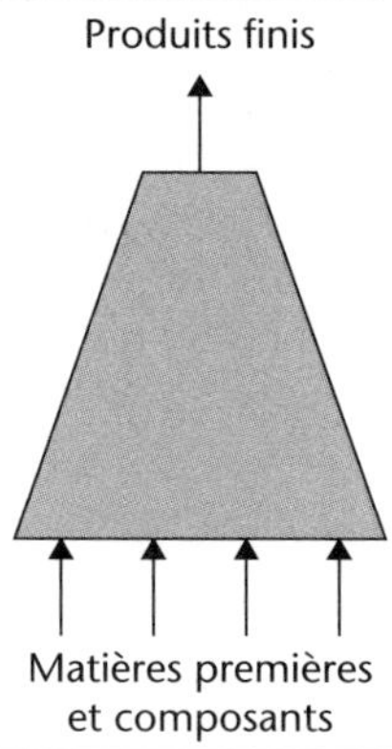

Description	Illustration
Les nomenclatures en forme de X correspondent aux processus de fabrication qui utilisent un nombre important de matières premières et de composants pour fabriquer un nombre également important de produits finis. Le processus de fabrication réalise des produits semi-finis standard qui contribuent à réduire la diversité. Ces processus de fabrication sont mis en œuvre par exemple dans l'industrie automobile qui fabrique des modèles standard qui sont, par la suite, différenciés par l'ajout d'options. La stratégie de fabrication « fabrication sur stock » est en général la plus adaptée pour la fabrication des sous-ensembles standard. La stratégie de fabrication « fabrication à la commande » est souvent utilisée pour la fabrication des produits finis.	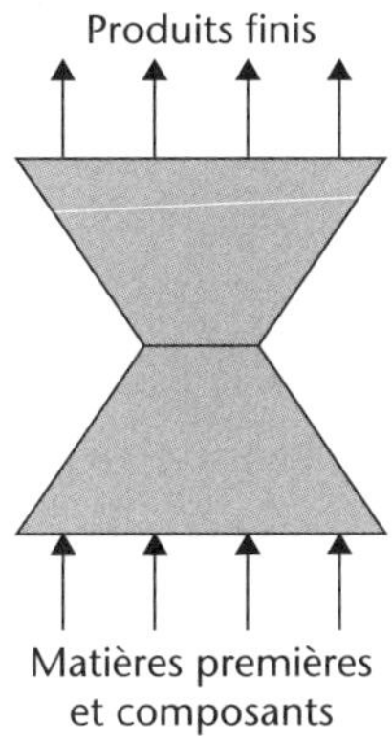

Les postes de charge

Un poste de charge (*work center*) est une zone spécifique de production, constituée d'une ou plusieurs personnes et/ou machines qui disposent d'aptitudes similaires, qui peut être considérée comme une unité de fabrication de base pour la planification des besoins en capacités et de l'ordonnancement.

Le poste de charge ne doit pas être confondu avec le poste de travail qui désigne le lieu ou la machine où est exécutée une opération. Un poste de charge résulte souvent de la combinaison de plusieurs postes de travail.

■ La capacité de production

La capacité de production (*production capacity*) désigne la capacité d'un travailleur, d'une machine, d'un poste de charge, d'une usine ou d'une organisation à produire une quantité donnée sur une période donnée.

Il faut distinguer différents types de capacité :

- La capacité théorique (*theoretical capacity*) correspond à la capacité maximale d'une ressource sans prendre en compte les arrêts pour maintenance, les pannes, les rebuts...
- La capacité démontrée ou établie (*demonstrated capacity*) d'une ressource correspond à la capacité constatée sur la base d'une quantité d'unités effectivement produites sur une période donnée.
- La capacité nominale ou capacité calculée (*rated capacity* ou *effective capacity* ou *nominal capacity* ou *standing capacity* ou *calculated capacity*) désigne la capacité attendue d'une ressource. Elle est traditionnellement calculée à partir des données telles que le nombre d'heures planifiées, l'efficience et l'utilisation. Par exemple, la capacité nominale peut-être calculée en utilisant l'une des deux formules suivantes :

Nbre heures ouvertures × Tx rendement × Tx utilisation

Capacité théorique × Coefficient d'efficacité

- La capacité disponible (*available capacity*) désigne la quantité d'unités susceptibles d'être réalisées par une ressource sur une période donnée.
- La capacité requise (*required capacity*) désigne la capacité d'une ressource nécessaire à la production d'une quantité d'unités donnée sur une période donnée.

La détermination de la capacité d'un poste de travail peut s'avérer difficile. Cette capacité peut en effet varier suivant le temps d'ouverture du poste de charge, le rendement d'une machine, le nombre d'opérateurs ou encore le mix-produit fabriqué.

Les gammes de fabrication

Une gamme de fabrication (*routing*) est la description de la méthode de fabrication d'un produit donné. Cette description comprend les opérations à réaliser et leur séquence, les différents postes de charge impliqués et les temps standard de préparation et d'exécution. Elle peut également inclure des informations sur les outillages, les niveaux de qualification des opérateurs, les opérations d'inspection et les exigences de test. Un exemple de gamme de fabrication est représenté dans le tableau 4.3.

Tableau 4.3 – Exemple de gamme de fabrication

Numéro d'opération	Poste de travail	Opération	Temps de fabrication par pièce	Temps de réglage
10	A	Usinage	0,10	2,10
20	B	Soudage	0,05	0,5
30	C	Assemblage	0,3	0,1
40	D	Contrôle	0,65	0,2
50	E	Conditionnement	0,1	0,1

Exemple

La gamme de fabrication de la bière peut être décrite en plusieurs opérations successives : le maltage, le brassage, la fermentation, la garde, la filtration et le conditionnement.

Une recette de cuisine qui décrit les différentes étapes à suivre pour cuisiner un plat est très similaire à une gamme.

Il peut exister plusieurs gammes pour un même produit. Par exemple, si une partie des opérations pour fabriquer un produit peut être réalisée en interne ou chez un sous-traitant, il faudra définir deux gammes de fabrication pour ce produit.

Lorsque la méthode de fabrication varie peu d'un produit à l'autre, les gammes sont souvent créées en dupliquant une gamme existante ou une gamme mère de référence.

Les types de fabrication

Le processus de fabrication varie significativement d'une industrie à l'autre. Par exemple, le processus de fabrication des avions (faibles volumes, nombreuses références) est très différent du processus de fabrication de l'essence (volumes élevés, peu de références). Il existe quatre principaux types de fabrication qui se différencient par le niveau de personnalisation et le volume de fabrication des produits (voir figure 4.2).

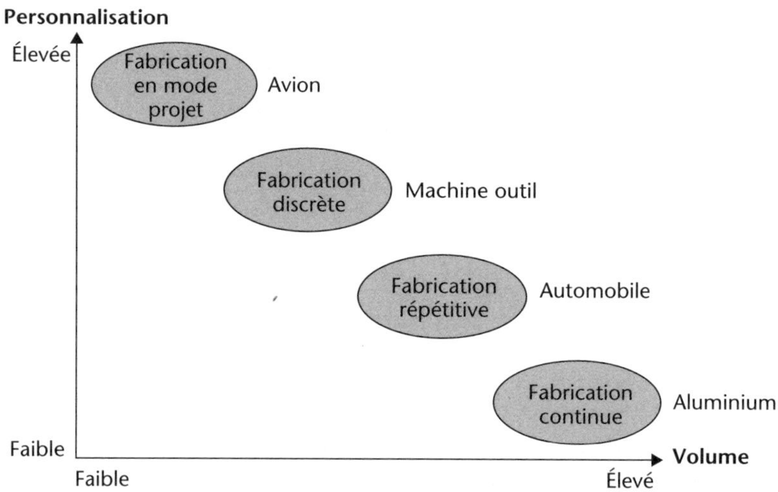

Figure 4.2 – Types de fabrication

■ Fabrication en mode projet

La fabrication en mode projet (*project manufacturing*) est mise en œuvre par les industries qui réalisent des produits complexes à l'unité ou en très petites quantités comme la construction navale ou la construction de satellites. La conception des produits complexes étant souvent longue, il est généralement nécessaire de lancer la phase de production avant la fin de la phase de conception. La production doit donc pouvoir prendre en compte d'éventuelles modifications apportées à la conception du produit. Pour cette raison, la fabrication en mode projet nécessite souvent une forte coordination entre les départements étude, production et achat. Le produit à fabriquer reste souvent au même endroit tout au long du cycle de production (un navire par exemple).

■ Fabrication discrète

La fabrication discrète (*discrete manufacturing* ou *intermittent manufacturing*) est adaptée aux industries qui réalisent des produits de conception spécifique et de volume variable (des machines outils par exemple). Pour mettre en œuvre une fabrication discrète, les postes de travail ne sont généralement pas organisés en flux mais sont regroupés par fonction (presse, usinage, peinture, assemblage par exemple). On parle de disposition en *job shop*. Le flux des produits au sein de l'usine dépend de la conception de chaque produit. Le temps de passage sur un poste de travail peut varier d'un produit à un autre, générant des temps d'attente. La production est souvent difficile à planifier. Les produits sont fabriqués de façon unitaire ou par lot. Les gammes de fabrication sont complexes et différentes d'un produit à l'autre. La production doit être suivie au niveau de chaque poste de charge. La fabrication discrète peut-être organisée suivant une fabrication par lot. La fabrication par lot (*batch manufacturing*) est une méthode de fabrication dans laquelle les pièces sont regroupées pour être traitées dans un même lot.

■ Fabrication répétitive

La fabrication répétitive (*repetitive manufacturing*) est utilisée, par exemple, pour l'assemblage d'automobiles ou de micro-ordinateurs. Elle s'applique souvent à des produits standard et à forts volumes de production. À la différence de la fabrication discrète, la fabrication répétitive est mise en œuvre suivant un flux continu et une cadence régulière (à l'aide d'une ligne d'assemblage par exemple). Les gammes sont généralement fixes et les postes de travail sont disposés suivant la séquence spécifiée par la gamme de fabrication. Les postes de travail sont dédiés à la fabrication d'un groupe de produits donné. Par exemple, une ligne de fabrication produisant des machines à laver pourra difficilement produire des réfrigérateurs. Lorsque cela est possible, les produits sont transférés d'un poste de travail à l'autre de façon automatique (à l'aide d'un convoyeur par exemple). Le suivi de l'avancement de la production est souvent réalisé uniquement à la fin de la chaîne de production. L'une des principales difficultés est de s'assurer que les composants nécessaires à la production sont bien disponibles le long de la chaîne de fabrication.

■ Fabrication continue

La fabrication continue (*continuous manufacturing*) présente des points communs avec la fabrication répétitive. Ces deux méthodes de fabrication sont d'ailleurs quelquefois regroupées sous le terme de production en flux ou *process manufacturing* ou *flow manufacturing*. Si la fabrication répétitive concerne la fabrication de produits discrets, la fabrication continue concerne les produits fabriqués en un flux continu (l'aluminium ou le pétrole par exemple). La fabrication continue est particulièrement utilisée par les industries métallurgiques, textiles et chimiques.

L'utilisation de ces types de fabrication n'est pas exclusive et il n'est pas inhabituel de combiner différents types au sein d'une même entreprise ou d'une même usine.

L'implantation de l'usine

L'implantation de l'usine (*plant layout*) définit la disposition de l'ensemble des ressources (postes de travail des employés, équipements de fabrication, équipements de manutention, espaces de stockage ou encore espaces de circulation) dans l'usine.

En général, la conception de l'implantation d'une usine commence par l'étude de l'implantation des équipements de fabrication. Il existe cinq grandes organisations des équipements de fabrication.

■ Organisation par fonction

Dans une organisation par fonction, les équipements qui réalisent des opérations similaires sont regroupés dans des ateliers spécialisés (*job shops*). Chaque produit circule d'un atelier à un autre en suivant un trajet spécifique (voir figure 4.3).

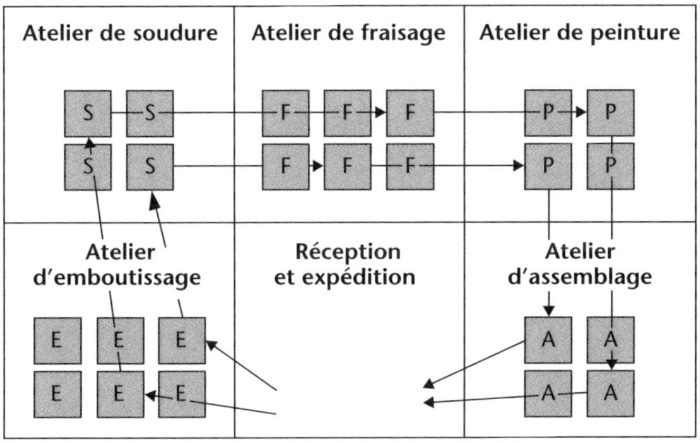

Figure 4.3 – Organisation industrielle par fonction

Cette organisation est particulièrement adaptée à la fabrication discrète.

■ Organisation par ligne de produits

Dans une organisation par ligne de produits, les équipements de production sont regroupés en lignes de production (*production lines*) et sont disposés suivant une séquence qui suit l'enchaînement des différentes opérations de fabrication (voir figure 4.4). Les ateliers qui accueillent des lignes de fabrication sont appelés ateliers en flux (*flow shops*). Chaque produit suit un même circuit de fabrication. Son déplacement peut être automatisé par un convoyeur.

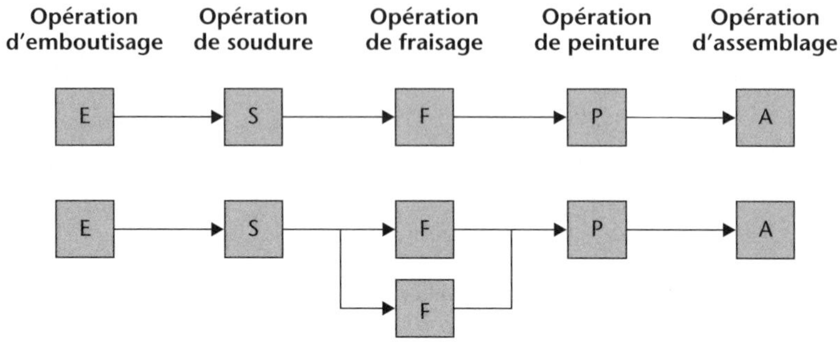

Figure 4.4 – Organisation industrielle par ligne de produits

Cette organisation est particulièrement adaptée à la fabrication répétitive et la fabrication continue. Les équipements de production sont souvent dédiés et spécifiques à chaque ligne de produits. Certains équipements complémentaires peuvent être mis en place pour prendre en compte les variantes de certains produits.

■ Organisation hybride

Dans une organisation hybride, certains équipements sont organisés par fonction tandis que d'autres sont organisés par ligne de produits. Par exemple, dans une usine, des pièces peuvent être traitées dans des ateliers d'emboutissage, de soudure et d'emboutissage puis assemblées sur une chaîne de fabrication.

■ Organisation par projet

Dans une organisation par projet (ou par chantier), le produit conserve une localisation fixe. Les équipements et les composants nécessaires sont déplacés sur cette localisation au fur et à mesure de l'avancement de la production.

Cette organisation est particulièrement adaptée à la fabrication en mode projet. Elle est mise en œuvre lorsque le produit à fabriquer est difficile à déplacer ou ne peut pas être déplacé. Elle est fréquemment utilisée par les secteurs de l'aéronautique, de la construction navale, du bâtiment ou encore des travaux publics.

■ Organisation en cellules autonomes de production

Dans une organisation en cellules autonomes de production, les équipements de production sont regroupés en cellules. Une cellule fabrique des produits qui présentent des caractéristiques de fabrication similaires. Chaque cellule de production (*work cell*) occupe un espace qui lui est réservé dans l'usine. Elle dispose de tous les équipements de production nécessaires pour la fabrication des produits. Les équipements peuvent être implantés suivant une chaîne spécifique de production ou en îlot. Ils sont souvent implantés en forme de U afin de faciliter la communication entre les opérateurs. Les cellules en forme de L ou de S sont également répandues. Les opérateurs sont en général dédiés à une cellule de production. Cette organisation est particulièrement adaptée à la fabrication discrète. Elle permet de bénéficier des avantages de l'organisation par fonction et de celle par ligne de produits.

Les cellules de production tirent leur origine de la technologie de groupe (*group technology*), développée par Ralph E. Flanders en 1925[1]. Ce dernier proposait de regrouper la fabrication des produits utilisant des technologies de fabrication similaires afin de bénéficier d'une mutualisation des volumes de fabrication. Le *group technology* dut sa notoriété à Jack Burbidge qui publia dans les années 1970 une quinzaine d'ouvrages sur ce thème.

■ Définition de l'implantation de l'usine

Le choix d'une organisation industrielle consiste souvent à faire un arbitrage entre flexibilité et productivité. Une organisation par fonction présente une forte flexibilité mais une faible productivité, tandis qu'une organisation par ligne de produits présente une forte productivité mais une faible flexibilité.

La définition de l'implantation d'une usine ne se limite pas à l'implantation des équipements. Il est également nécessaire de localiser les espaces de stockage : magasins de composants, magasins de produits

1 « Design Manufacture And Production Control Of A Standard Machine », Ralph E. Flanders, *Transactions Of The 1925 American Society Of Mechanical Engineers.*

finis et magasins de pièces de rechange (pour la maintenance des équipements). Les composants peuvent être regroupés dans un magasin unique ou répartis dans différents magasins qui permettront de réduire la distance parcourue pour alimenter les postes de fabrication.

Il est également nécessaire de localiser les différents postes de travail qui seront occupés par les employés de l'usine. Par exemple, dans le cas d'une organisation en ligne de produits, il est nécessaire d'équilibrer la ligne d'assemblage. L'équilibrage d'une ligne d'assemblage (*assembly line balancing*) consiste à répartir la charge de travail entre les différents postes de travail afin que la durée des opérations soit la plus constante possible entre les différents postes. Une ligne d'assemblage est souvent composée d'un convoyeur qui déplace, à intervalles réguliers, des produits devant les différents postes de travail. Chaque poste est chargé de réaliser un ensemble de tâches au passage de chaque produit. Le poste qui présente la durée d'opération la plus longue limite la vitesse du convoyeur. Lors de l'équilibrage de la ligne d'assemblage, les tâches à effectuer sont réparties entre les postes en prenant en compte les règles de dépendance, certaines tâches ne pouvant être réalisées avant que d'autres ne soient terminées. L'équilibrage de la ligne peut conduire à revoir la disposition des postes de travail. L'*Assembly Line Balancing Problem* est un problème classique de recherche opérationnelle.

Un projet de refonte de l'implantation d'une usine existante, s'il est souvent difficile, peut permettre d'améliorer de façon considérable la performance du site.

Le système de fabrication flexible

Les systèmes de fabrication flexible permettent de mettre en place des systèmes de fabrication à forte flexibilité et productivité.

Un système de fabrication flexible (*flexible manufacturing system* ou FMS) est un système de production où des machines à commande numérique, reliées entre elles par un système de manutention automatisé, sont pilotées par un système centralisé.

Il présente comme principal avantage d'être très flexible, permettant de fabriquer rapidement et relativement simplement de nouveaux produits ou des produits existants en faibles quantités. Il est particulièrement adapté à la fabrication de lots de petite quantité et aux lignes de produits présentant une forte diversité. Il permet également de répondre rapidement aux évolutions de la demande client grâce à des temps de préparation réduits pour les nouveaux produits et les prototypes, en présentant des coûts bas pour les faibles volumes et une productivité élevée en raison du temps de changement de série rapide.

Un système de fabrication flexible nécessite néanmoins des investissements très élevés.

Le lean manufacturing

La production au plus juste (*lean manufacturing*) a pour objectif d'organiser au mieux le flux de production en éliminant tous les gaspillages (*Muda* en japonais), c'est-à-dire toutes les activités qui n'apportent pas de valeur au client final. Ces gaspillages ont été classés en sept catégories :

- les surproductions (fabrication de produits qui ne seront pas affectés à une commande client, fabrication de produits trop tôt) ;
- les temps d'attente (attente d'un composant pour réaliser une opération de production, attente de la fin d'un cycle de production, attente d'un changement de réglage d'un équipement de production) ;
- les transports et manutentions inutiles (manutention inutile d'un produit dans l'enceinte d'une usine, transfert d'un en-cours de production sur une longue distance entre deux étapes de production) ;
- les opérations de production inutiles ou incorrectes (usinage inutile d'une pièce, traitement inefficace d'une pièce à cause de la mauvaise conception d'un équipement de production) ;
- les stocks excessifs (stock obsolète de matières premières, composant non utilisé et endommagé) ;

- les déplacements inutiles (mouvement inutile d'un employé pour effectuer une opération de production suite à une mauvaise conception de la procédure de fabrication) ;
- les défauts (erreur de fabrication nécessitant la réparation ou le rebut d'un produit).

En mettant en place une production au plus juste, le *lean manufacturing* met en évidence les dysfonctionnements qui pouvaient être occultés, par exemple, par des niveaux de stock élevés.

Le *lean manufacturing* est indissociable du *Toyota Production System* (TPS) qui en est à l'origine. Le *Toyota Production System* s'appuie sur deux concepts : le *Jidoka* (mot japonais que Toyota traduit en anglais par *automation with a human touch*) et le juste-à-temps (*just in time* ou JIT).

- Le principe du *Jidoka* est de fabriquer des produits de qualité en détectant au plus tôt les anomalies du processus de production, préférant, par exemple, interrompre une fabrication plutôt que de produire des pièces de mauvaise qualité. Ce principe aurait été développé par le fondateur de Toyota Motors Corporation, Sakichi Toyoda, qui avait inventé un modèle de métier à tisser qui s'arrêtait automatiquement quand un fil venait à casser. Différents méthodes et outils ont été développés pour supporter la mise en œuvre de ce principe : **le management visuel, le système *Andon*, la méthode des 5S, le *Poka-Yoke*.**
- Le principe du juste-à-temps vise à produire ce qui est nécessaire, quand cela est nécessaire et suivant la quantité nécessaire. L'outil le plus connu pour mettre en place ce principe est le ***Kanban***. Il existe d'autres méthodes et outils comme **la méthode SMED, le *value stream mapping* ou encore le *continuous flow manufacturing*.**

Le TPS repose également sur l'implication des opérateurs de production qui participent à l'amélioration continue du processus de production en utilisant **une démarche *Kaizen***. La démarche *Kaizen* est souvent mise en œuvre en utilisant **le cycle PDCA**.

Ces différents méthodes et outils sont décrits ci-dessous (voir les fiches pratiques suivantes).

FICHE PRATIQUE

QU'EST-CE QUE LE MANAGEMENT VISUEL ?

Objectifs

Le management visuel (*visual control*) facilite le suivi et le contrôle d'un processus industriel par la mise en place d'indications et de signaux visuels (comme un marquage au sol, un panneau d'affichage ou une alarme lumineuse) ou sonores.

Description

Il existe de nombreux indicateurs et signaux visuels ou sonores, par exemple :

- Un panneau d'affichage d'informations sur la fabrication (comme l'évolution du nombre de problèmes qualité).
- Un tableau mural qui indique l'avancement de la production.
- Un panneau pour outils sur lequel est peint le contour de chaque outil afin de s'assurer que les outils sont rangés au bon endroit et qu'il ne manque aucun outil.
- Les marquages au sol qui indiquent les parties de l'usine sur lesquelles peuvent circuler les piétons.
- Un signal sonore qui indique qu'un dysfonctionnement a été détecté sur un équipement.

Les cartes *Kanban*, un système *Andon* ou encore la méthode des 5S utilisent les principes du management visuel.

Le management visuel doit permettre de partager les informations entre les différents intervenants de l'usine (à l'aide par exemple d'un tableau mural qui indique l'avancement de la production), de détecter des erreurs (comme un bac plein sans carte *Kanban*), d'améliorer la sécurité (en utilisant par exemple un marquage au sol pour les piétons), d'informer les opérateurs (à l'aide par exemple d'un panneau d'affichage sur la quantité journalière à produire).

Origines

Le management visuel a été développé dans les usines de Toyota dans les années 1950. Les principes du management visuel ont sans doute été mis en place avant cette date.

FICHE PRATIQUE

QU'EST-CE QUE LE SYSTÈME *ANDON* ?

Objectifs

Le système *Andon* permet au superviseur des activités de production d'identifier immédiatement la localisation d'un problème à son apparition et d'intervenir rapidement.

Description

Le système *Andon* est un signal visuel installé dans l'atelier qui avertit d'un problème ou d'une interruption de l'activité de production. Il s'agit par exemple d'un tableau lumineux placé près d'une machine et qui s'allume lorsque l'opérateur appuie sur un bouton d'alerte ou d'arrêt d'urgence. *Andon* signifie lanterne en japonais.

Origines

Andon est l'un des outils développés par Toyota pour mettre en œuvre le principe de *Jidoka*. Le premier système *Andon* a été mis en place dans une usine de Toyota en 1957.

FICHE PRATIQUE

QU'EST-CE QUE LA MÉTHODE DES 5S ?

Objectifs

5S est une méthode destinée à améliorer l'organisation d'un poste de travail.

Description

Le nom 5S provient des 5 mots japonais qui décrivent les 5 actions à effectuer et qui commencent toutes par la lettre S : *Seiri, Seiton, Seiso, Seiketsu* et *Shitsuke*.

Démarche

La méthode des 5S repose sur 5 actions.

• • •

• *Seiri* (trier et éliminer)

La première action consiste à retirer de l'espace de travail tout ce qui n'est pas utile. En fonction de leur fréquence d'utilisation, les matériels peuvent être rangés à proximité du poste de travail (dans une armoire par exemple) ou remisés. Certains matériels pourront être détruits (comme un outil endommagé, un composant non utilisé ou une documentation obsolète).

• *Seiton* (ranger)

Les matériels restant dans l'espace de travail doivent être correctement rangés. Pour cela, un emplacement est dédié à chaque matériel. La disposition des emplacements doit faciliter le travail de l'opérateur (*a place for everything and everything in its place*). Par exemple un équipement peut être, en fonction de sa fréquence d'utilisation, porté par l'opérateur, à porté de main de ce dernier ou sur le poste de travail.

• *Seiso* (nettoyer)

Après avoir été rangé, le poste de travail doit être nettoyé pour prévenir en particulier les incidents (une panne machine par exemple). Un poste de travail propre permet d'identifier plus facilement les anomalies (comme une fuite d'huile).

• *Seiketsu* (standardiser)

Une fois le poste de travail nettoyé, il est nécessaire de standardiser et décrire les meilleures pratiques qui devront être appliquées quotidiennement (instructions de travail, disposition du poste de travail...).

• *Shitsuke* (être rigoureux)

La dernière action vise à maintenir les quatre actions précédentes dans le temps.

FICHE PRATIQUE

QU'EST-CE QU'UN *POKA-YOKE* ?

Objectifs

Le *Poka-Yoke* est un dispositif qui vise à empêcher une production défectueuse.

Description

Le *Poka-Yoke* est un dispositif technique qui permet d'interrompre une opération si elle n'est pas correctement réalisée. *Poka-Yoke* est un mot

• • •

japonais qui signifie prévention des erreurs. Il peut être traduit en français par détrompeur ou dispositif anti-erreur.

Par exemple, un composant de production de forme symétrique peut être assemblé de différentes façons. Il suffit quelquefois de modifier la forme du composant pour supprimer la symétrie et interdire ainsi des assemblages erronés. L'angle biseauté d'une carte mémoire SD (ou d'une carte SIM) ne permet pas d'introduire la carte dans son emplacement à l'envers. Une prise électrique asymétrique interdit de réaliser le branchement dans le mauvais sens.

On distingue trois niveaux de *Poka-Yoke* :

- les dispositifs qui interdisent les erreurs ;
- les dispositifs qui détectent les erreurs une fois qu'elles se produisent ;
- les dispositifs qui détectent les erreurs une fois qu'elles ont été réalisées mais avant qu'elles aient un impact (sur la suite du processus de production par exemple).

Origines

Le concept de *Poka-Yoke* a été développé par Shigeo Shingo, un ingénieur de Toyota.

FICHE PRATIQUE

QU'EST-CE QUE LA MÉTHODE *KANBAN* ?

Objectifs

La méthode *Kanban* permet d'organiser le travail entre deux postes de travail en limitant la production du poste amont aux besoins du poste aval.

Description

La méthode *Kanban* est un système de gestion des flux tirés dans lequel les postes de travail transmettent à l'aide d'une carte (*kanban* en japonais) un ordre de réapprovisionnement à un poste de travail amont ou à un fournisseur. Les cartes peuvent être attachées à un bac ou à un conteneur de pièces. La méthode *Kanban* consiste à créer un circuit de cartes, les unes (cartes de manutention) accompagnant les conteneurs de pièces, les autres (cartes de production) s'accumulant sur un tableau jusqu'au déclenchement du réapprovisionnement. Cette méthode est surtout adaptée aux entreprises ayant une production répétitive et relativement régulière.

Origines

La méthode *Kanban* a été développée par Toyota pour mettre en œuvre le principe de la production en juste-à-temps. Elle a été mise en place à la fin des années 1950 dans les usines Toyota.

Démarche

La méthode *Kanban* fonctionne entre les deux postes de travail de la façon suivante :

- L'opérateur aval commence à utiliser un conteneur de pièces. Il détache alors la carte de manutention attachée au conteneur.
- Un manutentionnaire ramasse la carte de manutention et se rend au poste amont.
- Au poste amont, il retire la carte de production attachée à un conteneur plein et lui substitue la carte de manutention. Il met la carte de production dans une boîte.
- Il ramène le conteneur plein auquel est attachée la carte de manutention au poste aval.
- Quand l'opérateur du poste amont a rempli un conteneur, il regarde la boîte de cartes de production. S'il y a une carte, il la fixe à un conteneur vide et reprend la production. S'il n'y a pas de carte, cela signifie que les en-cours sont suffisants et il attend.

Le nombre de cartes en circulation doit être limité pour éviter la constitution d'un en-cours de stock trop important.

FICHE PRATIQUE

QU'EST-CE QUE LA MÉTHODE SMED ?

Objectifs

La méthode SMED a pour objectif de réduire le temps de changement des outils de production. En réduisant les temps de change ment, elle permet de réduire la taille des lots de production. En effet, dans le cas idéal ou le temps de changement de série serait nul, il serait possible de réaliser une fabrication à l'unité sans augmenter les coûts de fabrication.

Description

SMED est l'abréviation de l'anglais *single minute exchange of die* (littéralement, changement de matrice en une seule minute) et est souvent traduit en français par changement rapide d'outil.
La méthode SMED peut être mise en œuvre pour les usines qui nécessitent des changements d'outils (comme le changement d'un moule ou le réglage d'une presse) entre deux lots de fabrication.
La méthode distingue deux types d'opérations :

- les opérations internes qui sont effectuées lorsque la production est à l'arrêt (comme le changement d'outil) ;
- les opérations externes qui sont effectuées pendant la production (comme la préparation des outils).

Origines

La méthode SMED a été développée par Toyota pour mettre en œuvre le principe du *just in time.*

Démarche

La méthode SMED se déroule en sept étapes :

- Observer l'approche utilisée pour changer d'outil. Cette étape peut être réalisée à l'aide d'une caméra vidéo filmant les différentes opérations ou d'un chronomètre.
- Recenser les différentes opérations qui sont mises en œuvre lors du changement (préparation de la machine, du poste de travail et des outillages, démontage et montage de l'outillage, réglage des cotes de fabrication, réalisation et contrôle des pièces d'essai, nettoyage, rangement du poste de travail…).
- Convertir, lorsque cela est possible, les opérations internes en opérations externes.
- Rationaliser les opérations internes pour réduire au maximum le temps de changement.
- Rationaliser les opérations externes.
- Documenter la nouvelle procédure.
- Réitérer la démarche plusieurs fois si nécessaire.

FICHE PRATIQUE

QU'EST-CE QUE LE *VALUE STREAM MAPPING* ?

Objectifs

Le *value stream mapping* (VSM) est une technique destinée à améliorer les flux de produits et d'information (à l'intérieur d'une usine par exemple).

Description

Le *value stream mapping*, traduit en français par cartographie des flux de valeur, utilise une représentation graphique et documentée de flux de produits et d'information afin d'en faire le diagnostic et d'identifier les opportunités d'amélioration.

Cette représentation graphique inclut le plus souvent les différentes opérations réalisées (transport, production...), les délais (de production, d'attente...), les informations échangées à chaque opération ou encore les types de stock (matières premières, semi-finis...).

Différents pictogrammes permettent de représenter un client ou un fournisseur, un transport en camion, un stock, une opération de production, un opérateur, un signal Kanban ou encore une file d'attente.

Origines

Le *value stream mapping* a été développé dans les usines de Toyota sous le nom de *material and information flow mapping*. En 1998, Mike Rother and John Shook publièrent *Learning To See : Value Stream Mapping To Create Value And Eliminate MUDA*, qui fit connaître cette technique en dehors des usines de Toyota.

Démarche

- Cartographier les flux de valeur pour le produit fini (ou la famille de produits) sélectionné.
- Sur la base de la cartographie, identifier les opportunités d'amélioration (suppression d'opérations sans valeur ajoutée par exemple).
- Cartographier les nouveaux flux de valeur sur la base des améliorations identifiées.
- Mettre en œuvre les nouveaux flux.

FICHE PRATIQUE

QU'EST-CE QUE LE *CONTINUOUS FLOW MANUFACTURING* ?

Objectifs

Le *continuous flow manufacturing* est une stratégie de production typiquement mise en œuvre pour organiser une fabrication discrète en flux afin de bénéficier des avantages de la fabrication continue.

Description

Le *continous flow manufacturing* présente comme avantage :

- d'être adapté à la production de nombreux produits en faible quantité ;
- de limiter les stocks d'en-cours de production ;
- de réduire les délais de production ;
- d'améliorer la flexibilité de la production.

Le *continuous flow manufacturing* est souvent appelé *one piece flow manufacturing* (fabrication pièce à pièce). *One piece flow* ne signifie pas nécessairement qu'il faut lancer les produits en fabrication une pièce à la fois. Le plus souvent, il est préférable de lancer en fabrication un petit lot de production.

Le *continuous flow manufacturing* est souvent mis en œuvre en organisant l'usine en cellules de production.

Origines

Le *continuous flow manufacturing* a été popularisé par le principe du *one piece flow* développé par le Toyota Production System. Ses origines sont vraisemblablement bien plus anciennes. Dès le XVIe siècle, l'Arsenal de Venise construisait des navires suivant les principes du *continuous flow manufacturing*.

FICHE PRATIQUE

QU'EST-CE QUE LA DÉMARCHE *KAIZEN* ?

Objectifs

Kaizen est une démarche qui vise à améliorer la productivité, la sécurité ou encore la qualité d'un processus de fabrication petit à petit et de façon continuelle.

Description

Kaizen est une démarche d'amélioration progressive (à petits pas) et continue. Elle ne nécessite, le plus souvent, que de faibles investissements, ne dure que quelques semaines et traite des problèmes très spécifiques. Apportant des améliorations petit à petit, elle est souvent opposée aux démarches d'innovation qui recherchent des percées technologiques majeures. La réussite d'un projet *Kaizen* repose en partie sur la participation des employés.
Kaizen signifie amélioration en japonais.

Origines

Dans les années 1950, des entreprises japonaises (dont Toyota) mirent en place des cercles de qualité pour améliorer les opérations de production. Ces cercles étaient constitués d'opérateurs de production. En 1986, Masaaki Imai fit connaître cette démarche ainsi que le mot *kaizen* au reste du monde en publiant *Kaizen : The Key To Japan's Competitive Success.*

Démarche

L'identification et la mise en œuvre d'améliorations sont souvent réalisées en utilisant la méthode PDCA.

FICHE PRATIQUE

QU'EST-CE QUE LE CYCLE PDCA ?

Objectifs

Le cycle PDCA est une méthode qui vise à améliorer la qualité d'un processus de façon continue.

Description

Le cycle PDCA est une méthode d'amélioration continue. Il permet, par exemple, d'améliorer le fonctionnement d'un poste de travail dans une usine. Il repose sur le principe que les programmes d'amélioration continue doivent être bien préparés et doivent aboutir à des résultats concrets. Le cycle PDCA comprend quatre étapes : *plan, do, check, act*. Il est souvent représenté par une roue (voir figure 4.5), la roue de Deming, composée de quatre quartiers, qui remonte une pente (celle de la qualité). Une cale représente les actions pour empêcher la roue de redescendre la pente, permettant ainsi de pérenniser les améliorations.

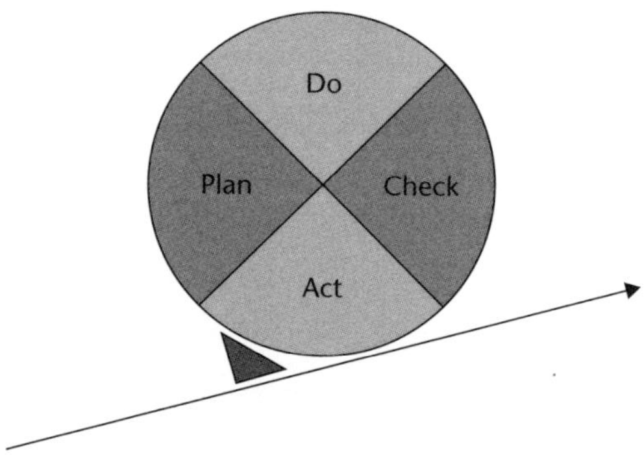

Figure 4.5 – Roue de Deming

Un autre cycle, le cycle SDCA (pour *standardize, do, check, act*) est quelquefois utilisé en complément du cycle PDCA. Il vise à standardiser les processus améliorés par le cycle PDCA.

Origines

Dans les années 1930, un statisticien américain des Bell Laboratories, Walter Shewahart, développa un processus de contrôle statistique

• • •

qu'il appela *plan, do and see*. Dans les années 1950, un autre statisticien, Edwards Deming, modifia ce processus en un cycle de quatre étapes : *plan, do, check, act*. Edwards Deming a beaucoup enseigné au Japon, entre autres, le cycle PDCA.

Démarche

- Préparer (plan) : définir le problème à résoudre et les objectifs à atteindre, identifier les causes possibles du problème et les actions d'amélioration.
- Mettre en place (do) : mettre en place les améliorations identifiées.
- Vérifier (check) : s'assurer que les améliorations apportent les résultats attendus.
- Ajuster (act) : mettre en place les règles de travail qui pérennisent les améliorations dans la durée.

Pour identifier les actions d'amélioration, le *lean manufacturing* analyse les différents délais de production dont les principaux sont rappelés ci-après (voir l'encadré).

Les différents délais de production

- **Le *takt time*** représente le rythme de production nécessaire pour répondre à la demande client. Il est dérivé du mot allemand *Taktzeit* qui signifie temps de cycle. Par exemple, sur une chaîne d'assemblage automobile, le *takt time* est le temps passé par chaque véhicule sur un poste d'assemblage (avant que le convoyeur ne transfère le véhicule sur le poste suivant). Le *takt time* est calculé en divisant la durée de production sur une période par la quantité de produit qui doit être fabriquée pour satisfaire la demande client durant cette même période. Par exemple, si une usine fonctionne effectivement 7 heures par jour (soit 420 minutes) et doit produire 210 produits par jour, le *takt time* est de 2 minutes. L'usine doit donc produire, en moyenne, un produit toutes les 2 minutes.
- **Le temps d'exécution** (*process time*) est le temps effectif de fabrication d'un produit.
- **Le temps d'attente** (*waiting time*) est le temps passé par un produit devant un poste de travail, soit parce que le poste de travail ne

• • •

• • •

fonctionne pas, soit parce qu'une file d'attente s'est constituée devant le poste de travail.

- **Le temps de transfert** est le temps pendant lequel un produit est déplacé d'un poste de travail vers un autre.
- **Le *queue time*** est le temps passé par un produit entre chaque opération (temps d'attente et temps de transfert).
- **Le temps de cycle de production** (*manufacturing cycle time* ou *throughput time*) est le temps moyen nécessaire pour fabriquer un produit, du lancement de la fabrication à la mise à disposition du produit au service expédition. Il est la somme du temps d'exécution et du *queue time.*
- **Le délai de production** (*lead time*) est le temps moyen nécessaire pour mettre à disposition un produit au client, de la réception de la demande du client à la livraison du produit. Le délai de production inclut donc le temps de cycle.
- **Le temps de valeur ajoutée** (*value add time*) est la durée totale pendant laquelle des opérations à valeur ajoutée sont apportées au produit.
- **Le temps sans valeur ajoutée** (*non value add time*) est la différence entre le temps de cycle et le temps de valeur ajoutée.

Si le *lean manufacturing* a permis d'améliorer le processus de production, il fait aussi l'objet de critiques. Sa mise en place multiplie souvent les livraisons en juste-à-temps peu respectueuses de l'environnement. Il peut générer une pression trop importante sur les fournisseurs conduisant à des problèmes de qualité. Le *lean manufacturing* peut également contribuer à dégrader les conditions de travail des salariés. Une étude européenne de 2000, reprise par la *Revue de santé publique* montrait que les organisations ayant appliqué les méthodes de gestion du *lean manufacturing* exposaient davantage leurs salariés à l'ensemble des souffrances physiques et psychiques que des salariés soumis à d'autres formes d'organisation du travail. Ainsi, dans les entreprises soumises au *lean manufacturing,* 66 % des salariés déclarent que le travail affecte négativement leur santé, contre 60 % lorsqu'ils sont soumis à d'autres formes de gestion.

Planifier la production

La planification des ressources de production

■ Les origines du MRP

Pendant longtemps, les entreprises ont utilisé des méthodes de réapprovisionnement qui traitaient les produits indépendamment les uns des autres (comme la méthode du point de commande par exemple).

Dans les années 1960, M. Joseph Orlicky, un ingénieur d'IBM, mit en évidence que la demande pour un produit pouvait être dépendante ou indépendante.

- Une demande indépendante n'est pas liée à la demande d'autres produits. Les demandes pour les produits finis, les pièces de rechange ou encore les pièces utilisées pour des essais destructifs sont indépendantes.
- Une demande dépendante résulte de la demande d'autres produits. Par exemple, la demande d'un composant qui est utilisé dans la nomenclature d'un produit fini dépend de la demande de ce dernier. Une demande dépendante peut être calculée et ne doit donc pas être estimée sur la base de prévisions.

À un instant donné, un produit en stock peut avoir des demandes dépendantes et indépendantes comme, par exemple, le composant d'un produit fini qui serait également vendu séparément comme pièce de rechange.

Proposant de prendre en compte la source de la demande, Joseph Orlicky développa une méthode d'approvisionnement, le *material requirements planning*, qui liait la consommation des composants à la consommation des produits finis, permettant ainsi de réduire le stock de composants et de faciliter la fabrication des produits finis. Cette méthode utilisait un algorithme de calcul pouvant être supporté par les ordinateurs qui faisaient leur apparition dans les entreprises. Joseph Orlicky mit en place le premier système de calcul des besoins dans une usine de l'Illinois en 1960. Il publia, en 1975, le premier ouvrage sur le MRP (*The New Way Of Life In Production And Inventory Management*).

Le MRP ne fut toutefois rendu populaire que quelques années plus tard par Oliver Wight qui publia un ouvrage de référence (*Production And Inventory Management In The Computer Age*) puis initia la « Croisade MRP » en 1971 avec le soutien de l'APICS (American Production and Inventory Control Society).

■ Les origines de la planification des ressources de production ou MRP II

Dans les années 1980, face au succès du MRP, Oliver Wight proposa une nouvelle méthode de planification de la production qu'il décrivit dans *Manufacturing Resource Planning : MRP II : Unlocking America's Productivity*. Cette méthode, appelée *manufacturing resource planning* ou MRP II (le signe MRP étant déjà utilisé par *material requiments planning*) visait, en particulier, à faire intervenir les principales fonctions de l'entreprise (finance, vente et marketing...) dans le processus de planification. Le MRP II dut une partie de son succès au développement, à la même époque, d'applications *enterprise resource planning* telles que SAP, Oracle, Baan, Peoplesoft ou encore JD Edwards, qui pouvaient prendre à leur charge des calculs complexes et fastidieux.

L'APICS continue aujourd'hui de faire la promotion du MRP II par l'organisation de formations, de certifications et la publication d'ouvrages. Si le MRP II n'est pas appliqué à la lettre par les entreprises, il a permis de formaliser un processus de planification.

■ La planification des ressources de production

Le *manufacturing resource planning* ou MRP II décrit le processus de planification comme une cascade de plans de production suivant des horizons de plus en plus proches et des niveaux de détail de plus en plus fins.

Les différents processus qui constituent la planification des ressources de production sont représentés figure 4.6.

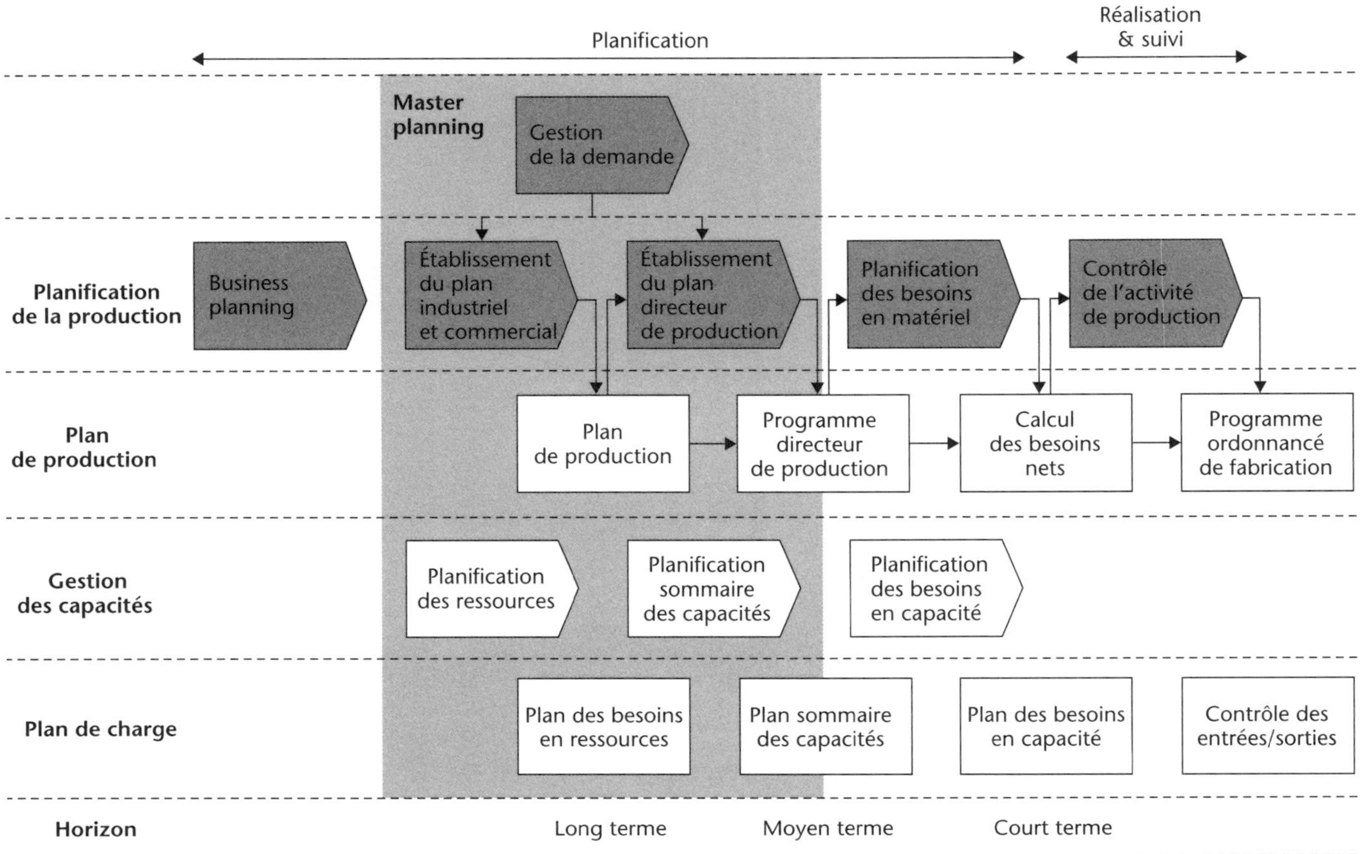

Figure 4.6 – Planification des ressources de production

Le MRP II couvre deux types d'activité : la planification de la production et la gestion des capacités.

■ La planification de la production

La planification de la production (*production planning*) est la fonction qui vise à établir un plan de production permettant de répondre au mieux à la demande prévue (plan des ventes ou prévisions) tout en respectant les objectifs de profitabilité, de productivité, de service client de l'entreprise.

Pour qu'un programme de fabrication soit réalisable, il faut vérifier qu'il dispose des capacités de production suffisantes. C'est le rôle de la gestion des capacités.

■ La gestion des capacités

La gestion des capacités consiste à calculer la charge associée à un programme de fabrication (plan de production, plan directeur de production, calcul des besoins nets et programme ordonnancé de fabrication) et de la comparer à la capacité disponible.

La charge (*load*) désigne la quantité de travail qui doit être réalisée par une ressource (une usine, un poste de charge ou une opération) sur une période donnée. Elle est généralement exprimée en heures standard de travail ou, lorsque les articles consomment des ressources similaires à une même cadence, en unités de production.

Si, pour une ressource donnée, la charge est supérieure à la capacité disponible, il faut soit augmenter la capacité soit diminuer la charge.

La gestion des capacités ne concerne pas uniquement les machines de production. Par exemple, la capacité insuffisante d'un entrepôt de stockage de produits finis peut contraindre un programme de fabrication.

Établir le plan industriel et commercial

L'établissement du plan industriel et commercial ou PIC (*sales & operation planning* ou S & OP) est un processus dont l'objectif est d'équilibrer l'offre et la demande en mettant en adéquation le plan de production avec le plan commercial. Lorsque la production ne peut répondre à la demande (en raison, par exemple, d'une capacité de production insuffisante ou de stocks non disponibles), un arbitrage est nécessaire et la direction commerciale peut être amenée à modifier son plan commercial. Un plan industriel et commercial n'est pas créé individuellement pour chaque usine mais couvre l'ensemble des sites de production.

Un plan industriel et commercial couvre un horizon qui, en général, varie de six mois à trois ans et est mis à jour tous les mois. Il définit, par famille de produits et par période (par mois ou par trimestre par exemple), les quantités à produire et les niveaux de stock à atteindre. Il prend en compte les contraintes capacitaires et financières. Il doit couvrir une période suffisamment large pour prévoir à temps les ressources nécessaires (comme les matières premières ou les équipements).

La mise en place du plan industriel et commercial implique souvent les principales directions de l'entreprise (vente, marketing, développement, production, achat, finance) afin de parvenir à un plan unique, réaliste et partagé.

Le tableau 4.4 est un exemple de plan industriel et commercial pour une famille de produits. Pour chacune des douze périodes, la ligne « demande » définit la prévision de la demande, la ligne « production » décrit le plan de production et la ligne « stock » représente le niveau de stock résultant. Par exemple, durant la deuxième période, la production étant supérieure d'une unité de la demande, le niveau de stock a augmenté d'une unité par rapport à la période précédente.

Tableau 4.4 – Exemple de plan industriel et commercial pour une famille de produits

Mois	1	2	3	4	5	6	7	8	9	10	11	12
Demande	10	11	12	10	9	8	7	10	11	13	10	10
Production	12	12	10	10	9	8	7	8	10	10	11	10
Stock	12	13	11	11	11	11	11	9	8	5	6	6

Quatre étapes consécutives sont nécessaires pour établir le plan industriel et commercial : prévoir la demande, mettre à jour le plan de production, vérifier les charges globales et mettre à jour le plan de production. La prévision de la demande est décrite dans la partie « Prévoir la demande ».

■ Mettre à jour le plan de production

Un plan de production n'est généralement pas détaillé par produit. L'incertitude de la demande sur une longue période rendrait un plan de production par produit peu fiable, peu utile et coûteux à réaliser. Pour mettre en place un premier plan de production, il est donc nécessaire, au préalable, de regrouper les produits par famille. Les familles utilisées pour construire le plan de production regroupent les produits qui partagent un processus de fabrication et des types de capacité similaires.

Une fois les familles établies, il faut choisir, pour chaque famille, la stratégie de production.

Stratégie de production synchrone

Dans une stratégie de production synchrone (*chase strategy* ou *demand matching strategy*), la production répond exactement à la demande (voir figure 4.7). Pour certaines industries, la stratégie de production synchrone est la seule qui puisse être mise en œuvre. Un fabricant d'avions de ligne, par exemple, produira l'exacte quantité de produits commandés. L'entreprise doit posséder des capacités de production suffisantes pour couvrir les périodes de fortes demandes. Elle pourra être amenée à recruter et former des employés pendant une période limitée.

La stratégie de production synchrone présente l'avantage de limiter les niveaux de stock de produits finis. Toutefois, elle ne permet pas d'atteindre des taux élevés d'utilisation des ressources de fabrication.

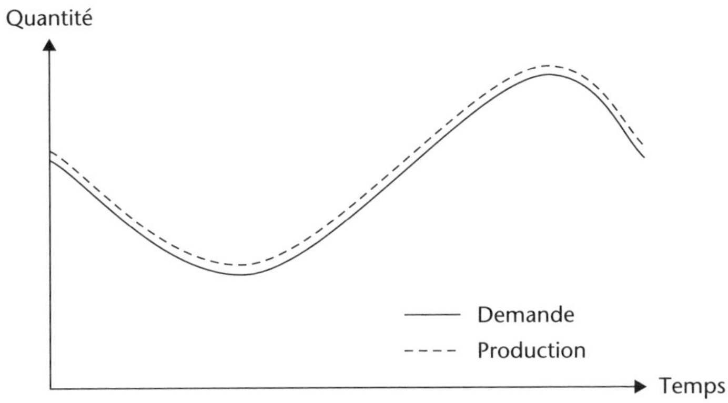

Figure 4.7 – Stratégie de production synchrone

Stratégie de production lissée

Dans une stratégie de production lissée (*level production strategy*), la quantité produite sur une période donnée est constante et est égale à la moyenne de la demande sur la période (voir figure 4.8). Lorsque la demande est inférieure à la quantité produite, un stock se constitue. Lorsque la demande est supérieure à la quantité produite, le stock est consommé.

La stratégie de production lissée permet de réduire les coûts de production en limitant le coût de changement de la capacité nécessaire à la production (un changement de cadence de production par exemple). Toutefois elle génère des niveaux de stock qui peuvent être importants.

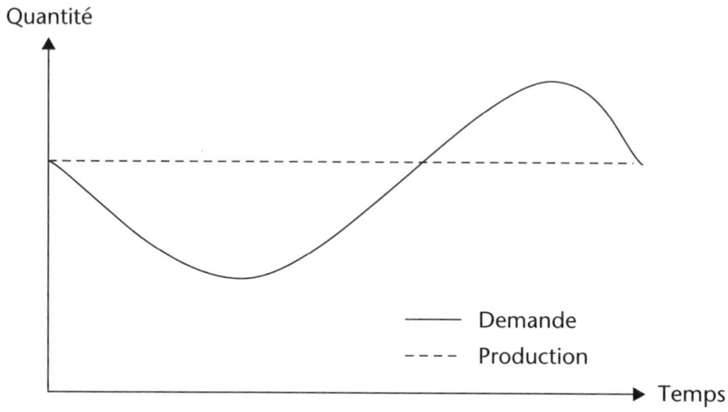

Figure 4.8 – Stratégie de production lissée

Stratégie de production utilisant la sous-traitance

Dans une stratégie de production utilisant la sous-traitance (*subcontracting strategy*), la capacité nécessaire à la production est constante et correspond à la demande minimale. Un appel à la sous-traitance est effectué pour couvrir toute demande supplémentaire (voir figure 4.9).

La stratégie de production utilisant la sous-traitance permet de réduire les coûts de fabrication en mettant en œuvre une production stable. Les coûts liés à la sous-traitance (achat, transport, inspection) peuvent cependant être plus élevés que si la production était réalisée en interne.

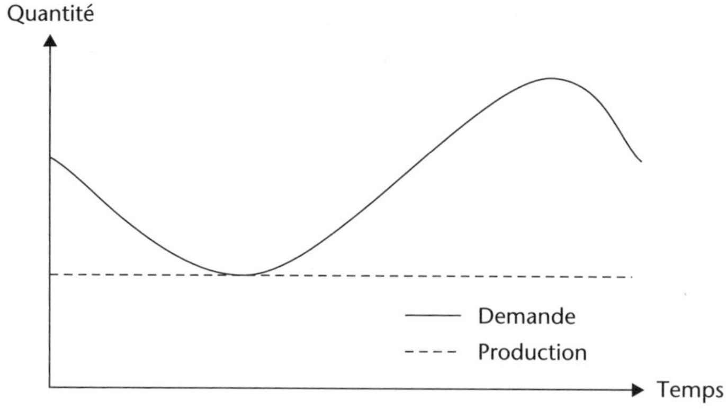

Figure 4.9 – Stratégie de production utilisant la sous-traitance

Stratégie de production hybride

La stratégie de production hybride (*hybrid strategy*) consiste à combiner les trois stratégies précédentes afin de répondre au mieux à la demande tout en minimisant les coûts de production.

Une fois la stratégie de production retenue pour chaque famille de produits, le plan de production peut être construit.

■ Vérifier les charges globales

La vérification des charges globales (*resource planning*) est le processus qui vérifie la disponibilité des ressources, industrielles et financières, nécessaires à l'exécution du plan de production. Ce processus étudie en particulier les ressources qui présentent des délais d'acquisition importants.

L'identification des capacités de production à mettre en place pour répondre à la demande est le principal objectif du plan de production.

■ Mettre à jour le plan de production

Si, par exemple, une ressource de production ne dispose pas d'une capacité suffisante, il peut être décidé de réduire la quantité de produits à fabriquer ou d'augmenter la capacité de production. Une capacité de production peut être augmentée en mettant en place une nouvelle ligne de fabrication, en augmentant les équipes de production (en passant du 2/8 au 3/8 par exemple) ou encore en confiant une partie de la production à des sous-traitants. Les décisions prises doivent toujours recevoir l'aval de la direction de l'entreprise.

Établir le plan directeur de production

Le plan directeur de production ou PDP (*master production schedule* ou MPS) est mis en place à la suite du plan de production.

Le plan directeur de production définit par produit et par période (par semaine par exemple) les quantités à produire et les niveaux de stock à atteindre. Il prend en compte la prévision de la demande, le carnet de commande, le plan de production, la disponibilité des composants et des ressources ou encore la politique de l'entreprise et ses objectifs.

Le plan directeur de production est plus détaillé que le plan de production. Si ce dernier est défini par famille de produits, le plan directeur de production est construit par produit. La maille de temps utilisée est également plus fine. Par exemple, si le plan de production est établi au mois ou au trimestre, le PDP sera défini à la semaine. De plus, le PDP couvre un horizon plus court (en général de six mois à un an).

Le tableau 4.5 est un exemple de plan directeur de production d'un produit.

Tableau 4.5 – Exemple de plan directeur de production pour un produit

Semaine	1	2	3	4	5	6	7	8	9	10	11	12
Demande	3	2	3	2	5	4	4	3	2	3	4	5
Production	3	2	2	2	4	5	4	4	2	2	3	5
Stock	5	5	4	4	3	4	4	5	5	4	3	3

Parce qu'il est défini par produit, le PDP peut être utilisé pour s'engager sur des dates de livraison auprès des clients. Pour cette raison, le plan directeur de production est un support de communication essentiel entre les directions commerciale et de production (voir « Valider les commandes de vente »).

Trois étapes consécutives sont nécessaires pour établir le plan directeur de production : mettre à jour le plan directeur de production, vérifier les charges globales et résoudre les écarts.

■ Mettre à jour un plan directeur de production

Le plan directeur de production est mis à jour à partir du plan de production. La quantité à produire par famille et par période (en général par mois ou par trimestre) est détaillée par produit et par période plus courte (en général par semaine ou par mois).

■ Vérifier les charges globales

Le plan directeur de production est mis à jour sans vérifier, *a priori*, la disponibilité des ressources nécessaires. Pour s'assurer de la faisabilité du PDP, il faut vérifier globalement la disponibilité des ressources critiques (comme une machine de production qui constitue un goulet d'étranglement, un composant rare ou à délai de réapprovisionnement long).

La vérification des charges globales (*rough-cut capacity planning* ou RCCP) est le processus qui convertit le programme directeur de production en besoins en ressources critiques (comme la main-d'œuvre, les machines de production, l'espace d'entreposage ou encore les fournisseurs), en qualification et, quelquefois, en financement. Une comparaison avec la capacité disponible est effectuée pour chaque ressource critique pour établir un programme directeur de production réalisable.

Trois approches peuvent être mises en œuvre pour vérifier les charges globales : l'utilisation de macro-gammes, la technique appelée *capacity planning using overall factors* ou encore le profil de charge d'un produit.

Une macro-gamme (*bill of resources*) est une gamme qui décrit la capacité globale et les ressources critiques nécessaires à la fabrication d'un produit ou d'une famille de produits. Elle permet d'estimer les charges globales qui pourront être comparées aux capacités disponibles.

La technique appelée *capacity planning using overall factors* ou CPOF consiste, dans un premier temps, à calculer le temps total nécessaire pour réaliser le plan directeur de production. Ce calcul est effectué en multipliant la quantité de chaque article par le temps moyen de production de l'article (supposé connu). Dans un second temps, un ratio d'utilisation des postes de charge, calculé sur la base d'un historique, est appliqué au temps total pour estimer le temps nécessaire à chaque poste de charge pour réaliser le programme directeur de production.

Exemple

Si un plan directeur de production prévoit la production de 2 000 casseroles et que le temps de fabrication moyen d'une casserole est de 30 minutes, alors le temps nécessaire pour produire le PDP s'élève à 60 000 minutes soit 1 000 heures. Si les postes de charge de tôlerie, d'usinage et d'assemblage prennent respectivement 50 %, 30 % et 20 % du temps total, alors la durée nécessaire à la réalisation du plan sera de 500 heures pour la tôlerie, 300 heures pour l'usinage et 200 heures pour l'assemblage.

Le profil de charge d'un produit (*product load profile*) est une liste qui décrit, par période de temps, les capacités et ressources critiques nécessaires à la fabrication d'un produit ainsi que les capacités disponibles. Il permet de mettre en évidence les périodes de surcharge et de sous-charge.

■ Résoudre les écarts

Si une ressource de production n'est pas suffisamment disponible, il peut être décidé de réduire la quantité de produits à fabriquer ou d'ajuster les capacités de production (par des heures supplémentaires, l'embauche de personnel ou l'appel à de la sous-traitance par exemple).

Planifier les besoins en matériel

Le plan directeur de production définit les quantités de produit à fabriquer par intervalle de temps. Si un composant nécessaire à la fabrication d'un produit n'est pas disponible au bon moment et avec la bonne quantité, le plan directeur de production ne peut être réalisé.

La planification des besoins en matériel (*material requirements planning* ou MRP), également appelée calcul des besoins nets ou

CBN, est une fonction qui détermine la quantité de tous les composants nécessaires pour fabriquer les produits du plan directeur de production et la date à laquelle chacun de ces composants doit être disponible. Elle utilise les données sur les nomenclatures, les stocks et le programme directeur de production.

Le calcul des besoins nets est réalisé suivant une procédure, appelée logique MRP (*MRP logic*), en trois étapes : calcul des besoins bruts, calcul des besoins nets, validation des ordres de fabrication et d'achat.

■ Calculer les besoins bruts

La première étape du calcul des besoins consiste à calculer les besoins bruts (*gross requirements*) en composants pour fabriquer un produit donné. Pour réaliser ce calcul il est nécessaire de disposer à la fois de la nomenclature du produit mais également du délai de réapprovisionnement de chaque composant. Pour les composants fabriqués en interne, le délai de réapprovisionnement correspond au temps nécessaire à la fabrication du composant. Ce délai inclut la préparation de l'ordre de fabrication, la mise en attente, le traitement, la réception et l'inspection.

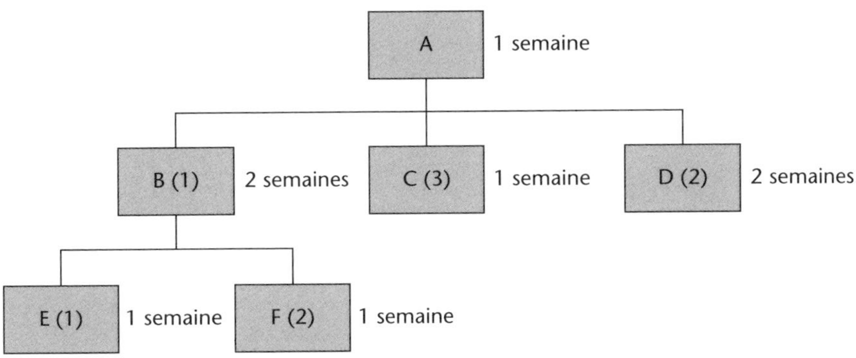

Figure 4.10 – Exemple de nomenclature avec délais de réapprovisionnement

La nomenclature de la figure 4.10 indique que, si les produits B, C et D sont disponibles en stock, une semaine sera nécessaire pour fabriquer le produit A. De la même façon, si les produits E et F sont disponibles en stock, deux semaines seront nécessaires pour fabriquer le produit B.

Le tableau 4.6 donne un exemple de calcul des besoins brut. Si 10 exemplaires du produit A doivent être disponibles en semaine 5, il est nécessaire de lancer une fabrication de ce produit une semaine avant, c'est-à-dire en semaine 4. Pour pouvoir lancer la fabrication de 10 exemplaires du produit A en semaine 4, il est nécessaire de disposer de 10 exemplaires du produit B, 30 exemplaires du produit C et 20 exemplaires du produit D. La fabrication des produits B et D devra être lancée 2 semaines au préalable, c'est-à-dire en semaine 2. Celle du produit C devra être lancée 1 semaine au préalable, soit en semaine 3. Afin de pouvoir lancer la fabrication de 10 exemplaires du produit B, 10 exemplaires du produit E et 20 du produit F devront être disponibles en stock en semaine 3. La fabrication des produits E et F devra donc être lancée en semaine 1.

Tableau 4.6 – Exemple de calcul des besoins bruts

Semaine		1	2	3	4	5
A	Besoin brut					10
	Réapprovisionnement				10	
B	Besoin brut				10	
	Réapprovisionnement		10			
C	Besoin brut				30	
	Réapprovisionnement			30		
D	Besoin brut				20	
	Réapprovisionnement		20			
E	Besoin brut		10			
	Réapprovisionnement	10				
F	Besoin brut		20			
	Réapprovisionnement	20				

■ Calculer les besoins nets

Le calcul des besoins bruts suppose que le produit à fabriquer et les composants nécessaires à sa production ne sont pas disponibles en stock. Cependant, dans la plupart des cas, il existe un stock de produits et de composants. Le calcul des besoins nets détermine les besoins en composants en prenant en compte le stock disponible. Le besoin net (*net requirement*) d'un composant est égal au besoin brut auquel on soustrait les quantités en stock (diminuées du stock de sécurité) ou commandées.

Le tableau 4.7 illustre un calcul des besoins nets. Si 4 exemplaires du produit A sont disponibles en stock, le besoin net sera de 6 exemplaires. Il sera donc nécessaire de lancer la production de 6 exemplaires une semaine avant.

Pour pouvoir lancer la fabrication de 6 exemplaires du produit A en semaine 4, il est nécessaire de disposer de 6 exemplaires du produit B, 18 exemplaires du produit C et 12 exemplaires du produit D.

Si 1 exemplaire du produit B, 10 du produit C et 3 du produit D sont disponibles en stock, les besoins nets des produits B, C et D sont respectivement de 5 (6-1), 8 (18-10) et 9 (12-3).

De la même façon, si le produit E n'est pas disponible en stock et si 7 exemplaires du produit F sont disponibles, les besoins nets des produits E et F sont respectivement de 5 (5-0) et 3 (10-7).

Tableau 4.7 – Exemple de calcul des besoins nets

Semaine		1	2	3	4	5
A	Besoin brut					10
	Stock	4	4	4	4	4
	Besoin net					6
	Réapprovisionnement				6	
B	Besoin brut				6	
	Stock	1	1	1	1	0
	Besoin net				5	
	Réapprovisionnement		5			
C	Besoin brut				18	
	Stock	10	10	10	10	0
	Besoin net				8	
	Réapprovisionnement			8		
D	Besoin brut				12	
	Stock	3	3	3	3	0
	Besoin net				9	
	Réapprovisionnement		9			
E	Besoin brut		5			
	Stock	0	0			
	Besoin net		5			
	Réapprovisionnement	5				
F	Besoin brut		10			
	Stock	7	7			
	Besoin net		3			
	Réapprovisionnement	3				

■ Valider l'ordre de fabrication ou d'achat

Une fois le calcul des besoins nets réalisé, des demandes de réapprovisionnement appelées ordres planifiés sont générées. Les ordres planifiés, principaux résultats du calcul des besoins, sont utiles pour la planification mais ne peuvent pas déclencher directement de réapprovisionnement. Pour déclencher un réapprovisionnement, un ordre planifié doit être validé par le responsable de la planification en convertissant l'ordre planifié en ordre lancé.

- **Un ordre planifié** (*planned order*) est une demande de réapprovisionnement d'un article générée par le calcul des besoins. Il détermine la quantité attendue, la date de lancement et la date d'échéance de l'ordre. Les ordres planifiés sont, avec les ordres lancés, des données d'entrée de la planification des besoins en capacité pour consolider les besoins en capacité par centre de charge sur les périodes futures. Un ordre planifié peut être mis à jour à chaque nouveau calcul des besoins sauf s'il a été transformé en ordre planifié ferme (*firm planned order*). Un ordre planifié est également décomposé par le calcul des besoins en besoins bruts pour les composants du niveau inférieur.
- **Un ordre lancé** (*released order ou open order*) est soit un ordre de fabrication lancé en production, si le produit doit être fabriqué en interne, soit une demande d'achat, si le produit doit être acheté à l'extérieur. Lors de la conversion d'un ordre planifié en ordre lancé, le responsable peut mettre à jour la quantité et la date de lancement.

Afin d'assister le responsable de la planification, le calcul des besoins génère également des messages qui proposent des actions particulières pour résoudre des problèmes identifiés, comme par exemple lancer, avancer, reporter ou annuler un ordre de fabrication. Ces messages peuvent être indispensables pour un responsable de planification qui est amené à gérer des centaines d'articles sur un nombre important de périodes.

Si le calcul des besoins est très utile à la planification de la production, il suppose une bonne qualité des données afin de fournir des résultats satisfaisants. Des niveaux de stock (de composants, d'en-cours de fabrication ou de produits finis) erronés, des nomenclatures ou des gammes incomplètes peuvent fausser le résultat du calcul des besoins qui sera alors difficilement exploitable. Des données justes à au moins 95 % sont souvent nécessaires pour obtenir des résultats satisfaisants.

Les progiciels de gestion intégrés ont permis d'automatiser le calcul des besoins en matériel. Cependant, pour que ce calcul donne des résultats satisfaisants, il est nécessaire de documenter au préalable, pour chaque article ou groupe d'articles, les paramètres MRP (comme le délai d'approvisionnement ou la quantité d'approvisionnement minimale par lot). La valeur de ces paramètres doit être régulièrement revue pour prendre en compte les évolutions de l'offre ou de la demande. Les responsables du calcul des besoins doivent généralement consacrer une part importante de leur activité à mettre à jour ces paramètres.

Planifier les besoins en capacités

Le calcul des besoins en matériel est réalisé en faisant l'hypothèse que les capacités de production (comme la main-d'œuvre ou les équipements de production) ont une capacité infinie. Toutefois, pour construire un plan de production réalisable, il est nécessaire de prendre en compte non seulement la disponibilité des composants mais aussi celle des capacités de production.

La planification des besoins en capacité (*capacity resource planning* ou CRP) est le processus d'identification détaillée des ressources (main-d'œuvre et machine) nécessaires à l'exécution des tâches de production. Même si le *rough-cut capacity planning* peut indiquer qu'une capacité suffisante est disponible pour exécuter le PDP, le CRP peut mettre en évidence des capacités insuffisantes durant certaines périodes.

■ Déterminer les capacités disponibles

La première étape de la planification du besoin en capacité consiste à déterminer la capacité disponible. La capacité disponible est la capacité d'un employé, d'une machine ou encore d'un poste de travail à produire une quantité donnée de produits pendant un intervalle de temps. Par exemple, si une presse fabrique 100 produits par heure et si la presse fonctionne 8 heures par jour, la capacité de la presse sera de 800 produits par jour.

■ Déterminer la capacité nécessaire

La seconde étape consiste à déterminer la capacité de production nécessaire pour réaliser le plan de production. Pour chaque ordre créé par le calcul des besoins, il faut déterminer la capacité de production nécessaire. Il faut également prendre en compte la capacité nécessaire aux ordres de fabrication qui sont déjà en cours de production.

Les gammes de fabrication permettent de déterminer la capacité de production de chaque poste de travail nécessaire à la fabrication de chaque produit. Elles permettent également de déterminer à quels moments ces capacités seront nécessaires.

En reprenant l'exemple du tableau 4.8, si 10 exemplaires du produit A doivent être fabriqués, le temps de fabrication sera de 3 heures (0,1 × 10 + 2,1) au poste a, de 1 heure (0,05 × 10 + 0,5) au poste b, de 3,1 heures (0,3 × 10 + 0,1) au poste c, de 6,7 heures (0,65 × 10 + 0,2) au poste d et de 1,1 heure (0,1 × 10 + 0,1) au poste e. Si les 10 exemplaires doivent être disponibles à l'heure H, ils devront être lancés en production sur le poste e à H – 1,1, sur le poste d à H – 7,8, sur le poste c à H – 10,9, sur le poste b à H – 11,9 et sur le poste a à H – 15. Il sera donc nécessaire de lancer la production sur le poste a au plus tard 15 heures avant la date de mise à disposition, en supposant que les postes de travail fonctionnent sans interruption.

Tableau 4.8 – Exemple de gamme de fabrication

Numéro d'opération	Poste de travail	Opération	Temps de fabrication par pièce	Temps de réglage
10	a	Usinage	0,10	2,10
20	b	Soudage	0,05	0,5
30	c	Assemblage	0,3	0,1
40	d	Contrôle	0,65	0,2
50	e	Conditionnement	0,1	0,1

■ Résoudre les surcapacités

Si, pour un poste de travail, la capacité requise sur une période donnée est supérieure à la capacité disponible, il sera nécessaire de revoir l'ordonnancement des ordres de fabrication proposé par le calcul des besoins.

L'ordonnancement de la production (*production scheduling*) peut être réalisé de deux façons différentes.

- **L'ordonnancement amont** (*backward scheduling*), également appelé rétroplanning ou chargement au plus tard, est une méthode de calcul des dates de début et d'échéance des opérations d'un ordre de fabrication. L'ordonnancement est réalisé en partant de la date d'échéance de l'ordre de fabrication et en remontant vers l'amont pour calculer la date de début et/ou la date d'échéance requises de chaque opération.

La figure 4.11 illustre un ordonnancement amont d'un ordre de fabrication.

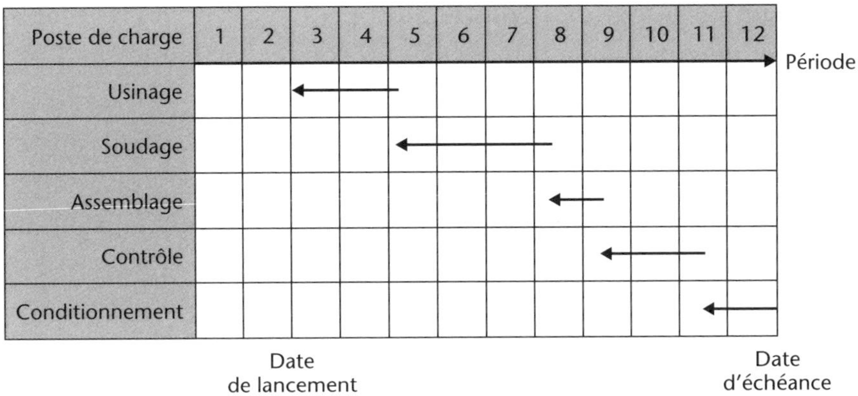

Figure 4.11 – Exemple d'ordonnancement amont d'un ordre de fabrication

- **L'ordonnancement aval** (*forward scheduling*), également appelé chargement au plus tôt, est une méthode d'ordonnancement où le planificateur, à partir d'une date de début connue, calcule la date de fin de l'ordre de fabrication, en procédant généralement de la première à la dernière opération de l'ordre de fabrication. Les dates calculées par cette méthode sont généralement les dates au plus tôt pour les opérations. Cette méthode peut être utilisée pour communiquer à un client une date de livraison.

La figure 4.12 illustre un ordonnancement aval d'un ordre de fabrication.

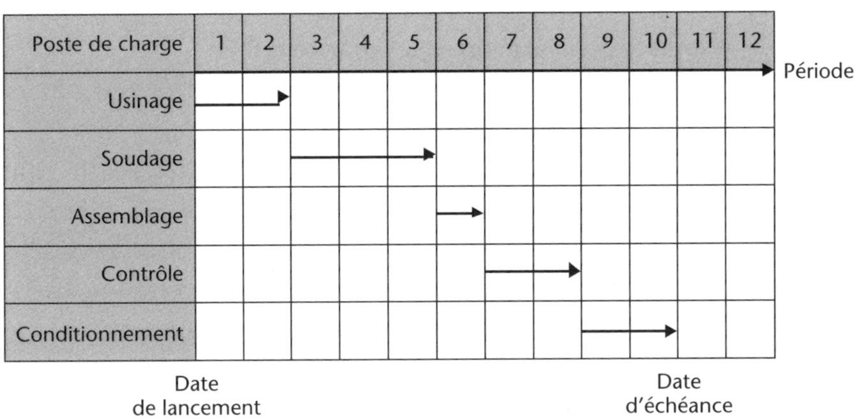

Figure 4.12 – Exemple d'ordonnancement aval d'un ordre de fabrication

L'ordonnancement de la production peut également être réalisé en prenant en compte ou non les contraintes capacitaires.

- **Le chargement à capacité infinie** (*infinite loading*) consiste à calculer la capacité nécessaire pour les postes de travail sur les périodes concernées indépendamment de la capacité disponible pour effectuer ce travail. La figure 4.13 illustre un exemple de chargement à capacité infinie d'un poste de charge.

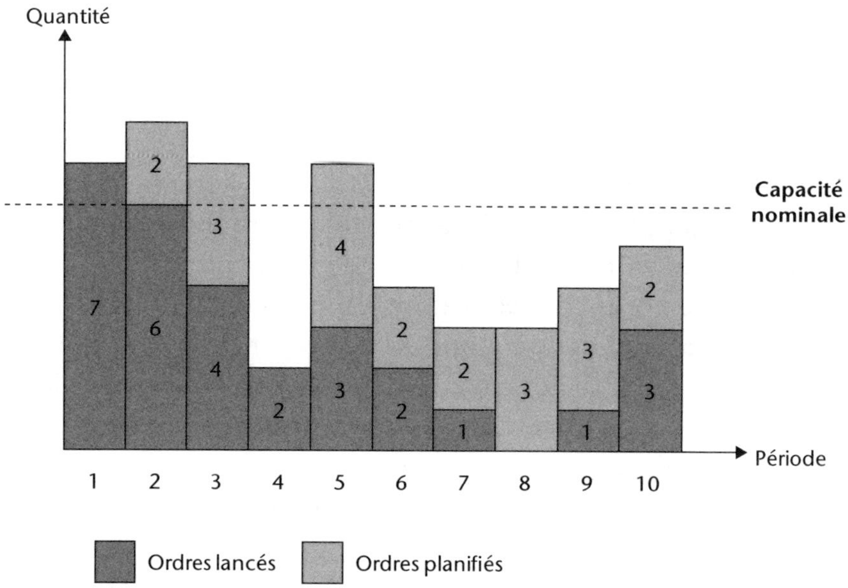

Figure 4.13 – Exemple de chargement à capacité infinie

- **Le chargement à capacité finie** (*finite loading*) consiste à ne pas affecter à un poste de travail plus de travail qu'il ne peut s'attendre à réaliser sur une période donnée. L'activité qui consiste à répartir les ordres de fabrication dans le temps ou à réordonnancer les opérations pour que la charge de travail soit régulièrement distribuée d'une période à une autre et soit réalisable s'appelle le lissage de charge (*load leveling* ou *capacity smoothing* ou *level loading*). La figure 4.14 illustre un exemple de chargement à capacité finie d'un poste de charge.

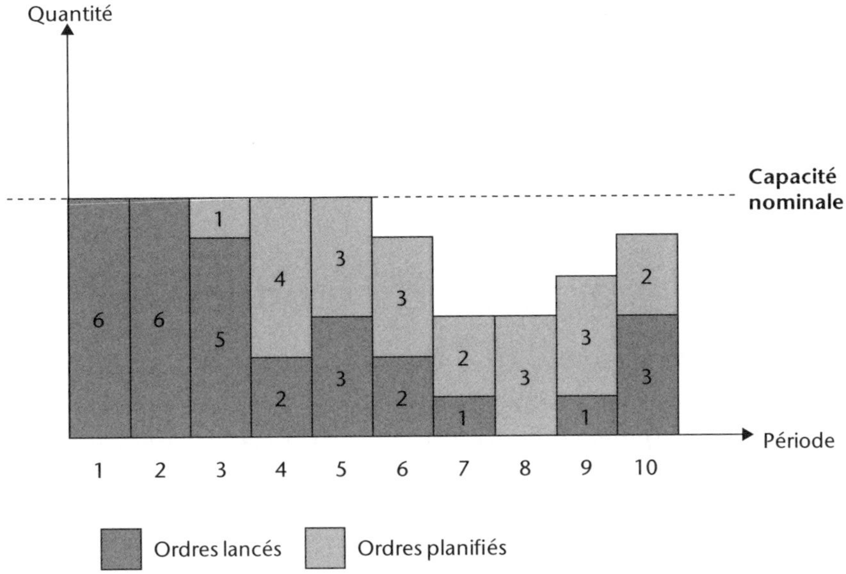

Figure 4.14 – Exemple de chargement à capacité finie

Le calcul des besoins propose généralement un ordonnancement amont avec un chargement à capacité infinie. Le responsable de la planification doit alors modifier l'ordonnancement proposé par le calcul des besoins en retardant (entraînant potentiellement un retard de livraison pour le client) ou en avançant le lancement de certains ordres de fabrication.

Si le réordonnancement des ordres de fabrication ne suffit pas, à lui seul, à résoudre les sous-capacités, le responsable de la planification pourra :

- soit augmenter la capacité de production du poste de travail (par exemple en augmentant le nombre d'heures d'utilisation par jour) ;
- soit utiliser un poste de travail alternatif ;
- soit transférer une partie de la production à un sous-traitant.

Il est assez rare de devoir vérifier la capacité de chaque poste de travail. Le plus souvent, il est nécessaire de vérifier uniquement la capacité de la ou des ressources critiques. Par exemple, un responsable de la planification de la production de tuiles ne vérifie pas la capacité de chaque poste de travail mais uniquement celle du four tunnel qui est la ressource critique du processus de fabrication.

Contrôle des activités de production

Une fois planifiés les besoins en matériel et en capacités, il est nécessaire de contrôler les activités de production. Le contrôle des activités de production (*production activity control* ou PAC) est la fonction de préparation, d'ordonnancement, de lancement et de suivi des ordres de production dans chaque usine et de suivi des commandes d'approvisionnement auprès des fournisseurs.

Ordonnancer les ordres de production

L'ordonnancement d'un ordre de production (*order scheduling* ou *detailed scheduling* ou *shop scheduling*) consiste à définir les dates de lancement et de fin de chacune des opérations de l'ordre de production.

L'ordonnancement des ordres de production doit souvent prendre en compte de nombreuses contraintes : contraintes de dépendance, contraintes de capacité, contraintes de délai, contraintes de disponibilité des composants ou encore contraintes du processus de fabrication.

À titre d'illustration, le programme de fabrication de briques réfractaires représenté figure 4.15 doit respecter de multiples contraintes.

- Le programme doit respecter les contraintes de dépendance. L'opération de séchage de l'ordre de fabrication gris clair ne peut pas être lancée tant que l'opération de moulage du même ordre n'est pas terminée.

- Le programme doit respecter les contraintes de délai. L'ordre de fabrication gris clair doit être terminé en fin de période 9 pour être livré au client en période 10.
- Le programme doit respecter les contraintes de capacité. La ressource critique du processus de fabrication de briques réfractaires est le four qui réalise l'opération de séchage. L'ordre de fabrication gris doit attendre **un temps de file d'attente** (*queue time*) d'une période, durant la période 10, avant que le four ne soit disponible.
- Le programme doit respecter les contraintes de disponibilité des composants et des outillages. Le moule utilisé par l'ordre de fabrication gris n'étant pas disponible en période 7, l'ordre de fabrication ne peut pas être lancé en période 8.
- Le programme doit respecter les contraintes du processus de fabrication. Pour améliorer la performance énergétique du four tunnel, des produits gris clair et gris ne doivent pas se retrouver au même moment dans le four tunnel. Un ordre de fabrication gris foncé doit donc être inséré entre les ordres de fabrication gris clair et gris.
- L'opération de moulage nécessite **un temps de changement de série** (*set-up time*) d'une période afin de mettre en place les nouveaux moules. Pour cette raison, les ordres de fabrication gris clair, gris foncé et gris doivent chacun attendre une période (respectivement en période 1, 4 et 7) avant de débuter l'opération de moulage. Le centre d'usinage étant éloigné du four, **un temps de transfert** (*move time*) d'une période est nécessaire. C'est la raison pour laquelle l'opération d'usinage de l'ordre de fabrication gris clair ne commence pas en période 7 mais en période 8.

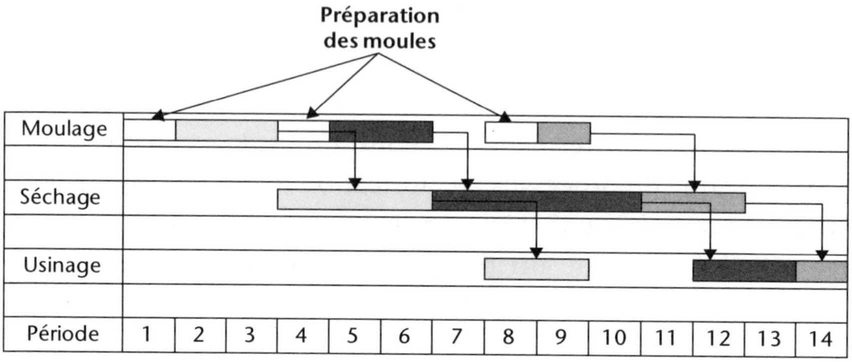

Figure 4.15 – Ordonnancement d'ordres de fabrication de briques réfractaires

L'ordonnancement de la production peut donc être une activité très complexe. Il est en général beaucoup plus difficile à réaliser pour les fabrications discrètes que pour les fabrications répétitives ou continues (voir « Les types de fabrication »).

Face à cette complexité, le responsable de l'ordonnancement cherchera à ordonnancer en priorité la production de la ressource critique qui constitue le goulet d'étranglement du processus de fabrication. Un goulet d'étranglement (*bottleneck*) est une usine, une fonction, un département ou encore une ressource dont la capacité est inférieure à la demande dont il fait l'objet. Par exemple, une machine ou un poste de charge est un goulet d'étranglement lorsque les travaux sont réalisés à un rythme inférieur à celui qui est demandé.

La théorie des contraintes (*theory of constraints* ou TOC) a été développée pour gérer au mieux les goulets d'étranglement (voir la fiche pratique ci-après).

FICHE PRATIQUE

QU'EST-CE QUE LA THÉORIE DES CONTRAINTES ?

Objectifs

La théorie des contraintes vise à améliorer le fonctionnement d'une entreprise en identifiant et gérant les processus qui constituent les goulets d'étranglement.

Description

La théorie des contraintes part du postulat que l'objectif d'une entreprise est de gagner plus d'argent et que ce but est limité par au moins un processus qui constitue le goulet d'étranglement. En améliorant la capacité du goulet d'étranglement, il est possible d'améliorer la capacité globale de l'entreprise et de gagner ainsi plus d'argent. La théorie des contraintes s'est progressivement enrichie d'un ensemble de méthodes. Elle propose par exemple des outils de résolution de problèmes, de management et d'aide à la décision regroupés sous l'appellation *thinking processes* (TP).
La théorie des contraintes propose également une technique appelée tambour-tampon-corde (*drum-buffer-rope* ou DBR) pour ordonnancer les ordres de fabrication.

Origines

La théorie des contraintes a été développée par le professeur Eliyahu M. Goldratt. En 1979, Eli Goldratt avait commercialisé un logiciel d'ordonnancement de la production, *optimized production technology* (OPT). Il reposait sur le principe qu'il fallait chercher à équilibrer les flux et non les capacités. En 1984, pour faire mieux connaître la théorie que sous-tendait le logiciel OPT, Eli Goldratt publia *The Goal: A Process Of Ongoing Improvement*[1]. Écrit sous la forme d'un roman, cet ouvrage fut vendu à plus de 3 millions d'exemplaires et traduit en 27 langues. Il raconte l'histoire d'un directeur d'usine qui doit améliorer la performance de son site.

Démarche

La théorie des contraintes propose une démarche en cinq étapes :

- Identifier la contrainte qui constitue le goulet d'étranglement.

• • •

1 Eliyahu Goldratt, *Le But : un processus de progrès permanent*, Afnor, 3e éd., 2006 (pour la version française).

- Identifier les solutions qui permettent de maximiser l'utilisation de la contrainte.
- Subordonner tous les autres processus à la contrainte.
- Augmenter la capacité de la contrainte.
- Si à l'issue de ces actions la contrainte n'est plus un goulet d'étranglement, la démarche doit être réitérée pour identifier puis améliorer le nouveau goulet d'étranglement.

Afin de réaliser un programme détaillé qui dispose des capacités de production suffisantes, l'ordonnancement des ordres de fabrication et la planification des besoins en capacité (voir « Planifier les besoins en capacité ») sont souvent réalisés conjointement.

Pour construire un programme détaillé qui respecte les délais, plusieurs techniques d'ordonnancement permettent de réduire les délais, comme le chevauchement d'opérations ou l'éclatement d'opération.

- Le chevauchement d'opérations (*operations overlapping*) consiste à engager l'opération d'un ordre de fabrication sans attendre que l'opération précédente du même ordre soit terminée.
- L'éclatement d'opération (*operation splitting*) consiste à diviser une opération en au moins deux sous-opérations et à faire réaliser chacune des sous-opérations par des équipements similaires.

Préparer les ordres de production

La préparation d'un ordre de production consiste à préparer les documents nécessaires à la réalisation et au suivi de l'ordre et à vérifier la disponibilité des ressources.

Il existe plusieurs documents qui peuvent être utiles pour exécuter et suivre un ordre de production :

- La fiche suiveuse (*traveler*) recense les opérations qui doivent être réalisées par l'ordre de fabrication qu'elle accompagne.

- Le bon de travail (*work order*) décrit le travail à réaliser sur un poste de travail.
- Le bon de sortie (*store requisition*) est utilisé pour retirer du magasin la quantité de composants ou de matières nécessaire à réaliser une production donnée (celle d'un ordre de fabrication par exemple).
- Le dossier de fabrication (*shop packet*) est un ensemble de documents utilisés pour planifier et réaliser un ordre de fabrication dans l'atelier. Il peut inclure la fiche suiveuse, des fiches d'opérations ou encore des plans d'ingénierie.

Ces différents documents peuvent être utilisés pour enregistrer les informations sur le déroulement de l'activité de production. Par exemple, les consommations de composants, les quantités produites ou encore les temps passés sont souvent renseignés sur la fiche suiveuse. Ces informations permettront de réaliser un suivi technique et comptable *a posteriori* de l'activité de production.

Lancer les ordres de production

Les ordres de production, une fois préparés, peuvent être lancés dans l'atelier. Si l'atelier est organisé par fonction (voir « L'implantation de l'usine »), il sera nécessaire de sélectionner et de séquencer les opérations à réaliser sur chacun des postes de travail.

Le séquencement des opérations à réaliser est généralement effectué sur la base de règles de priorité (*priority rules* ou *dispatching rules*). Les principales règles de priorité sont décrites dans le tableau 4.9.

Tableau 4.9 – Principales règles de priorité

Nom de la règle	Nom de la règle en anglais	Description
Temps de traitement le plus court	*Shortest processing time (SPT)*	Les opérations sont séquencées suivant leur durée de traitement. L'opération qui possède la durée de traitement la plus courte est traitée en premier. Cette règle permet de traiter le plus grand nombre d'opérations sur une période donnée. En conséquence, le retard moyen des opérations pour le poste de travail est en général minimisé mais les opérations les plus longues peuvent être très en retard.
Premier entré-premier servi	*First-come-first-served*	Les opérations sont séquencées suivant leur date d'arrivée. La première opération arrivée est la première lancée.
Dernier entré-premier sortie	*Last-come-first-served*	Les opérations sont séquencées suivant leur date d'arrivée. La dernière opération arrivée est la première lancée.
Date d'échéance	*Earliest due date (EDD)*	Les opérations sont séquencées suivant leur date d'échéance. L'opération qui a la date d'échéance la plus proche est la première lancée.
Marge restante	*Slack time*	Les opérations sont séquencées suivant la marge restante (*slack time*). La marge restante est égale au nombre de jours restant jusqu'à la date d'échéance multiplié par le nombre d'heures de travail pas jour auquel est retranché le nombre d'heures standard à réaliser pour cette opération. Par exemple, pour une opération qui doit être terminée dans 4 jours et pour laquelle il reste 10 heures de travail, la marge est égale à (4 × 8) – 10 soit 22 heures de marge. L'opération qui a la marge la plus faible est la première lancée.

• • •

• • •

Nom de la règle	Nom de la règle en anglais	Description
Méthode du ratio critique	*Critical ratio method*	Les opérations sont séquencées suivant le ratio critique. L'opération qui a le ratio critique le plus faible est lancée la première. Le ratio critique est égal au nombre d'heures restant avant la date d'échéance sur le nombre d'heures standard à effectuer pour cette opération. Par exemple, pour une opération qui doit être terminée dans 2 jours et pour laquelle il reste 10 heures de travail, le ratio critique est égal à $2 \times 8 \div 10$ soit 1,6.

Suivre la production

Une fois les ordres de fabrication transmis à l'atelier, il est nécessaire de s'assurer que l'avancement des opérations de production est conforme au programme détaillé prévu.

Au fur et à mesure de l'avancement, le statut de l'ordre de fabrication va être modifié (voir figure 4.16).

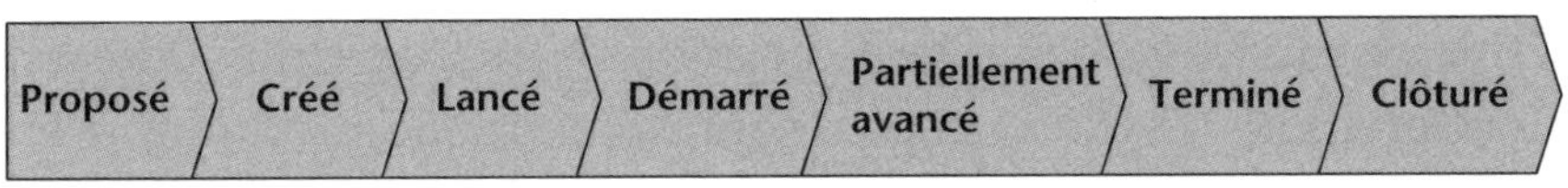

Figure 4.16 – Cycle de vie d'un ordre de production

Un ordre de production est d'abord **proposé** par le calcul des besoins nets puis **créé** par le responsable de la planification (voir « Planifier les besoins en capacité »). Il est ensuite **lancé** dans l'atelier (voir « Lancer les ordres de production »). Une fois **démarré** en production, il consomme des matières premières et des composants lors des différentes étapes de fabrication. Il est possible de confirmer l'avancement d'un ordre de production **partiellement avancé** sur la base des documents mis à jour par l'atelier comme le bon de travail ou la fiche suiveuse. Par exemple, un ordre de fabrication qui doit fabriquer 100 produits suivant une gamme de fabrication en 2 étapes peut avoir fabriqué 20 produits finis, 35 produits semi-finis en fin de première étape tandis que la production de 45 autres produits reste à démarrer. Une fois un ordre **terminé**, il sera nécessaire de le déclarer comme **clôturé** pour qu'il ne soit plus pris en compte par les prochaines planifications.

Lors de la confirmation d'un ordre de production, il est possible de mettre à jour automatiquement le stock théorique de matières premières et de composants, en utilisant la méthode appelée post-déduction (*backflushing*). Cette méthode estime les quantités consommées de matières premières et de composants par l'ordre de production sur la base de la gamme de fabrication et du niveau d'avancement de l'ordre de production. Elle déduit, par la suite, le stock théorique de matières premières et de composants de la quantité consommée estimée. Elle suppose une bonne qualité des données, un suivi rigoureux de l'avancement des ordres de production et une mesure précise du rendement. Elle présente l'inconvénient de générer un écart entre les stocks théorique et physique, la post-déduction étant réalisée après la sortie effective des matières premières et composants du stock. Elle est particulièrement adaptée aux environnements de production en juste-à-temps.

Contrôler les entrées/sorties

Le contrôle des entrées/sorties (*input/output control*) est une méthode de gestion des capacités qui suit les entrées et sorties, constatées et planifiées, d'un poste de charge. Les entrées constatées sont comparées aux entrées planifiées afin d'identifier les écarts de production liés à une charge insuffisante. Les sorties constatées sont également comparées aux sorties planifiées pour identifier les écarts de production liés au poste de charge.

Produire

Réaliser la production

Différentes organisations du travail (décrites dans la partie « Les modèles d'organisation de la production ») peuvent être mises en œuvre pour réaliser les activités de production : la production artisanale, la production de masse et la production au plus juste.

La production est souvent réalisée en plusieurs étapes : la préparation et le traitement des composants, l'assemblage, la finition et le conditionnement du produit.

■ Préparation des composants

Les composants qui rentrent dans la composition du produit sont contrôlés et préparés. Le lavage et le tri de fruits et légumes sont une opération de préparation.

■ Traitement des composants

Les composants sont traités pour modifier, par exemple, leur forme ou leurs propriétés mécaniques. L'usinage (comme le fraisage ou le tournage) de pièces métalliques, le moulage de pièces en plastique, le trempage du verre, le laminage ou le forgeage du métal, le découpage du tissu sont des opérations de traitement.

■ Assemblage du produit

Les composants sont assemblés en un produit. La soudure de composants électroniques sur une carte de circuit imprimé, le rivetage de pièces sont des opérations d'assemblage.

■ Finition du produit

Le produit est traité pour, par exemple, en modifier l'aspect ou le protéger d'éventuelles détériorations. La galvanisation d'un produit métallique, la peinture d'un meuble en bois, le polissage d'une pièce en plastique, le traitement de surface de pièces métalliques sont des opérations de finition.

■ Conditionnement du produit

Le produit est contrôlé puis conditionné. La mise sur palette de marchandises, appelée palettisation, est un exemple d'opération de conditionnement.

Approvisionner les postes de travail

Différentes solutions peuvent être mises en œuvre pour approvisionner en matières premières et composants les postes de fabrication.

Les magasins en libre-service

L'opérateur va chercher les pièces dont il a besoin dans un magasin en libre-service situé dans l'usine. Il déclare lui-même les consommations. Pour limiter les déplacements des opérateurs, il est possible de multiplier le nombre de magasins au sein de l'usine. Cette méthode d'approvisionnement est simple à mettre en œuvre. Elle ne permet pas toujours d'optimiser le travail de l'opérateur.

Les listes à servir

Des listes à servir pour chacun des postes de production sont établies sur la base du programme de fabrication en réalisant un calcul des besoins précis (quelquefois à la minute près). Les manutentionnaires livrent les postes de travail sur la base des listes à servir au fur et mesure de l'avancement du programme de fabrication.

La méthode Kanban

Les pièces utilisées par un poste de fabrication sont stockées dans plusieurs bacs. Dès qu'un bac est vide, un manutentionnaire, qui effectue des tournées régulières, le remplace par un bac plein. La méthode *Kanban* peut également être mise en place avec des fournisseurs qui remplaceront eux-mêmes les bacs vides (voir la fiche pratique « Qu'est-ce que la méthode Kanban ? » pour plus de détails).

La méthode des deux bacs

La méthode des deux bacs (*two bin inventory system*) est une méthode de réapprovisionnement à quantité fixe où le stock est géré dans deux bacs. Une commande de réapprovisionnement est faite lorsque le premier bac (bac de travail) est vide. Pendant la durée du réapprovisionnement, le stock du second bac est utilisé. Quand la quantité commandée est réceptionnée, le second bac est rempli à nouveau et l'excédent est mis dans le bac de travail. À compter de ce moment, c'est le stock du bac de travail qui est utilisé jusqu'à ce qu'il soit vide à nouveau et qu'une nouvelle commande de réapprovisionnement soit lancée. La méthode des deux bacs est une version simplifiée de la méthode *Kanban*.

Le kitting

Un manutentionnaire est chargé de préparer et livrer aux postes de fabrication des kits de pièces. Le *kitting* est adapté aux opérations d'assemblage complexes et non-répétitives. Des chariots spécifiques peuvent être conçus pour constituer et livrer les kits.

L'approvisionnement direct par les fournisseurs

Les postes de fabrication sont approvisionnés dès la réception des produits dans l'usine. Cette méthode permet de simplifier les flux de produits. Elle suppose de bonnes relations entre l'usine et les fournisseurs concernés (délais d'approvisionnement courts, livraisons en petites quantités...).

L'approvisionnement direct synchrone par les fournisseurs

Les postes de fabrication sont approvisionnés dès la réception des produits dans l'usine. Les pièces sont livrées dans l'ordre dans lequel elles doivent être utilisées par le poste de fabrication. Les fournisseurs mettent parfois en place des magasins avancés fournisseurs (voir « Les entrepôts et les plates-formes logistiques ») pour livrer l'usine fréquemment et en quantités réduites. Cette méthode d'approvisionnement est adaptée aux produits particulièrement chers et volumineux. Elle est utilisée en particulier pour les chaînes d'assemblage automobile.

Piloter la performance de la production

Suivre les coûts de production

Une entreprise doit connaître le coût de ses produits et en particulier le coût de production pour piloter sa marge, fixer les prix de vente ou encore suivre l'évolution de la performance de ses opérations.

Il existe différentes approches pour calculer le coût de fabrication d'un produit.

- **L'évaluation des coûts par ordre de fabrication** (*job costing* ou *job order costing*) alloue les coûts à des ordres de production.
- **L'évaluation des coûts par lot de fabrication** (*batch costing*) alloue les coûts à des lots de fabrication.
- **L'évaluation des coûts par processus de production** (*process costing*) alloue les coûts par période de temps et de façon moyennée pour tous les produits fabriqués durant cette période.
- **L'évaluation des coûts par opération** (*operation costing*) est utilisée dans la fabrication par lot lorsque les produits fabriqués présentent des caractéristiques à la fois communes et spécifiques (comme, par exemple, des costumes). Le coût des produits est évalué par lot sur la base des variations.

L'approche retenue doit être adaptée au processus de fabrication. Une usine qui fabrique de la bière suivant un processus de fabrication continue n'utilisera vraisemblablement pas la même approche qu'une usine qui fabrique des machines industrielles en fabrication discrète.

Suivre la performance de la production

La performance d'une machine, d'un poste de charge ou encore d'une usine est souvent mesurée au travers de son utilisation, de sa productivité (ou efficacité) et de son efficience (ou rendement).

Le tableau 4.10 regroupe quelques exemples d'indicateurs de suivi de la performance de la production. Les formules de calcul ont été données à titre d'exemple. Souvent, des formules différentes existent pour calculer un même indicateur.

Tableau 4.10 – Exemples d'indicateurs de suivi de la performance de la production

Nom	Nom en anglais	Unité de mesure	Description
Efficience	*Operating efficiency*	%	L'efficience (ou rendement) mesure, généralement en pourcentage, la performance du processus de production. Elle compare la production réalisée à la production prévue. $\frac{\text{Quantité de produits fabriqués}}{\text{Quantité de produits consommés}}$ $\frac{\text{Nombre heures standard pour fabriquer une quantité}}{\text{Nombre heures nécessaires pour fabriquer une quantité}}$ Par exemple, si une machine, qui produit en standard 100 pièces par heure, produit 780 pièces pendant 8 heures, alors l'efficience sera égale à 780/800 soit, exprimée en pourcentage, 97,5 %.
Productivité	*Productivity*	%	La productivité mesure, généralement en pourcentage, la capacité d'une ressource à produire un bien ou un service. Elle compare la production réalisée aux ressources engagées. $\frac{\text{Quantité de produits fabriqués}}{\text{Quantité de produits consommés}}$

• • •

Nom	Nom en anglais	Unité de mesure	Description
Utilisation	*Utilization*	%	L'utilisation mesure, généralement en pourcentage, l'utilisation d'une ressource (un poste de charge par exemple) pour produire un bien ou un service. Elle compare par exemple, sur une période donnée, le temps effectif utilisé pour produire au temps disponible. $\frac{\text{Temps d'utilisation d'un équipement}}{\text{Durée de disponibilité de l'équipement}}$
Efficacité	*Effectiveness*	%	Utilisation × Efficience
Taux de production	*Throughput rate*	%	$\frac{\text{Nombre de produits en cours de production}}{\text{Durée du cycle de production}}$
Temps d'arrêt	*Downtime*	Durée	$\frac{\text{Somme des temps d'arrêt d'un équipement}}{\text{Temps total de disponibilité d'un équipement}}$
Temps d'attente moyen	*Waiting time*	Durée	$\frac{\text{Somme des temps d'attente par ordre de fabrication}}{\text{Nombre total d'ordres de fabrication}}$
Taux de rebut	*Scrap rate*	%	$\frac{\text{Nombre de pièces produites non conformes}}{\text{Nombre total de pièces produites}}$
Efficacité du cycle de production	*Manufacturing cycle efficiency*	%	$\frac{\text{Temps de valeur ajoutée}}{\text{Temps du cycle de production}}$

Comment améliorer la performance de la production ?

Réduire les coûts de production

Les principaux leviers de réduction des coûts de production sont rappelés figure 4.17.

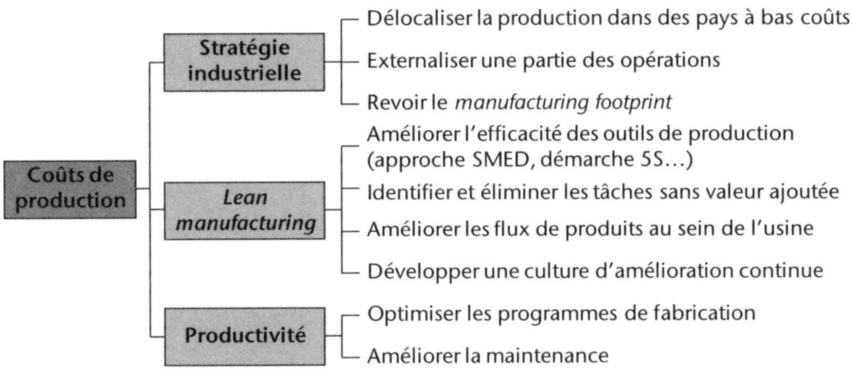

Figure 4.17 – Exemples de leviers de réduction des coûts de production

De nouvelles technologies comme la robotique autonome ou la fabrication additive (voir encadrés nouvelle technologie) devraient également permettre de réduire les coûts de production.

Nouvelle technologie

Robotique autonome

Définition

Un robot est un dispositif mécanique et électronique ayant la capacité de traiter de manière autonome de l'information pour effectuer une action appropriée.

Description

Les robots traditionnels font exactement ce qu'ils ont été programmés à faire comme souder deux pièces ou fabriquer des semi-conducteurs.

• • •

• • •

De nouvelles technologies (apprentissage automatique, reconnaissance d'images, capteurs, etc.) ont permis l'apparition d'une nouvelle génération de robots. Ces robots sont beaucoup plus autonomes et nécessitent de moins en moins d'être programmés. Ils disposent de moyens de perception et d'interaction, de capacité d'analyse et d'apprentissage.
Les robots autonomes pourraient traiter 25 % des tâches automatisables d'ici 2025 contre seulement 10 % aujourd'hui pour les robots traditionnels[1].

Bénéfices

La robotisation autonome permet de réduire le coût du travail qui représente environ 30 % des coûts de production.

Exemple

Adidas construit en Allemagne une usine de fabrication de chaussures entièrement automatisée qui utilise des robots. Les chaussures étaient jusqu'à présent fabriquées presque entièrement manuellement en Chine.

Nouvelle technologie

Fabrication additive

Définition

La fabrication additive (*additive manufacturing*) ou impression 3D est « l'ensemble des procédés permettant de fabriquer, couche par couche, par ajout de matière, un objet physique à partir d'un objet numérique. »[2]

Description

Les procédés traditionnels fabriquent des pièces en soustrayant de la matière (par usinage par exemple) ou en la mettant en forme (par emboutissage ou laminage). À l'inverse, l'impression 3D fabrique des pièces par ajout de matière. Cet ajout peut être réalisé en solidifiant un matériau liquide, en fusionnant un matériau en poudre ou encore en déposant progressivement un filament de matière fondue.
La fabrication additive s'applique à un grand nombre de matériaux comme les plastiques, les métaux, les céramiques ou encore les matières organiques.

• • •

1 Source : *The Robotics Revolution: The Next Great Leap in Manufacturing*, Boston Consulting Group, September 2015.
2 Norme NF E 67-001.

• • • Le premier brevet d'un procédé de fabrication additive a été accordé en mars 1986 à Charles W. Hull qui créa la société 3D Systems. La société fut la première à commercialiser des machines de fabrication additive.

Bénéfices

- En fabriquant directement des pièces à partir d'un modèle numérique 3D sans recourir à un outillage, la fabrication additive permet de réaliser simplement des prototypes et de petites séries de fabrication.
- La fabrication additive permet de produire des pièces dont les formes géométriques ne peuvent pas être réalisées avec des procédés traditionnels.
- À la différence des techniques de soustraction de matière, la technique d'ajout de matière produit très peu de déchets.

Exemple

GE utilise la fabrication additive pour produire les injecteurs de son moteur d'avion Leap. Un procédé de fabrication traditionnel aurait nécessité la production puis l'assemblage d'une vingtaine de pièces différentes pour réaliser cet injecteur.

Réduire l'impact sur l'environnement

Différentes actions peuvent être réalisées pour réduire l'impact des activités de production d'une entreprise sur l'environnement.

■ Améliorer l'efficacité énergétique

Une entreprise peut, par exemple, réaliser un projet de recherche et développement pour améliorer la gestion de l'énergie, tant au niveau des procédés que des équipements.

■ Réduire la consommation d'eau

Dans de nombreuses industries (comme l'industrie agro-alimentaire), l'eau est indispensable pour les opérations de transformation (lavage des aliments, chauffage) et pour maintenir l'hygiène des équipements. L'eau est parfois le principal ingrédient comme dans l'industrie de la boisson.

Pour réduire la consommation d'eau il est possible de mettre en place des technologies propres (comme le refroidissement en circuit fermé ou l'arrêt automatique des pompes), de réduire les pertes (en mettant par exemple en place des compteurs à eau pour détecter d'éventuelles fuites) ou encore de récupérer, purifier puis réutiliser l'eau.

■ Prévenir les déchets

La prévention des déchets est « la réduction de la quantité et de la nocivité pour l'environnement des matières et des substances utilisées dans les produits et les déchets qui en résultent, des produits et déchets qui en résultent aux stades du procédé de production, de la commercialisation, de la distribution, de l'utilisation et de l'élimination, notamment par la mise au point de produits et de techniques non polluants[1] ».

L'objectif de la prévention est de diminuer les quantités de déchets qui sont produits par les ménages et les entreprises et qui doivent être collectés et traités. La prévention peut aussi être qualitative, c'est-à-dire diminuer la nocivité des déchets.

Réduire la quantité de déchets produits ou réduire les déchets à la source (source reduction)

Pour réduire la quantité de déchets, une entreprise peut mettre en place un procédé de fabrication moins producteur de déchets.

Exemple

Un industriel peut réduire la quantité de rebuts de fabrication et les achats de matières premières en optimisant la découpe d'une pièce.
Il peut également réduire les emballages en livrant en vrac, en utilisant des contenants plus volumineux ou des emballages réutilisables, en mettant en place des systèmes de reprise des emballages par le fournisseur (emballage navette), en supprimant les suremballages ou encore en optimisant la consommation de matière pour la fabrication des emballages.
En France, en huit ans, le poids unitaire des pots de yaourt a été réduit de 13 % et celui des canettes en aluminium de 10 %[2].

---

1 Source : Directive européenne 94/62 relative aux emballages et aux déchets d'emballages.
2 Source : Agence de l'environnement et de la maîtrise de l'énergie.

Réduire la nocivité des déchets (pollution prevention)

Le terme *pollution prevention* aurait été utilisé pour la première fois par l'entreprise 3M qui lança, en 1975, l'initiative *pollution prevention pays* ou 3P. Pour réduire la pollution de l'air, de l'eau ou du sol, une entreprise peut mettre en place un procédé de fabrication moins producteur de déchets nocifs, par exemple en remplaçant des composants toxiques par des composants sans impact sur l'environnement.

■ Gérer les déchets

La gestion des déchets (*waste management*) est généralement réalisée en plusieurs étapes : la collecte, le transport, le tri puis le retraitement des déchets. Les déchets sont le plus souvent recyclés, incinérés ou enfouis.

Mettre en œuvre un système d'information

L'un des leviers pour réduire les coûts de production consiste à optimiser les programmes de fabrication. Les systèmes de gestion de production assistée par ordinateur (GPAO) permettent d'automatiser certaines tâches de gestion de production (comme le calcul des besoins ou la déclaration des ordres de production) mais ne proposent pas de fonction d'optimisation. Les solutions regroupées sous le terme d'*advanced planning and scheduling system* permettent d'optimiser les programmes de fabrication (voir l'encadré ci-après).

Advanced planning and scheduling system

Description

Un *advanced planning and scheduling system* (APS) est un progiciel d'optimisation de la planification et de l'ordonnancement des opérations industrielles et logistiques.

Les APS sont particulièrement utiles pour les industries dont les équipements nécessitent des investissements importants (comme une raffinerie ou une usine chimique) ou dont la planification est particulièrement complexe (comme dans l'industrie des semi-conducteurs).

En supportant l'activité de planification et d'ordonnancement, les APS permettent de réduire les délais de livraison, les niveaux de stock ou

• • •

encore les coûts de fabrication. Les projets de mise en œuvre d'APS, dont les coûts sont souvent élevés, n'ont cependant pas toujours donné les résultats attendus. Plusieurs raisons expliquent ces échecs. D'une part, pour fonctionner, les APS doivent être alimentés par un volume important de données. Si la qualité des données en entrée n'est pas suffisante, la qualité des données en sortie sera également de faible qualité. D'autre part, la modélisation du problème à résoudre est parfois difficile à réaliser. Enfin, le fonctionnement en boîte noire de l'APS est quelquefois déroutant pour les utilisateurs.

La société Bonner & Moore commercialisa l'une des premières solutions de planification, *refinery and petrochemical modeling system* (RPMS) en utilisant la programmation linéaire. RPMS est utilisé aujourd'hui dans plus d'une centaine de raffineries.

Fonctions proposées

Un APS est généralement constitué de différents modules qui couvrent chacun la planification d'une opération industrielle ou logistique :

- plan industriel et commercial et plan directeur de production ;
- programme de fabrication ;
- plan des ressources de distribution ;
- programme de transport.

Technologies utilisées

Un APS regroupe, en général, différentes technologies :

- Une fonction de modélisation pour représenter le problème à résoudre (comme les contraintes ou les règles de gestion).
- Un algorithme de calcul (algorithme du Simplex, de Johnson, par séparation et évaluation, *hillclimbing, simulated annealing, tabu search…*) qui permet de proposer des programmes optimisés.
- Une fonction de simulation permettant de comparer différents scénarios de planification.
- Une interface utilisateur graphique ergonomique permettant, par exemple, de modifier le programme de fabrication proposé.

Certains APS incluent également des systèmes experts qui utilisent les techniques de l'intelligence artificielle.

Améliorer la qualité des produits fabriqués

Pour améliorer la qualité des produits fabriqués, certaines entreprises mettent en œuvre la méthode Six Sigma (voir fiche pratique « Qu'est-ce que la méthode Six Sigma ? »). La méthode Six Sigma utilise la méthode de résolution de problème DMAIC (voir fiche pratique « Qu'est-ce que la démarche DMAIC ? »).

FICHE PRATIQUE

QU'EST-CE QUE LA MÉTHODE SIX SIGMA ?

Objectifs

L'objectif de la méthode Six Sigma est de réduire la variabilité des processus opérationnels pour améliorer la qualité des produits.

Description

La méthode Six Sigma est une méthode d'amélioration continue utilisée pour réduire la variabilité des processus opérationnels. Initialement basée sur des méthodes statistiques, elle s'est enrichie de méthodes de résolution de problèmes telles que les démarches DMAIC et DMADV pour devenir, au fil du temps, un système de management.
Le terme sigma désigne la lettre grecque (σ) utilisée en statistique pour mesurer la déviation d'un processus, son écart type. Un processus présente une déviation de 6 Sigma lorsqu'il ne génère pas plus de 3,4 défauts pour 1 million d'opportunités (voir figure 4.19).

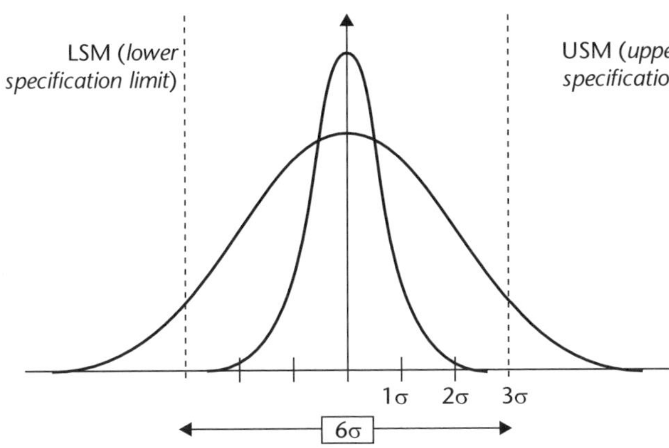

Figure 4.19 – 6 Sigma

• • •

La méthode Six Sigma est particulièrement adaptée aux processus qui produisent en série un nombre très important de produits.
La conduite de la méthode Six Sigma suppose la mise en place d'équipes projets dédiées constituées de différents rôles : le *master black belt* qui identifie les projets d'amélioration et soutient les projets, le *black belt* qui prend la direction de projets d'amélioration, le *green belt* qui participe aux projets d'amélioration.

Origines

À la fin des années 1970, la société Motorota appliquait des méthodes statistiques afin de résoudre les problèmes de qualité qu'elle rencontrait. Bill Smith, un responsable qualité, développa une théorie des vices cachés qu'il présenta à Bob Galvin, le CEO de l'entreprise. Par la suite il conçut, avec Mikel Harry, une formation, *Design for manufacturability*, dont l'objectif était d'améliorer les processus de fabrication pour que pas plus de 3,4 défauts par million d'opportunités ne se produisent. Sur la base de cette formation, B. Smith et M. Harry développèrent la méthode DFSS (*Design for Six Sigma*). Le 15 janvier 1987, Motorola lança officiellement la méthode Six Sigma. En 1992, l'entreprise avait formé 70 000 employés à cette méthode et réduisit de 80 % les erreurs de production, générant des économies pour un montant de 4 milliards de dollars. General Electric utilisa à son tour cette méthode et contribua à la généraliser en l'appliquant à l'ensemble des processus de l'entreprise et pas uniquement aux seuls processus de fabrication. La méthode fut, par la suite, adoptée par d'autres organisations telles que Allied Signal ou encore Citibank.

FICHE PRATIQUE

QU'EST-CE QUE LA DÉMARCHE DMAIC ?

Objectifs

L'objectif de la démarche DMAIC est d'améliorer la performance des processus.

Description

DMAIC est une démarche en cinq étapes (*define, measure, analyze, improve* et *control*) qui est utilisée par la méthode Six Sigma pour améliorer les processus existants. Une démarche similaire, appelée DMADV (*define, measure, analyze, design, verify*) a été développée pour définir de nouveaux processus (ou produits).

Origines

Motorola développa une démarche de résolution de problème, composée de six étapes et inspirée du cycle PDCA, pour l'inclure dans sa méthode Six Sigma. Cette démarche fut modifiée par la suite pour ne plus compter que cinq étapes, c'est la méthode DMAIC.

Démarche

- Définir (define) : définir le périmètre du projet, le processus à étudier et les objectifs à atteindre.
- Mesurer (mesure) : mesurer les performances du processus actuel.
- Analyser (analyze) : analyser les problèmes pour en identifier les causes.
- Améliorer (improve) : identifier les améliorations permettant de résoudre le problème et concevoir un plan de mise en œuvre.
- Contrôler (control) : contrôler la mise en œuvre pour s'assurer que les résultats attendus sont atteints et les améliorations pérennes.

La démarche est itérative pour garantir une amélioration continue des processus.

L'essentiel

▸▸ **La production artisanale, la production de masse et la production au plus juste** (ou *lean manufacturing*) sont les trois grands modèles d'organisation de la production.

▸▸ **Il existe plusieurs types de fabrication** : la fabrication en mode projet, la fabrication discrète, la fabrication répétitive et la fabrication continue.

▸▸ **L'implantation d'une usine** est organisée par fonction, par ligne de produits, par projet, en cellules autonomes de production ou suivant une organisation hybride.

- **Le processus de planification de la production** se déroule en quatre étapes : l'établissement du plan industriel et commercial (PIC), l'établissement du plan directeur de production (PDP), la planification des besoins en matériel (MRP) et le contrôle de l'activité de production.
- **Le contrôle des activités de production** consiste à préparer, ordonnancer, lancer et suivre les ordres de production et à suivre les commandes d'approvisionnement auprès des fournisseurs.
- **La production** est souvent réalisée en plusieurs étapes : la préparation et le traitement des composants, l'assemblage, la finition et le conditionnement du produit.
- **L'évaluation des coûts de production** peut être réalisée par ordre de fabrication, par lot de fabrication, par processus de production ou par opération.

Chapitre 5

Maintenir

Executive summary

- **La maintenance** permet d'augmenter les capacités de production sans investir dans des moyens supplémentaires en exploitant au mieux les moyens de production existants. Ses coûts sont cependant souvent importants : le coût annuel de maintenance d'une installation industrielle représente généralement de 4,5 % à 6 % du coût de construction de celle-ci.
- **Quel processus de maintenance** faut-il mettre en place pour obtenir la meilleure fiabilité au meilleur coût ? Quel arbitrage faut-il réaliser entre maintenance corrective et préventive ? Quels méthodes et outils faut-il mettre en œuvre ?

La gestion de la maintenance

La maintenance désigne « l'ensemble de toutes les actions techniques, administratives et de management durant le cycle de vie d'un bien, destinées à le maintenir ou à le rétablir dans un état dans lequel il peut accomplir la fonction requise[1] ».

L'évolution de la fonction maintenance

La maintenance a évolué au fil du temps, de correctrice à préventive, productive puis productive totale.

La maintenance corrective existe sans doute depuis l'utilisation des premiers équipements industriels.

Il faut attendre les années 1950 pour que **la maintenance préventive** se développe, d'abord aux États-Unis puis au Japon. En 1951, l'armée américaine lance la publication d'un magazine, *PS, The Preventive Maintenance Monthly*, destiné à présenter, sous la forme de bandes dessinées, des méthodes de maintenance préventive. Ce magazine est toujours publié soixante ans plus tard. La maintenance préventive consiste alors à réaliser des opérations de maintenance en suivant les recommandations des fabricants d'équipements. Progressivement, les responsables d'usines sont encouragés à développer des programmes de maintenance préventive spécifiques. Ces programmes, s'ils permettent de réduire les temps d'arrêt de production, représentent souvent un coût élevé, nécessitant le remplacement systématique de pièces et générant d'importantes charges de travail.

Une dizaine d'années plus tard, des ingénieurs japonais développent **la maintenance productive** dont l'objectif est d'améliorer la productivité de l'entreprise au meilleur coût. Ils reconnaissaient en particulier l'importance de la prise en compte de la maintenance dès la conception des équipements.

---

1 Source : Norme FD X 60-000.

La maintenance productive totale apparaît à la fin des années 1960. Elle est développée par Nippondenson, un fabricant japonais de composants électriques pour l'industrie automobile, qui décide de confier une partie des tâches de maintenance préventive aux opérateurs.

Le processus de gestion de la maintenance

Un exemple de processus de gestion de la maintenance est représenté figure 5.1.

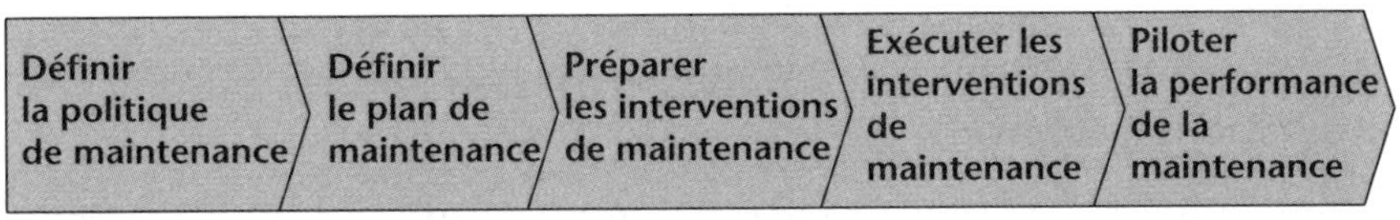

Figure 5.1 – Exemple de processus de gestion de la maintenance

Les différents types de maintenance

Il faut distinguer différents types de maintenance (voir figure 5.2).

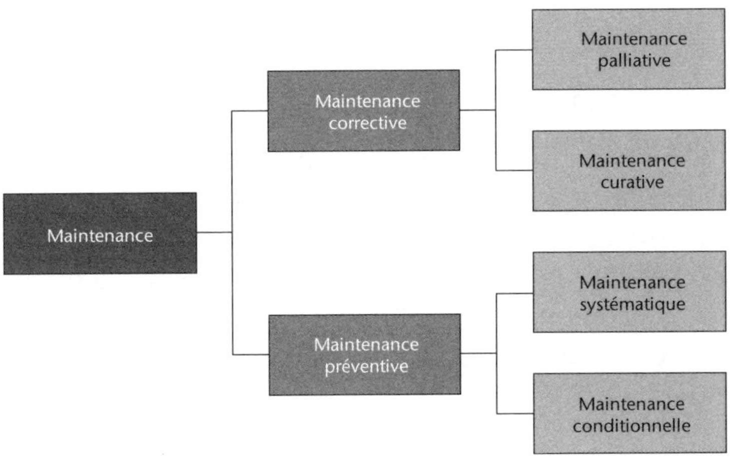

Figure 5.2 – Principaux types de maintenance

■ La maintenance corrective

La maintenance corrective (*corrective maintenance*) désigne la « maintenance exécutée après détection d'une panne et destinée à remettre un bien dans un état dans lequel il peut accomplir une fonction requise[1] ». La maintenance corrective consiste donc à intervenir sur un équipement une fois que celui-ci est défaillant. Elle est subdivisée en maintenance palliative et curative.

- La maintenance corrective palliative (*breakdown maintenance*), est une « action de maintenance corrective destinée à permettre à un bien d'accomplir provisoirement tout ou partie d'une fonction requise[2] ». Couramment appelée dépannage, elle est souvent suivie d'actions curatives.
- La maintenance corrective curative, couramment appelée réparation, est une « action de maintenance corrective ayant pour objet de rétablir un bien dans un état spécifié pour lui permettre d'accomplir une fonction requise[3] ».

Une action de maintenance corrective peut être urgente (exécutée immédiatement après la détection d'une panne) ou différée (en accord avec des règles de maintenance données).

■ La maintenance préventive

La maintenance préventive (*preventive maintenance*) désigne la « maintenance exécutée à des intervalles prédéterminés ou selon des critères prescrits et destinée à réduire la probabilité de défaillance ou la dégradation du fonctionnement d'un bien[4] ». La maintenance préventive consiste donc à intervenir sur un équipement avant la défaillance de ce dernier. La maintenance préventive peut être systématique ou conditionnelle.

---

1 Source : Norme FD X 60-000.

2 Source : *idem.*

3 Source : *idem.*

4 Source : *idem.*

Maintenance systématique

La maintenance systématique désigne la « maintenance préventive exécutée à des intervalles de temps préétablis (par exemple tous les mois) ou selon un nombre défini d'unités d'usage (comme le nombre d'unités fabriquées par un équipement) mais sans contrôle préalable de l'état du bien[1] ».

La maintenance périodique (*periodic maintenance* ou *time based maintenance*) est une forme de maintenance systématique.

Maintenance conditionnelle

La maintenance conditionnelle désigne la « maintenance préventive basée sur une surveillance du fonctionnement du bien et/ou des paramètres significatifs de ce fonctionnement et intégrant les actions qui en découlent[2] ».

La maintenance prévisionnelle (*predictive maintenance* ou *predictable maintenance*), « exécutée en suivant les prévisions extrapolées de l'analyse et de l'évaluation de paramètres significatifs de la dégradation du bien[3] » est une forme de maintenance conditionnelle. Elle collecte et analyse en temps réel des données de fonctionnement (comme les vibrations d'un équipement par exemple) afin d'anticiper une panne avant qu'elle ne survienne. Elle s'appuie sur des technologies comme l'Internet des objets et le Big Data (voir encadrés nouvelle technologie).

1 Source : *idem.*
2 Source : *idem.*
3 Source : *idem.*

Nouvelle technologie

Internet des objets

Définition

L'Internet des Objets ou IdO (*Internet of Things* ou IoT) est « un réseau de réseaux qui permet, *via* des systèmes d'identification électronique normalisés et unifiés, et des dispositifs mobiles sans fil, d'identifier directement et sans ambiguïté des entités numériques et des objets physiques et ainsi de pouvoir récupérer, stocker, transférer et traiter, sans discontinuité entre les mondes physiques et virtuels, les données s'y rattachant. »[1]

Description

Un objet connecté est un objet, un capteur par exemple, capable de recevoir et de transmettre des données par Internet. Il peut ainsi communiquer avec un être humain, *via* un terminal, ou avec un autre objet.

Internet a d'abord connecté entre eux des ordinateurs et des terminaux mobiles. Aujourd'hui il relie également entre eux les objets connectés, constituant ainsi l'Internet des Objets. En 2020 plus de 50 milliards d'objets pourraient être connectés à Internet selon l'entreprise Cisco.

Bénéfices

En suivant l'état et la localisation des biens et des équipements, l'Internet des Objets permet d'améliorer la performance des opérations. Par exemple il augmente la disponibilité des machines de production en suivant leur usure grâce à des capteurs.[2] Son adoption dans les usines permettrait de réaliser entre 1,2 et 3,7 trillions de dollars d'économie par an en 2025.[3]

Exemple

Rolls Royce utilise des capteurs pour collecter des données sur le fonctionnement de ses moteurs Trent, comme la pression d'huile, la température de l'air de refroidissement ou encore les vibrations. Une fois collectée, les données sont transmises par satellite à Rolls Royce puis analysées. Si une anomalie est détectée sur un moteur, une intervention est réalisée avant qu'une panne ne se produise.

---

1 Source : L'Internet des objets : Quels enjeux pour l'Europe, Pierre-Jean Benghozi, Sylvain Bureau, Françoise Massit-Folléa, Maison des Sciences de l'Homme, 10 septembre 2009.

2 Source : An executive's guide to the Internet of Things, Jacques Bughin, Michael Chui, James Manyika, McKinsey Quarterly, août 2015.

3 Source : The Internet of Things : Mapping the value beyond the hype, McKinsey Global Institute report, juin 2015.

Nouvelle technologie

Big Data

Définition

Le Big Data (traduit en français par mégadonnées) est « l'ensemble des technologies, des infrastructures et des services qui permettent la transformation des données numériques en information, et la transformation de cette information en connaissance. »[1]

Description

Le volume de données numériques est très important et augmente de manière exponentielle. Par exemple 90 % de l'ensemble des données disponibles ont été créées ces deux dernières années. Ces données ne sont pas toujours structurées : elles peuvent être du texte, des images ou du contenu multimédia. Elles proviennent de sources diverses, comme des capteurs, et sont, pour la plupart, produites en temps réel. Elles ne peuvent plus être gérées par les solutions classiques de stockage et de traitement des données.

Le Big Data s'appuie sur de nouvelles technologies de gestion, de traitement et de visualisation des données.

– Les solutions de gestion permettent de collecter, stocker et administrer d'importants volumes de données. Par exemple Hadoop permet de gérer des données réparties sur plusieurs serveurs.

– Les solutions analytiques explorent, corrèlent et analysent les données. Par exemple MapReduce, conçu par Google, permet de traiter des volumes très importants de données en effectuant des calculs en parallèle sur de multiples serveurs. Les algorithmes d'apprentissage automatique (*machine learning*) permettent de créer de la connaissance de manière automatique à partir de données empiriques.

– Les solutions de visualisation mettent en forme l'information afin qu'elle soit la plus facile à utiliser. Par exemple un nuage de mot (*tag cloud*) représente visuellement les mots-clés les plus utilisés par un contenu (site Web, article, etc.) en utilisant une taille d'affichage des mots proportionnelle à leur popularité.

Bénéfices

Le Big Data permet d'améliorer la performance des opérations. Par exemple il augmenterait la fiabilité de la prévision des ventes des industriels en prenant compte des données des distributeurs

• • •

1 Source : Internet : prospective 2030 (note d'analyse), Commissariat général à la stratégie et à la prospective, juin 2013.

• • • (promotions, stock, etc.). Il pourrait réduire jusqu'à 25 % le coût des opérations.[1]

Exemple

BP utilise des capteurs pour surveiller à distance le fonctionnement de ses plateformes pétrolières. Les capteurs collectent des données sur le fonctionnement des équipements critiques comme des compresseurs, des transformateurs ou des pompes. Les données collectées (comme les vibrations, la température ou la pression) sont analysées à l'aide de la technologie Big Data. L'analyse permet de détecter rapidement des conditions d'exploitation anormales et d'intervenir avant qu'un dysfonctionnement ne survienne.

Les niveaux de maintenance

Les opérations de maintenance sont souvent hiérarchisées suivant cinq niveaux de maintenance :

- Le premier niveau de maintenance correspond à des « actions simples nécessaires à l'exploitation et réalisées sur des éléments facilement accessibles en toute sécurité à l'aide d'équipements de soutien intégrés au bien. Ce type d'opération peut être effectué par l'utilisateur du bien avec, le cas échéant, les équipements de soutien intégrés au bien et à l'aide des instructions d'utilisation[2] ». Le graissage journalier d'un équipement ou le remplacement d'une ampoule sont des actions de maintenance de premier niveau.
- Le deuxième niveau de maintenance correspond à des « actions qui nécessitent des procédures simples et/ou des équipements de soutien (intégrés au bien ou extérieurs) d'utilisation ou de mise en œuvre simple. Ce type d'actions de maintenance est effectué par un personnel qualifié avec les procédures détaillées et les équipements de soutien définis dans les instructions de maintenance. Un personnel est qualifié lorsqu'il a reçu une formation lui permettant de travailler en sécurité sur un bien présentant certains

1 Source : Big Data : The next frontier for innovation, competition, and productivity, McKinsey Global Institute, juin 2011.
2 Source : Norme FD X 60-000.

risques potentiels, et est reconnu apte pour l'exécution des travaux qui lui sont confiés, compte tenu de ses connaissances et de ses aptitudes[1] ». Des réglages simples ou le remplacement par échange standard de pièces sont des actions de maintenance de deuxième niveau.

- Le troisième niveau de maintenance correspond à des « opérations qui nécessitent des procédures complexes et/ou des équipements de soutien portatifs, d'utilisation ou de mise en œuvre complexes. Ce type d'opération de maintenance peut être effectué par un technicien qualifié, à l'aide de procédures détaillées et des équipements de soutien prévus dans les instructions de maintenance[2] ». Un réglage impliquant l'utilisation d'appareils de mesure ou le remplacement d'une pompe ou d'un moteur sont des opérations de troisième niveau.
- Le quatrième niveau de maintenance correspond à des « opérations dont les procédures impliquent la maîtrise d'une technique ou technologie particulière et/ou la mise en œuvre d'équipements de soutien spécialisés. Ce type d'opération de maintenance est effectué par un technicien ou une équipe spécialisée à l'aide de toutes instructions de maintenance générales ou particulières[3] ». La révision d'une pompe en atelier spécialisé suite à une dépose préventive est une opération de maintenance de quatrième niveau.
- Le cinquième niveau de maintenance correspond à des « opérations dont les procédures impliquent un savoir-faire, faisant appel à des techniques ou technologies particulières, des processus et/ou des équipements de soutien industriels. Par définition, ce type d'opérations de maintenance (rénovation, reconstruction…) est effectué par le constructeur ou par un service ou une société spécialisée avec des équipements de soutien définis par le constructeur et donc proches de la fabrication du bien concerné[4] ».

1 Source : *idem.*
2 Source : *idem.*
3 Source : *idem.*
4 Source : *idem.*

La révision générale d'une machine nécessitant un démontage complet est une opération de cinquième niveau.

Les études de sûreté de fonctionnement

Les études de sûreté de fonctionnement permettent, lors de la conception d'un système, de supprimer des pannes et de faciliter les maintenances futures.

La sûreté de fonctionnement est « l'ensemble des propriétés qui décrivent la disponibilité et les facteurs qui la conditionnent : fiabilité, maintenabilité et logistique de maintenance[1] ».

- **La fiabilité** (*reliability*) est « l'aptitude d'un bien à accomplir une fonction requise dans des conditions données, durant un intervalle de temps donné[2] ». Elle est souvent mesurée par l'indicateur *mean time between failure* ou MTBF (temps moyen entre défaillances) qui mesure la durée moyenne entre deux défaillances consécutives.
- **La maintenabilité** (*maintainability*) est « dans des conditions données d'utilisation, l'aptitude d'un bien à être maintenu ou rétabli dans un état où il peut accomplir une fonction requise, lorsque la maintenance est accomplie dans des conditions données, en utilisant des procédures et des moyens prescrits[3] ». Elle est souvent mesurée par l'indicateur *mean time to repair* ou MTTR qui mesure la durée moyenne de réparation.
- **La disponibilité** (*availability*) est l'aptitude d'un bien à être en état d'accomplir une fonction requise dans des conditions données, à un instant donné ou durant un intervalle de temps donné, en supposant que la fourniture des moyens extérieurs nécessaires est assurée. Elle dépend de la fiabilité et de la maintenabilité et est souvent mesurée par l'indicateur MTBF/(MTBF + MTTR).

1 Source : Norme EN 60300-1.
2 Source : Norme EN 13306.
3 Source : *idem*.

Définir la politique de maintenance

« La politique de maintenance consiste à fixer les orientations (méthode, programme, budget…), dans le cadre des buts et objectifs fixés par la direction de l'entreprise. Dans le cadre de l'optimisation des coûts de production, et selon la politique retenue, les orientations privilégient : la disponibilité et la durée de vie du bien, la sécurité des hommes et des biens, la qualité des produits, la protection de l'environnement ou encore l'optimisation des coûts de maintenance. Elle fait adapter les méthodes de travail suivant que l'arrêt du bien à maintenir ne concerne que lui (cas d'un bien autonome ou d'un bien appartenant à une ligne de production continue, mais qui a été doublé pour des questions de disponibilité et/ou de sécurité), ou au contraire, qu'il entraînera l'arrêt de toute une ligne de production (cas d'un laminoir ou d'une chaîne d'assemblage de véhicules par exemple). La politique de maintenance conduit, en particulier, à faire des choix entre : maintenance préventive et/ou corrective, systématique ou conditionnelle, maintenance internalisée et/ou externalisée en tenant compte du type de contractualisation, du degré de risque accepté[1]… »

Définir le plan de maintenance

Un plan de maintenance préventive est un « ensemble structuré des tâches qui comprennent les activités, les procédures, les ressources et la durée nécessaire pour exécuter la maintenance préventive. L'élaboration du plan de maintenance préventive a pour but de définir : sur quel bien effectuer la maintenance, quelles sont les interventions à prévoir, quand et comment elles doivent être réalisées[2] ».

Le plan de maintenance décrit les activités de maintenance préventive qui doivent être réalisées pour chaque équipement ou composant d'un équipement. Il prend en considération, par exemple,

1 Source : Norme FD X 60-000.

2 Source : *idem*.

les recommandations des constructeurs des équipements, l'analyse des retours d'expérience ou encore les contraintes réglementaires.

Les contraintes réglementaires sont en général destinées à protéger les employés ou l'environnement. En France, des arrêtés déterminent les équipements de travail ou les catégories d'équipement de travail pour lesquels le chef d'établissement est tenu de procéder ou de faire procéder à des vérifications générales périodiques, afin que soit décelée en temps utile toute détérioration susceptible de créer des dangers. Ces arrêtés précisent la périodicité des vérifications et, en tant que besoin, leur nature et leur contenu[1].

Des méthodes, comme la *reliability-centered maintenance* ou RCM (voir fiche pratique ci-après), sont utilisées pour définir un plan de maintenance préventive.

FICHE PRATIQUE

QU'EST-CE QUE LA RCM ?

Objectifs

La maintenance basée sur la fiabilité ou MBF (*reliability-centered maintenance* ou RCM) a pour objectif d'assurer la sécurité et la fiabilité requise des équipements au meilleur coût.

Description

La maintenance basée sur la fiabilité est « une méthode destinée à établir un programme de maintenance préventive qui permette d'atteindre réellement et efficacement les niveaux requis de sécurité, de disponibilité des équipements et des structures afin d'aboutir à une amélioration globale de la sécurité, de la disponibilité et des aspects économiques de l'exploitation[2] ».

La RCM propose, en particulier, de concentrer les efforts de la maintenance préventive sur les seuls équipements critiques. En suivant une

• • •

1 Source : article R233-11 du Code du travail.

2 Source : Norme internationale IEC 60300-3-11.

démarche rigoureuse et documentée, elle permet également de justifier les décisions prises.

Origines

En 1968, le programme de maintenance du Boeing 747[1], défini par un *maintenance steering group* (MSG), est mis en œuvre en limitant les maintenances systématiques. Ce programme permet d'assurer la sécurité et la fiabilité requise au meilleur coût. Sur la base des travaux du MSG, United Airlines publie *Reliability-Centered Maintenance* en décembre 1978 à la demande de l'armée des États-Unis. La RCM se déploie alors progressivement dans d'autres industries. En France, EDF développe en 1980 l'optimisation de la maintenance par la fiabilité (OMF) sur la base du RCM.

Démarche

Si la démarche n'est pas normalisée, elle suit en général les étapes suivantes :

- **Préparation de l'étude** : une équipe multidisciplinaire est mise en place. Elle regroupe en particulier des responsables de la maintenance, de la production et de la qualité.
- **Sélection des équipements critiques** : un découpage de l'entreprise est réalisé. Les équipements critiques sont évalués et sélectionnés sur la base de trois critères : l'impact sur la sécurité, l'impact sur la disponibilité et l'impact sur la qualité.
- **Analyser les défaillances des équipements critiques** : une analyse des équipements critiques est réalisée en utilisant, par exemple, l'AMDEC.
- **Définition du plan de maintenance préventive** : un diagramme de décision est utilisé pour déterminer, pour chaque mode de défaillance, si une action de maintenance préventive doit être incluse dans le plan de maintenance. Le diagramme prend en compte des données sur la fiabilité mais aussi sur les coûts.
- **Mettre à jour le plan de maintenance préventive** : suite à la mise en place du plan de maintenance préventive, une analyse régulière du retour d'expérience est réalisée. Des modifications sont apportées au plan de maintenance lorsque cela s'avère nécessaire. Par exemple, les tâches de maintenance préventives qui sont constatées comme improductives sont supprimées.

---

1 *Handbook : Maintenance Evaluation And Program Development (MSG-1)*, Air Transport Association, 10 juillet 1968.

Lors de l'établissement ou de la mise à jour du plan de maintenance, il est possible d'utiliser, pour chaque équipement, des méthodes d'analyse de dysfonctionnement comme l'AMDEC (voir fiche pratique ci-après) ou l'analyse par arbre de défaillance (*fault tree analysis* ou FTA). Ces méthodes d'analyse permettent d'établir les chaînes causales des défaillances en vue d'améliorer la fiabilité ou la maintenabilité opérationnelle des équipements.

FICHE PRATIQUE

QU'EST-CE QUE L'AMDEC ?

Objectifs

L'analyse des modes de défaillance, de leurs effets et de leur criticité ou AMDEC (*failure modes, effects and criticality analysis* ou FMECA) a pour objectif de rechercher systématiquement toutes les défaillances potentielles d'un système et de mettre en place des solutions adaptées à la criticité du problème.

Description

L'AMDEC est une « méthode inductive qui permet de réaliser une analyse qualitative et quantitative de la fiabilité ou de la sécurité d'un système[1] ». Le système peut être un produit, un processus, un moyen de production ou encore une organisation.
L'AMDEC permet d'analyser et de hiérarchiser les risques de défaillance afin de traiter les plus importants de manière préventive.

Origines

L'AMDEC a été développé par l'armée des États-Unis qui publia en novembre 1949 un document intitulé « Procedures For Performing A Failure Mode, Effects And Criticality Analysis ». Sa mise en œuvre en Europe n'a commencé que dans les années 1980 dans l'industrie automobile.

• • •

1 Source : AFNOR.

Démarche

Si la démarche peut différer d'une entreprise à l'autre, elle suit en général les étapes suivantes :

- **Définition de l'étude** (étape 1) : le périmètre de l'étude et ses objectifs sont définis. Les données nécessaires à l'étude sont collectées, comme les plans ou les nomenclatures. Un groupe de travail multidisciplinaire est constitué.
- **Sélection des systèmes critiques** (étape 2) : une décomposition fonctionnelle du système est réalisée jusqu'à un niveau permettant d'identifier les modes de défaillance.
- **Identification, analyse et évaluation des défaillances** (étape 3) : pour chaque fonction élémentaire, le groupe de travail recense les modes de défaillance possibles (comme un fonctionnement irrégulier ou un refus de démarrer). Pour chaque mode de défaillance, le groupe de travail identifie les causes possibles, les effets ou encore les moyens de détection. Les résultats sont documentés dans une grille d'analyse où chaque ligne correspond à un mode de défaillance. Les colonnes décrivent en général l'analyse de la défaillance (mode de défaillance, cause, effet), l'estimation de la criticité (voir étape 4) et les actions à réaliser (voir étape 5).
- **Évaluation et hiérarchisation des défaillances** (étape 4) : la criticité de chaque défaillance est évaluée sur la base de trois critères : la probabilité d'occurrence de la défaillance, sa gravité et sa capacité à être détectée.
- **Recherche des actions correctives** (étape 5) : une action corrective est identifiée pour tout mode de défaillance dont la criticité est supérieure à un niveau donné.
- **Réévaluation de la criticité des défaillances** (étape 6) : suite à la mise en œuvre des actions correctives, l'atteinte des objectifs fixés est vérifiée. Si tel n'est pas le cas, l'étude AMDEC est relancée.

Préparer les interventions de maintenance

La préparation des interventions de maintenance inclut, par exemple, la planification des interventions et la préparation des bons de travail.

Planifier les interventions de maintenance

À la différence des interventions de maintenance corrective, les interventions de maintenance préventive peuvent être planifiées. L'horizon de planification peut être de plusieurs années.

Exemple

En France, les réacteurs des centrales nucléaires doivent être arrêtés périodiquement pour, d'une part, renouveler leur combustible qui s'épuise progressivement pendant le cycle de fonctionnement et, d'autre part, pour réaliser des opérations de contrôle, de maintenance ainsi que pour mettre en œuvre les modifications programmées de l'installation. Certaines parties de l'installation habituellement inaccessibles peuvent alors être inspectées pendant quelques semaines. Tous les dix ans, les réacteurs sont également arrêtés pour une visite approfondie, la visite décennale, qui permet de réaliser un bilan exhaustif de l'installation[1].

La planification doit prendre en compte la disponibilité des consommables, des outillages et des pièces de rechange. Elle doit également s'assurer de la disponibilité des ressources disposant des compétences requises.

Le plan de maintenance doit prendre en compte le plan de production. Par exemple, certaines interventions de maintenance peuvent nécessiter une interruption de la production.

Préparer le bon de travail

Une action de maintenance, corrective ou préventive, à réaliser peut être décrite par un bon de travail. Un bon de travail est un « document contenant toutes les informations relatives à une opération de maintenance et les références à d'autres documents nécessaires à l'exécution du travail de maintenance[2] ».

1 Source : Autorité de sûreté nucléaire.
2 Source : Norme EN 13460.

Exécuter les interventions de maintenance

L'exécution d'une intervention de maintenance corrective comprend généralement le diagnostic de la défaillance (détection, localisation, analyse), l'action corrective et un essai de fonctionnement. L'action corrective peut consister à remplacer ou réparer un composant ou à adapter une pièce mécanique.

Une intervention préventive peut consister à réaliser des opérations de surveillance ou de contrôle d'un équipement, ou à remplacer un composant.

À la fin d'une intervention de maintenance, les données relatives à cette intervention sont collectées et enregistrées. Elles pourront être exploitées, par la suite, pour le retour d'expérience. Elles comprennent généralement une description de la défaillance ainsi qu'une description de l'intervention et de son résultat.

Piloter la performance de la maintenance

Il est rare qu'un équipement soit disponible 24/24 heures, 365 jours par an. En effet, la disponibilité d'une machine doit prendre en compte :

- les horaires d'ouverture de l'usine ou de l'atelier ;
- les arrêts planifiés pour le nettoyage, les interventions de maintenance préventive, les essais ou encore les modifications des machines de production ;
- les arrêts intrinsèques dus à des pannes, des changements de fabrication ou des réglages ;
- les sous-cadences comme les marches à vide ou les sous-vitesses ;
- ou encore la non-qualité qui est la cause des rebuts.

Afin de mesurer la performance de la maintenance, il est souvent nécessaire de décomposer les temps d'un équipement de production. Ces temps sont représentés figure 5.3 et décrits ci-après[1].

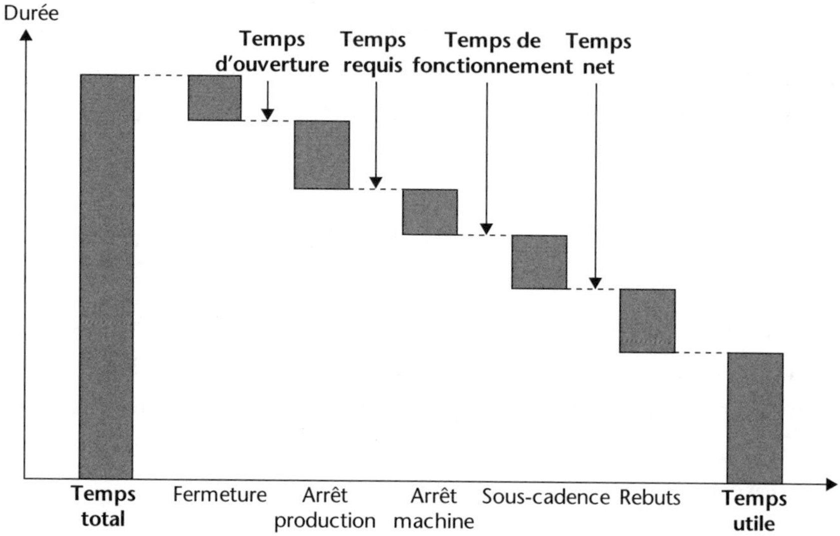

Figure 5.3 – Décomposition des temps d'un équipement de production

- **Le temps total** est le temps idéal de fonctionnement des ressources permettant d'amortir le plus rapidement possible les investissements, c'est-à-dire 365 jours par an, 24/24 heures.
- **Le temps d'ouverture** est la partie du temps total correspondant à l'amplitude des horaires de travail du moyen de production.
- **Le temps requis** est la partie du temps d'ouverture pendant lequel l'utilisateur engage son moyen de production avec la volonté de produire comprenant les temps d'arrêt subis et programmés.
- **Le temps de fonctionnement** est la partie du temps requis pendant lequel le moyen de production produit des pièces.

1 Source : Norme NF E60-182.

- **Le temps net** est la partie du temps de fonctionnement pendant lequel le moyen de production aurait produit des pièces bonnes et mauvaises, dans le respect du temps de cycle de référence.
- **Le temps utile** est la partie du temps net correspondant au temps non mesurable obtenu en multipliant le nombre de pièces bonnes par le temps de cycle de référence.

Les indicateurs les plus couramment utilisés pour mesurer la performance de la maintenance et identifier les actions d'amélioration utilisent ces différents temps. Ils sont définis dans le tableau 5.1.

Tableau 5.1 – Exemples d'indicateurs de suivi de la performance de la maintenance

Nom	Nom en anglais	Unité de mesure	Description
Taux de rendement synthé-tique (TRS)	*Overall equipment effective-ness (OEE)*	%	Le taux de rendement synthétique est le principal indicateur utilisé pour piloter la performance de la maintenance d'un équipement. $\text{Taux de rendement synthétique} = \frac{\text{Temps utile}}{\text{Temps requis}}$
Taux de rendement global (TRG)		%	Le taux de rendement global intègre les pertes liées aux arrêts planifiés de l'équipement. $\text{Taux de rendement global} = \frac{\text{Temps utile}}{\text{Temps d'ouverture}}$ Un TRG de 50 % signifie que la moitié de l'investissement nécessaire à l'acquisition d'un équipement n'est pas utilisée. Il indique également que l'entreprise dispose, potentiellement, de ressources de production complémentaires sans avoir à investir.
Taux de rende-ment éco-nomique (TRE)		%	Le taux de rendement économique (TRE) prend en compte les pertes liées à la fermeture de l'usine ou de l'atelier. $\text{Taux de rendement économique} = \frac{\text{Temps utile}}{\text{Temps total}}$

Comment améliorer la performance de la maintenance

Mettre en œuvre la TPM

■ Présentation de la TPM

La maintenance productive totale (*total productive maintenance* ou TPM) est une technique de management qui vise à améliorer la productivité d'une entreprise (*productive*) en impliquant tous les employés (*total*) en améliorant, en particulier, la maintenance des équipements (*maintenance*). Elle vise la fabrication parfaite : zéro perte, zéro défaut, zéro panne et zéro accident. Pour réussir, la TPM doit impliquer toutes les directions (production, maintenance, études, recherche et développement...) et tous les niveaux hiérarchiques (opérateurs, directeurs...).

La démarche de mise en œuvre de la TPM repose sur huit activités (appelées piliers) : quatre activités pour améliorer l'efficacité du système de production (piliers 1 à 4) et quatre autres activités pour mettre en place l'environnement le plus adapté (piliers 5 à 8).

1. **L'amélioration ciblée** (*Kobetsu Kaizen*) cherche à améliorer l'efficacité des équipements en éliminant les pertes dues aux arrêts machine (panne, arrêt induit), les pertes de productivité (ralentissement de la cadence de production, micro-arrêt) ou encore les pertes de non-qualité (perte au démarrage, défaut de qualité).
2. **La maintenance autonome** confie aux opérateurs certaines opérations de maintenance de leurs propres équipements comme l'inspection, la détection d'anomalies ou des réglages. Elle responsabilise les opérateurs, permet de réparer rapidement et de façon autonome certaines pannes et permet aux équipes de maintenance de se concentrer sur des tâches à plus forte valeur ajoutée.

3. **La maintenance planifiée**, en complément de la maintenance autonome, planifie et organise les interventions de maintenance.
4. **La formation** permet de développer les compétences des employés. Ces compétences sont nécessaires à la mise en place des trois piliers précédents.
5. **La sécurité, les conditions de travail et la préservation de l'environnement** visent à améliorer le cadre de travail des employés.
6. **La maintenance de la qualité** consiste à maintenir les équipements de production afin d'éviter tout défaut de production.
7. **La maîtrise de la conception** vise à concevoir des équipements plus faciles à opérer, plus fiables et dont l'entretien soit le moins coûteux possible.
8. **La TPM dans les bureaux** déploie les principes du TPM dans les services fonctionnels.

Une entreprise qui suit une démarche TPM ne mettra pas en œuvre systématiquement ces huit activités.

■ Les origines de la TPM

La maintenance productive totale est issue des maintenances préventive et productive introduites au Japon respectivement dans les années 1950 et 1960. Elle a été mise en œuvre pour la première fois par Nippondenson, un fabricant japonais de composants électriques pour l'industrie automobile qui avait été cédé par Toyota en 1949. Nippondenson avait mis en place des équipes en charge de la maintenance préventive des machines de production. Au fur et à mesure de l'automatisation des usines, les équipes de maintenance devenaient de plus en plus importantes. À la fin des années 1960, Nippondenson décida de confier une partie des tâches de maintenance aux opérateurs. La nouvelle organisation permit aux équipes de maintenance de se concentrer sur des tâches à plus forte valeur ajoutée.

En 1971, Seiichi Nakajima, un membre du Japan Institute of Plant Maintenance (JIPM), développa le concept de *plant maintenance with total participation* ou *total productive maintenance*.

La maintenance productive totale s'est enrichie par la suite jusqu'à devenir une technique de management.

■ La démarche TPM

La TPM peut être mise en œuvre suivant une démarche en douze étapes :

1. Valider la décision du management de lancer un projet TPM.
2. Organiser une campagne de formation.
3. Mettre en place l'organisation de pilotage du projet.
4. Définir les objectifs du projet.
5. Définir le plan de mise en œuvre.
6. Lancer le projet.
7. Améliorer l'efficacité des équipements.
8. Mettre en œuvre l'auto-maintenance.
9. Mettre en œuvre la maintenance programmée.
10. Organiser des formations pour développer les compétences du personnel de production et de maintenance.
11. Prendre en compte les retours d'expérience pour la conception des équipements de production.
12. Valider les gains obtenus et définir de nouveaux objectifs.

    Une démarche TPM se déroule généralement sur plusieurs années.

Mettre en œuvre une GMAO

Une GMAO (voir l'encadré ci-après) permet, en particulier, d'enregistrer puis d'exploiter les données relatives aux interventions de maintenance.

Gestion de la maintenance assistée par ordinateur (GMAO)

Description

Une gestion de la maintenance assistée par ordinateur ou GMAO (*computer-aided maintenance management* ou CAMM) est un logiciel assistant la réalisation des activités de maintenance.

Fonctions proposées

Une GMAO est généralement constituée de différents modules :

- gestion du parc d'équipements à maintenir ;
- gestion des interventions de maintenance ;
- gestion de la maintenance préventive ;
- gestion du stock de pièces de rechange ;
- gestion des ressources ;
- analyse des défaillances ;
- suivi de la performance de la maintenance.

Technologies utilisées

Une GMAO n'utilise pas de technologies avancées. Elle est construite autour d'une base de données.

L'essentiel

▸▸ **Il existe deux types de maintenance** : la maintenance corrective et la maintenance préventive. La maintenance préventive peut être systématique ou conditionnelle.

▸▸ **Le processus de gestion de la maintenance** se déroule généralement en cinq étapes : définir la politique de maintenance, définir le plan de maintenance, préparer les interventions de maintenance, exécuter les interventions de maintenance et piloter la performance de la maintenance.

▸▸ **La définition d'un plan de maintenance** doit prendre en compte les recommandations des constructeurs des équipements, l'analyse des retours d'expérience ou encore les contraintes réglementaires. Des méthodes comme la *reliability-centered maintenance* (RCM), l'AMDEC ou l'analyse par arbre de défaillance peuvent être utilisées pour définir le plan de maintenance.

- **La préparation d'une intervention** doit planifier l'intervention, s'assurer de la disponibilité des matériels et ressources nécessaires et préparer un bon de travail.
- **La mise en œuvre de la maintenance productive totale** (TPM) ou d'une gestion de la maintenance assistée par ordinateur (GMAO) permet souvent d'améliorer la performance de la maintenance.

Chapitre 6

Vendre

Executive summary

▸▸ **La gestion des commandes clients** est souvent vue comme un processus administratif. Elle est d'ailleurs quelquefois encore appelée administration des ventes. Elle est difficile à mettre en œuvre de façon performante parce qu'elle implique de nombreuses fonctions : service client, logistique, marketing, vente, production ou encore finance. Pourtant, en améliorant la gestion des commandes, une entreprise peut augmenter son taux de service client, réduire les erreurs de facturation ou encore réduire les délais de livraison.

▸▸ **Quel processus** faut-il mettre en place pour gérer au mieux les commandes clients ? Comment, par exemple, améliorer la fiabilité de la prévision de la demande ou comment contrôler les commandes pour communiquer des délais fiables aux clients ?

La gestion des commandes clients

L'évolution de la fonction service client

La gestion des commandes de vente est le plus souvent confiée au département service client des entreprises.

Par le passé le département service client, souvent appelé administration des ventes, était habituellement localisé sur le même site que l'usine de production et transmettait à cette dernière les commandes des clients. Plusieurs évolutions ont entraîné une modification de cette organisation comme la délocalisation, la concentration et la spécialisation des usines de production ou la mise en place de centres de service partagés pour gérer les commandes clients.

Aujourd'hui, le département service client est souvent éloigné géographiquement des usines de production.

Le processus de gestion des commandes clients

Le processus de gestion des commandes clients présente d'importantes variations d'un secteur industriel à l'autre ou d'un client à l'autre. Un exemple de processus est illustré figure 6.1.

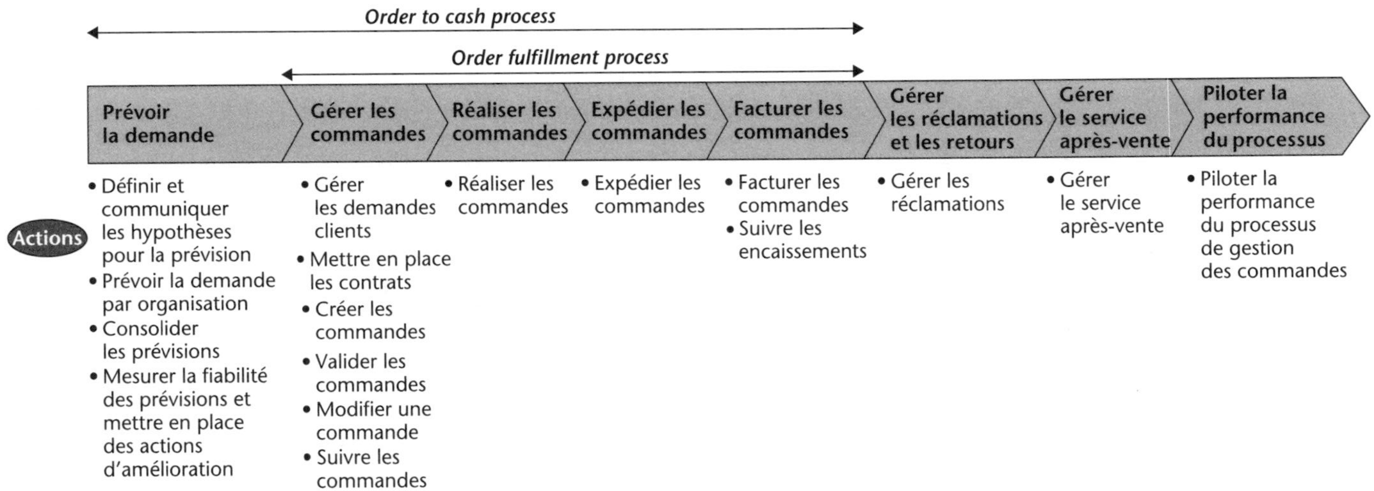

Figure 6.1 – Exemple de processus de gestion des commandes clients

Le terme *order to cash* ou OTC représente le cycle de traitement des commandes clients, de la prévision des ventes jusqu'au recouvrement des factures.

Le terme *order fulfillment* (quelquefois traduit par traitement de commande ou réalisation de commande) représente l'ensemble des interactions d'un client avec une entreprise, tout au long du processus de traitement de commande client, de la prise de commande à sa livraison. La délégation générale à la langue française et aux langues de France traduit le terme *fulfillment* par gestion optimale des commandes qu'elle définit comme « exécution des commandes, y compris par sous-traitance, visant à satisfaire au maximum toutes les parties ».

Le processus de traitement, de bout en bout, d'une demande client nécessite de nombreuses étapes et implique de nombreux départements au sein de l'entreprise. La gestion de ce processus de bout en bout reste encore perfectible dans de nombreuses entreprises. Pour l'améliorer, des professeurs de l'université d'Harvard recommandaient, dès 1992, de suivre une commande de bout en bout[1].

La fonction du service client

Le département service client a en charge un nombre important de fonctions :

- le suivi de la réalisation des commandes clients ;
- la communication aux clients d'informations sur les produits, les prix, les promotions, la garantie ou encore la disponibilité des produits ;
- le traitement et la résolution des plaintes client (concernant par exemple un produit défectueux ou une livraison en retard) ;

1 « Staple Yourself To An Order », Benson P. Shapiro, V. Kasturi Rangan, John J. Sviokla, *Harvard Business Review*, juillet-août 1992.

– le traitement des réclamations, des retours et des demandes de garantie (qui peuvent donner lieu à des réparations, remboursements ou remplacements) ;
– la gestion des rappels de produits.

Le service client est en relation avec de nombreux départements au sein de l'entreprise : marketing (gestion de la tarification), commercial (suivi des volumes de vente), logistique (gestion des commandes à livrer, du stock disponible, des délais de livraison, prise en compte des instructions de livraison, suivi du statut des livraisons), finance (gestion des limites de crédit et des conditions de paiement, traitement des factures impayées) ou encore production (allocation des ressources de production, gestion du plan directeur de production).

Prévoir la demande

Les typologies de demande

L'objectif de la prévision de la demande est d'estimer les ventes et utilisations de produits afin de fabriquer ou acheter ces derniers à l'avance dans des quantités appropriées. Plus la fiabilité des prévisions est élevée, plus il est possible de réduire les niveaux de stock et d'améliorer le niveau de service client.

Cette prévision doit prendre en compte cinq grandes typologies de demande :

- **Stable** : la demande peut varier d'une période à l'autre mais la moyenne est relativement stable dans le temps.
- **Saisonnière** : la demande est répétitive d'une année sur l'autre et présente des variations sur l'année. Par exemple, les jouets ont souvent une demande saisonnière qui est élevée durant la période des fêtes de fin d'année.
- **Cyclique** : la demande croît et décroît de façon cyclique, tous les trois ans par exemple. Les produits industriels comme les produits métallurgiques présentent souvent une demande cyclique.

- **À tendance** : la demande croît ou décroît suivant une tendance constante.
- **Aléatoire** : la demande est sujette à des évolutions aléatoires ou imprévisibles. La demande de certains produits peut, par exemple, présenter d'importantes variations d'un été à l'autre pour des raisons qui sont difficiles à expliquer ou à prévoir comme une météo inhabituelle.

Le processus de prévision de la demande est réalisé généralement en quatre étapes décrites ci-après. Il présente toutefois d'importantes variations d'une industrie à l'autre. Le processus de prévision pour la grande distribution (nombreuses références produit, nombreux clients) est très différent de celui de la construction navale (peu de clients) ou de l'industrie pétrolière (nombre plus limité de produits). Le processus de prévision peut également être différent par famille de produits au sein d'une même entreprise.

Exemples

Un brasseur ne va pas prévoir de la même façon la demande de bières et celle de panachés (un panaché est un mélange de bière et de limonade). En période de fortes chaleurs, l'évolution de la vente de panachés est plus proche de celle des *softs drinks* que de celle de la bière.

Définir et communiquer les hypothèses pour la prévision

Différentes organisations participent souvent à la construction de la prévision de la demande. Par exemple, le département commercial réalise des prévisions par zone géographique, le département marketing construit des prévisions par produit et le département service client met à jour des prévisions par client. Afin de pouvoir consolider ces différentes prévisions, il est nécessaire de s'accorder au préalable sur les hypothèses qui serviront de base à la construction de ces différentes prévisions. Ces hypothèses peuvent être par exemple l'estimation de la croissance économique, le développement de l'activité, la confirmation de prix de vente ou d'actions promotionnelles ou encore la prévision d'actions menées par la concurrence.

Prévoir la demande par organisation

Une fois les hypothèses définies, chaque organisation doit établir une prévision de la demande en fonction de sa connaissance du marché, des produits...

Ces différentes prévisions pourront présenter des caractéristiques différentes.

- **Horizon de prévision** : les commerciaux pourront, par exemple, construire des prévisions sur une année tandis que le service marketing pourra tenter de mettre à jour les prévisions sur plusieurs années.
- **Axe d'analyse** : les commerciaux feront le plus souvent des prévisions par client ou par zone géographique tandis que les chefs de produit réaliseront des prévisions par produit.
- **Niveau de détail** : un chef de produit pourra faire des prévisions par produit alors que le chef de groupe construira des prévisions par famille de produits.

Un exemple de prévision de la demande sur un horizon de douze mois, suivant un axe famille de produits et avec un niveau de détail mensuel est représenté tableau 6.1.

Tableau 6.1 – Exemple de prévision de la demande

Mois	1	2	3	4	5	6	7	8	9	10	11	12
Famille de produits n° 1	10	11	12	10	9	8	7	10	11	13	10	10
Famille de produits n° 2	12	12	10	10	9	8	7	8	10	10	11	10
Famille de produits n° 3	12	13	11	11	11	11	11	9	8	5	6	6

Il existe trois grandes techniques pour construire une prévision de la demande : deux techniques quantitatives et une technique qualitative. Ces techniques ne sont pas exclusives et peuvent être combinées.

- **La technique quantitative intrinsèque** (ou des séries temporelles) repose sur des modèles mathématiques et des données historiques. Elle suppose que le passé est un guide pour le futur. Elle construit la prévision sur la base de données historiques sur la demande (par exemple les ventes passées).
- **La technique quantitative extrinsèque** (ou causale) repose sur des modèles mathématiques et des données historiques. Elle construit la prévision sur la base d'indicateurs externes, par exemple la température. Elle donne souvent de meilleurs résultats que la technique intrinsèque lorsque l'historique est limité.
- **La technique qualitative** repose sur l'avis d'experts, des études de marchés... Elle est particulièrement utile pour prévoir la vente de nouveaux produits, analyser de nouveaux marchés ou prévoir l'impact d'un changement social ou technologique. Elle est adaptée en particulier lorsque l'historique est limité ou les données historiques sont de mauvaise qualité.

Consolider les prévisions

Une fois établies par les différentes organisations, les différentes prévisions doivent être consolidées. Cette consolidation s'avère cependant être un exercice difficile.

D'une part, les différentes prévisions sont réalisées suivant des horizons, des axes d'analyse ou encore des niveaux de détail différents. D'autre part, la consolidation nécessite de faire converger des intérêts divergents. Les commerciaux souhaiteront établir une prévision de la demande pessimiste qui leur permettra d'atteindre plus facilement leurs objectifs. À l'inverse, la direction marketing pourra construire des prévisions optimistes pour faciliter la validation d'un plan publicitaire ou marketing. Le département service client pourra privilégier des prévisions optimistes pour réduire le risque de rupture de stock.

La consolidation des différentes prévisions peut être réalisée dans le cadre de réunions regroupant l'ensemble des organisations. L'objectif de ces réunions est d'identifier et d'expliquer les différences entre les prévisions et de construire une prévision unique consensuelle. Cette approche suppose que les rôles et procédures pour la création et la validation des prévisions sont clairement définis.

Mesurer la fiabilité des prévisions et mettre en place des actions d'amélioration

Si les prévisions sont toujours fausses, la mesure de la fiabilité des prévisions peut permettre d'identifier les causes des erreurs passées et les actions d'amélioration.

Une méthode simple pour mesurer la fiabilité des prévisions consiste à comparer les ventes à la moyenne des prévisions sur chaque période individuelle (par exemple les mois) d'une période plus large (par exemple l'année). Une fiabilité de l'ordre de 85 % est généralement considérée comme bonne.

Quelques exemples de bonnes pratiques pour améliorer la fiabilité de la prévision de la demande sont décrits ci-dessous.

FICHE PRATIQUE

COMMENT AMÉLIORER LA FIABILITÉ DE LA PRÉVISION DE LA DEMANDE[1]

- Rendre les personnes en charge des prévisions responsables de la fiabilité de ces dernières.
- Suivre et analyser des indicateurs mesurant la performance du processus de prévision.

• • •

1 Source : *The State Of Operational Forecasting : A Benchmark Survey*, Price Waterhouse, 1997

• • •

- Rechercher de façon continue les actions permettant d'augmenter la fiabilité des prévisions.
- Communiquer les prévisions aux personnes à qui elles sont destinées de façon régulière et rapide.
- Mettre en place les ressources nécessaires à la vérification et à la correction des données qui sont utilisées pour construire les prévisions.
- Solliciter les avis des clients sur les prévisions.
- Être soutenu par la direction de l'entreprise.
- Communiquer les hypothèses qui ont été prises aux destinataires des prévisions.
- Réconcilier les prévisions concurrentes au sein de la société.
- Ne pas créer de prévisions concurrentes.

Gérer les commandes de vente

Gérer les demandes clients

Avant de recevoir une commande d'un client, le service client doit souvent, au préalable, répondre à différentes demandes du client : demande d'information, demande de devis, demande de proposition (voir « Définir le panel fournisseurs »).

- **Un devis** est un document écrit remis au client par lequel un fournisseur propose de vendre un bien à un certain prix qu'il s'engage à ne pas modifier pendant une période de temps donnée.
- **Une offre ou proposition commerciale** est une proposition écrite remise au client par laquelle un fournisseur propose la livraison d'un produit ou la fourniture d'un service dans certaines conditions définies. Une offre a une période de validité.

Le devis ou l'offre commerciale peuvent être accompagnés de conditions générales de vente (CGV).

S'il est accepté par le client, le devis ou l'offre commerciale devient un document contractuel.

Mettre en place les contrats

Un client qui envisage d'effectuer plusieurs commandes auprès d'une entreprise peut souhaiter formaliser le cadre de la relation commerciale. Différents types d'accord peuvent être mis en place.

- **Un contrat** formalise les relations entre le client et son fournisseur. Des commandes clients sont créées en référence au contrat.
- **Un programme de livraison** (*delivery schedule agreement*) est un contrat qui décrit les quantités à livrer durant la période couverte par l'accord et les dates de livraison. Des appels de livraison (*blanket release*) sont créés en référence au programme de livraison pour effectuer des demandes de livraison.
- **Une commande ouverte** (*open order*) est un accord pour la fourniture de produits ou de services sur une période donnée (en général un an) à un prix donné. À la différence du programme de livraison, la commande ouverte ne définit pas les dates de livraison. Des appels de livraison sont créés en référence à la commande ouverte pour effectuer des demandes de livraison.

La mise en place d'un contrat, d'un programme de livraison ou d'une commande ouverte n'est, contractuellement, pas obligatoire. Elle permet cependant de faciliter la relation commerciale.

Créer les commandes de vente

Les commandes sont transmises par le client de différentes façons : par téléphone, par fax, par EDI ou encore par Internet.

Une entreprise est souvent amenée à utiliser des types de commande spécifiques, en plus d'un type de commande standard. Ces commandes donnent lieu à des traitements particuliers. Quelques exemples de types de commande spécifiques sont illustrés ci-dessous.

- Commande export

  Le traitement d'une commande export nécessite de prendre en compte les spécificités liées aux échanges internationaux : Incoterms, formalités douanières, documentations export, moyens de paiement (comme le crédit documentaire). Une commande export utilise généralement une tarification spécifique qui prend par exemple en compte le multidevise ou les différentes taxes d'exportation.

- Commande avec livraison directe du fournisseur

  Une commande avec livraison directe du fournisseur (*drop shipment* ou *back to back order*) est une commande reçue pour un produit dont la production et le stockage sont confiés à un fournisseur. À la réception de la commande, l'entreprise envoie une commande d'achat correspondante au fournisseur. Le fournisseur livre directement le client, au nom de l'entreprise, et facture cette dernière. L'entreprise, à son tour, facture le client.

- Commande intersociétés

  Une commande intersociétés est utilisée pour transférer des marchandises entre deux sociétés d'un même groupe.

- Commande urgente

  Le traitement d'une commande urgente est réalisé suivant un cycle plus court qu'une commande standard, par exemple en ne réalisant pas certains contrôles, en transmettant une demande de production prioritaire à l'usine de fabrication ou encore en utilisant un moyen de transport rapide comme l'avion pour la livraison. Le traitement d'une commande urgente peut présenter des coûts élevés par l'utilisation de moyens de transport plus coûteux ou encore en perturbant le processus de production.

Lors de la prise de commande, il peut être nécessaire de documenter les caractéristiques ou les options d'un produit. Par exemple, un client qui souhaite commander des plaques en titane devra préciser les dimensions de celles-ci. Un article configurable est souvent utilisé pour saisir les différentes caractéristiques ou options. Les articles configurables sont généralement employés dans les stratégies de fabrication conception à la commande, fabrication à la commande ou assemblage à la commande (voir « Définir la stratégie de production »).

Valider les commandes de vente

Une fois la commande reçue et enregistrée, plusieurs contrôles sont nécessaires avant de confirmer la livraison au client. Il faut par exemple vérifier que le ou les produits commandés par le client sont disponibles en stock (ou seront disponibles en stock à la date demandée par le client), que le prix est conforme aux accords commerciaux, que des moyens de transport sont disponibles ou encore que le risque de non-paiement de la facture par le client est faible.

■ Contrôler la disponibilité des produits en stock

Le contrôle de la disponibilité d'un produit en stock ne se limite pas au stock disponible physiquement. Il peut inclure également les entrées prévisionnelles en stock (en-cours de production, stock à venir, stock en transit) qui vont augmenter le stock physique et les sorties prévisionnelles (commande client, transfert de produits vers un autre entrepôt) qui vont le diminuer.

Ce stock prévisionnel est appelé disponible à la vente ou disponible à vendre (*available to promise quantity* ou *ATP quantity* en anglais). Il est illustré figure 6.2.

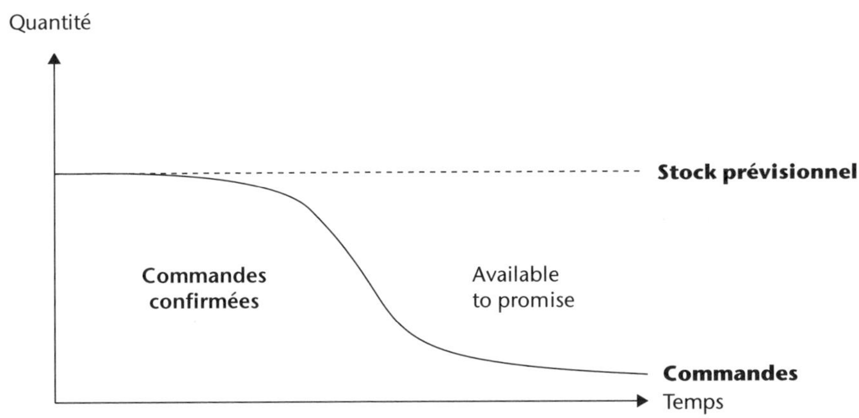

Figure 6.2 – ***Available to promise***

Si le stock est disponible, il est nécessaire de l'allouer à la commande pour s'assurer qu'il ne sera pas mis à disposition d'une commande à venir. Il existe deux mécanismes d'allocation :

- La *soft allocation* diminue la quantité du stock disponible à la vente de la quantité de la commande client.
- La *hard allocation* associe des exemplaires spécifiques d'un produit à une commande donnée (par exemple en utilisant un numéro de série ou un numéro de lot). Elle est souvent utilisée dans l'industrie chimique quand un client requiert un produit répondant à des caractéristiques spécifiques que ne possèdent pas tous les exemplaires d'un produit.

■ Contrôler la disponibilité des ressources

Le contrôle de la disponibilité des ressources (*capable to match* ou *capable to promise* ou CTP) est le processus d'allocation des commandes clients aux capacités de production et de distribution, et aux stocks disponibles. Le CTM permet de réduire le temps passé par les responsables de la planification de la production à mettre à jour les programmes de fabrication à cause de dates d'engagement erronées ou à traiter des commandes en urgence.

■ Contrôler la disponibilité du transport

Le contrôle de la disponibilité du transport est nécessaire lorsque les capacités de transport sont limitées. Par exemple, le secteur de la grande distribution en France, durant le mois d'août, doit faire face à une pénurie de transport qui génère parfois des ruptures de produits en magasin.

■ Vérifier le prix de vente

Le prix de vente doit être parfois contrôlé lors de la prise de commande. Un prix de vente erroné est souvent la cause d'une réclamation client. Il existe différents mécanismes de calcul du prix de vente. Un exemple fréquemment utilisé est représenté dans le tableau 6.2. Le mécanisme décrit dans cet exemple calcule à la fois le prix de vente T.T.C. (qui apparaîtra sur la facture du client) pour le client et une estimation de la marge commerciale (qui sera utilisée par le service client ou la direction commerciale).

Tableau 6.2 – Exemple de structure de calcul du prix de vente et de la marge commerciale

Opération	Composant du prix de vente et de la marge commerciale
	Prix de vente catalogue
–	Remise par produit
–	Remise pour tous les produits de la commande
–	Promotion (par produit ou tous produits)
+	Prix de vente du transport
=	**Prix de vente hors taxe**
–	Taxe
=	**Prix de vente T.T.C.**
–	*Commission ou provision sur commission*
–	*Coût de transport*
–	*Coût des assurances crédit et transport*
=	***Marge commerciale***

■ Vérifier l'en-cours de crédit

Il peut arriver qu'une commande ne soit pas payée par un client. Pour limiter ce risque, les entreprises s'assurent contre le risque de non-paiement des commandes auprès d'organismes spécialisés. Ces organismes assurent l'en-cours de crédit jusqu'à une certaine limite. Il est donc parfois nécessaire de s'assurer que l'en-cours de crédit ne dépasse pas cette limite. L'en-cours est la somme du montant des commandes non livrées, du montant des livraisons non facturées et du montant des factures non payées.

■ Vérifier la conformité de la commande au contrat de vente

Pour certains clients, un contrat de vente peut avoir été mis en place. Il est alors nécessaire de s'assurer que la commande est conforme aux termes du contrat : conditions de paiements, conditions tarifaires, conditions de livraison...

Confirmer les commandes de vente

Une commande de vente qui a été validée peut être confirmée au client. Cette confirmation permet en particulier de valider la date de livraison demandée par le client ou de proposer une nouvelle date. Une confirmation de la commande de vente (*sales order acknowledgment*) peut parfois être envoyée au client, par courrier postal ou courrier électronique par exemple.

La confirmation au client peut parfois être réalisée à la prise de commande. Par exemple, le système de prise de commande d'une application ERP permet souvent d'interroger, à la prise de commande, les modules de gestion des stocks (pour vérifier la disponibilité des produits), de gestion de production (pour vérifier la disponibilité des capacités de production) ou encore de gestion financière (pour vérifier l'en-cours de crédit). L'automatisation du contrôle de la disponibilité du transport est souvent plus difficile à mettre en œuvre.

Réaliser les commandes

■ Prioriser les commandes

Des arbitrages sont parfois nécessaires entre les responsables du service client, de la gestion de la production et de la gestion des stocks pour prioriser les commandes clients. La prise en compte de nouvelles commandes peut conduire par exemple à une modification importante du programme de fabrication et à retarder la livraison de commandes plus anciennes.

La définition par anticipation de règles de priorité des commandes permet d'éviter de prendre des décisions dans l'urgence. Ces règles pourront choisir de privilégier, par exemple, un groupe de clients, un groupe de produits, un canal de distribution ou encore la marge.

Pour faciliter cet arbitrage, il est également possible de définir des intervalles de temps :

- un horizon ferme (par exemple la semaine à venir) pour lequel aucune modification ne peut être apportée au programme de fabrication ;
- un horizon flexible pour lequel des modifications sont acceptées après avoir évalué leur faisabilité (en fonction par exemple de la disponibilité des composants qui avaient été commandés pour cet horizon de fabrication) ;
- un horizon ouvert pour lequel toutes les modifications sont acceptées.

■ Transmettre les demandes

Le processus de réalisation d'une commande client diffère en fonction de la stratégie de fabrication (voir « Définir la stratégie de production »).

- Dans le cas d'une fabrication sur stock, la commande client génère une demande indépendante qui sera prise en compte par la méthode de réapprovisionnement du stock. Si le stock est disponible, il pourra être alloué à la commande client.
- Dans le cas d'un assemblage à la commande, la commande client génère un ordre de fabrication d'assemblage qui est transmis au département gestion de production.
- Dans le cas d'une fabrication à la commande, la commande client génère un ordre de fabrication qui est transmis au département gestion de production.
- Dans le cas d'une conception à la commande, la commande client est transmise au département ingénierie qui se chargera par la suite de transmettre une demande de fabrication au département gestion de production.

■ Consommer les prévisions

Afin qu'une nouvelle commande client ne vienne pas dupliquer une demande déjà définie par la prévision des ventes, il est nécessaire de consommer les prévisions par les commandes clients.

La consommation des prévisions (*forecast consumption*) par les commandes désigne le processus qui ajuste les prévisions en fonction des commandes clients, ou de tout autre type de demande reçue. Par exemple, une entreprise reçoit une commande pour un produit dont le plan de production est représenté dans le tableau 6.3.

Tableau 6.3 – Plan de production avant la consommation de prévisions

Semaine	1	2	3	4	5	6	7	8	9	10
Prévision	1	3	7	7	8	8	7	10	11	13
Commande	9	8	5	3	1	0	0	0	0	0
Total de la demande	10	11	12	10	9	8	7	10	11	13
Production	12	12	10	10	9	8	7	8	10	10
Stock	12	13	11	11	11	11	11	9	8	5

Si la commande s'élève à 6 unités qui devront être disponibles en période 5, alors la prévision sur la même période devra être décrémentée de 6 unités (soit 8 – 6 = 2 unités), comme illustré dans le tableau 6.4.

Tableau 6.4 – Plan de production après la consommation de prévisions

Semaine	1	2	3	4	5	6	7	8	9	10
Prévision	1	3	7	7	8 – 6	8	7	10	11	13
Commande	9	8	5	3	1 + 6	0	0	0	0	0
Total de la demande	10	11	12	10	9	8	7	10	11	13
Production	12	12	10	10	9	8	7	8	10	10
Stock	12	13	11	11	11	11	11	9	8	5

Si la commande s'était élevée à 10 unités, dépassant ainsi la demande prévue sur la période, il aurait alors été possible soit de continuer à consommer les prévisions de la période suivante (la période 6), soit de continuer à consommer les prévisions de la période précédente (la période 4), soit de ne plus consommer les prévisions pour ce produit.

Il est également possible de ne pas consommer les prévisions si, par exemple, la commande correspond à une demande exceptionnelle qui n'avait pas été prise en compte par les prévisions.

Modifier les commandes

Lorsque le délai de traitement des commandes clients est très long, une partie importante de la charge de travail du département service client peut être consacrée à la modification des commandes existantes.

Exemples

Le procédé de fabrication de pièces en titane est organisé en trois grandes étapes consécutives :
- la fusion qui transforme les éponges de titane en lingots ;
- le forgeage qui convertit les lingots en brames ;
- le laminage qui produit des barres, des bobines et des plaques à partir des brames.

Un fabricant de pièces en titane ne pouvait pas mettre en place une stratégie de fabrication sur stock. En effet, si les dimensions des produits finis étaient standard, la composition du titane devait répondre à des spécifications techniques propres à chaque client (des industriels du secteur de l'aéronautique majoritairement).

Le délai de livraison d'une commande client était au minimum de six mois et pouvait atteindre un an, en raison d'un procédé de fabrication long et d'un carnet de commande chargé.

Les clients devaient alors passer des commandes auprès du fabricant au moins six mois à l'avance sans toujours connaître avec précision les caractéristiques des produits qu'ils souhaitaient acquérir.

Pour cette raison, les clients recontactaient très régulièrement le service client du fabricant pour modifier leurs commandes, au fur et à mesure que leurs besoins sur les produits commandés se précisaient. Ces modifications généraient une très importante charge de travail pour le service client.

Suivre les commandes

Le suivi des commandes clients peut représenter une charge de travail importante, en particulier lorsque le délai moyen séparant la date de prise de commande de la date d'expédition est élevé. Trois listes sont fréquemment utilisées pour suivre les commandes clients.

- **Le carnet de commande** (*backlog* ou *order backlog*) qui est la liste des commandes clients qui ont été reçues mais qui n'ont pas encore été expédiées.
- **La liste des commandes en retard** (*past due orders* ou *late orders* ou *delinquent orders*) qui désigne la liste des commandes dont au moins une ligne n'a pas été livrée et dont la date de livraison prévue est inférieure à la date du jour.
- **La liste des commandes en attente** (*backorders*) qui regroupe les commandes clients auxquelles un stock n'a pas été alloué et qui ne peuvent pas être livrées au client.

Le service client devra par exemple vérifier que les dates de livraison des commandes du carnet ne sont pas impactées par une modification du programme de fabrication. Il pourra aussi traiter en priorité des commandes en retard ou identifier avec le responsable de la gestion de production les actions à réaliser pour satisfaire les commandes en attente.

Expédier les marchandises

Le processus d'expédition d'une commande client est décrit dans la partie « Expédier les marchandises » (chapitre 8).

Lorsqu'une commande n'a pas été entièrement expédiée, la quantité restant à livrer est appelée le reliquat de commande. En fonction des accords avec le client, il peut être décidé de prévoir une nouvelle livraison ou de clôturer la commande, si le reliquat est peu important par exemple.

Facturer les commandes

Créer et transmettre les factures

Il existe différentes façons de facturer un client : par commande, par livraison, tous les mois…

Si le processus de création et d'envoi des factures est souvent automatisé, la gestion des erreurs de facturation peut nécessiter une importante charge de travail. La création de factures exactes peut être difficile, par exemple, pour les entreprises qui ont une politique tarifaire et une gestion des promotions complexes. Certains clients refusent par ailleurs de payer les factures inexactes, rallongeant ainsi les délais de paiement.

Lorsqu'un nombre important de factures est transmis au client, les factures peuvent être accompagnées d'un relevé de factures. Un relevé de factures est un document qui récapitule l'ensemble des factures envoyées au client et le montant total à payer.

Dans certains cas, il peut être nécessaire de réaliser une facture intersociétés, si la société juridique qui prend la commande n'est pas la même que celle qui livre le client. Par exemple, un client peut passer sa commande auprès de la filiale française d'un groupe européen qui dispose d'un entrepôt unique en Suisse. La filiale française doit passer une commande auprès de l'entrepôt suisse. L'entrepôt suisse livre alors le client final et facture la filiale française en utilisant une facture intersociétés. La filiale française facture à son tour le client final.

Suivre les encaissements

Le suivi des encaissements permet de contrôler le paiement des factures par les clients. Les clients dont des factures sont échues et impayées peuvent être relancés.

Gérer les réclamations

Le client peut faire une réclamation si, par exemple, la livraison ne correspond pas à sa commande (le produit livré n'est pas le produit commandé, une même commande a été livrée deux fois, une commande annulée a été livrée...) ou encore si la facture est incorrecte (l'adresse est incorrecte, le prix est incorrect, les remises et ristournes n'ont pas été prises en compte ou encore les codes et taux de TVA sont erronés).

Gérer le service après-vente

Le service après-vente (*after-sale service*) ou SAV désigne les opérations effectuées après la conclusion d'une vente afin d'assurer au client l'entretien et la réparation du bien vendu. Ce service peut être réalisé dans le cadre d'une garantie légale ou d'un contrat de service après-vente.

Piloter la performance du processus de gestion des commandes

Il existe de très nombreux indicateurs de mesure de la performance du processus de gestion des commandes. Quelques exemples de ces indicateurs sont définis dans le tableau 6.5. Les formules de calcul ont été données à titre d'exemple. Souvent, des formules différentes existent pour calculer un même indicateur.

Tableau 6.5 – Exemple d'indicateurs de mesure de l'efficacité du processus de traitement des commandes

Nom	Nom en anglais	Unité de mesure	Description
Taux de fiabilité de la prévision de la demande	*Forecast accuracy*	%	Moyenne des pourcentages d'erreur
Taux de fiabilité de la saisie des commandes	*Order data entry accuracy*	%	$\frac{\text{Nombre d'erreurs}}{\text{Nombre de commandes}}$
Taux de respect des délais	*On-time delivery*	%	$\frac{\text{Nombre de livraisons à l'heure}}{\text{Nombre total de livraisons}}$
Taux de service (en quantité)	*In-full delivery ou fill rate*	%	Le taux de service peut être mesuré par nombre de commandes, par nombre de lignes de commande… $\frac{\text{Nombre de commandes honorées}}{\text{Nombre total de commandes}}$ $\frac{\text{Nombre de lignes de commande honorées}}{\text{Nombre de lignes de commande}}$
Taux d'exactitude des factures	*Invoice accuracy*	%	$\frac{\text{Nombre de factures sans erreur}}{\text{Nombre total de factures}}$
Coût de traitement d'une commande	*Average order processing cost*	Coût	$\frac{\text{Coût du service client sur une période}}{\text{Nombre total de commandes sur une période}}$
Délai de livraison	*Delivery lead time*	Durée	$\frac{\text{Somme des délais de livraison des commandes}}{\text{Nombre total de commandes}}$

• • •

• • •

Nom	Nom en anglais	Unité de mesure	Description
Taux de retour client	*Return rate*	%	$\frac{\text{Nombre de produits retournés par les clients}}{\text{Nombre total de produits expédiés aux clients}}$
Taux de litige	*Complaint rate*	%	$\frac{\text{Nombre de lignes de commande en litige}}{\text{Nombre total de lignes de commande}}$
Délai de résolution	*Resolution lead time*	Durée	$\frac{\text{Somme des temps passés à résoudre les litiges}}{\text{Nombre total de litiges}}$
Ratio de rotation du crédit clients	*Days sales outstanding (DSO)*	Durée	Le ratio de rotation du crédit clients mesure le délai moyen de paiement des clients. $\frac{\text{Montant encours clients x Durée de la période}}{\text{Chiffre d'affaires TTC de la période}}$ L'encours clients est le chiffre d'affaires qui est facturé mais pas encore encaissé.

Quelquefois ces indicateurs sont partagés entre les clients et les fournisseurs. Dans le secteur de la grande distribution, les distributeurs suivent le taux de service de leurs fournisseurs. Par exemple, en France, un distributeur fixe à ses fournisseurs de produits de grande consommation un objectif de taux de service supérieur ou égal à 98,5 % sur une période minimum de 12 semaines sur 15 semaines glissantes.

Il n'est cependant pas rare que la valeur d'un indicateur calculée par un fournisseur soit différente de celle calculée par le client : la définition de l'indicateur, la formule ou encore les données utilisées pour le calcul peuvent être différentes. Le taux de service, par exemple, peut mesurer le nombre de livraisons qui respectent les quantités (*in full deliveries*), les délais (*on time deliveries*) ou encore les quantités et les délais (*on time in full deliveries* ou *OTIF deliveries*).

Vers la fin des années 1990, un groupe d'industriels a défini et proposé un indicateur unique pour mesurer la performance du processus de traitement des commandes, le *perfect order index* ou POI (voir l'encadré ci-après).

L'indicateur de commande parfaite

L'indicateur de commande parfaite (*perfect order index* ou POI) est destiné à mesurer la performance du processus d'exécution des commandes clients.

Il est composé de quatre métriques :

- Le pourcentage des commandes expédiées complètement (*orders shipped complete*). Une commande est expédiée complètement lorsque l'exacte quantité de commande a été livrée au client.
- Le pourcentage des commandes livrées dans les délais (*on time delivery*). Une commande est livrée dans les délais si elle respecte la date et l'heure de livraison demandée par le client. Une marge de tolérance est souvent définie.
- Le pourcentage des commandes non endommagées (*damage free*). Une commande non endommagée est une commande qui a été réceptionnée par le client et qui n'a pas été rejetée pour cause de dommage.
- Le pourcentage des factures exactes (*accurate invoice*). Certaines erreurs peuvent être acceptées.

Le POI est obtenu en multipliant les 4 pourcentages. Par exemple si la valeur des métriques *order shipped complete, on time delivery, damage free* et *accurate invoice* est respectivement égale à 95 %, 97 %, 99 % et 93 %, alors le POI sera égal à 95 x 97 x 99 x 93 soit 80 %.

L'indicateur de commande parfaite, défini à la fin des années 1990, a vu sa définition évoluer.

Comment améliorer la performance du processus de gestion des commandes ?

Le processus de gestion des commandes peut être très consommateur de ressources, en particulier s'il doit traiter un nombre important de lignes de commande ou de réclamations client. Le transfert de la charge de travail à un centre d'appels externalisé est souvent difficile à mettre en œuvre en raison du grand nombre d'interactions nécessaires avec les différents départements de l'entreprise. Certaines entreprises automatisent, lorsque cela est possible, de nombreuses étapes du processus de gestion des commandes clients.

Le processus de gestion des commandes ne bénéficie pas toujours de l'attention qu'il mériterait au sein des entreprises.

L'essentiel

▶▶ **Le processus de gestion des commandes clients** se déroule en huit étapes : prévision de la demande, gestion des commandes, réalisation des commandes, expédition des commandes, facturation des commandes, gestion des réclamations et des retours, gestion du service après-vente, pilotage de la performance du processus de gestion des commandes. Il implique de nombreux départements au sein de l'entreprise : service client mais aussi marketing, commercial, logistique, production ou encore finance.

▶▶ **Le processus de prévision de la demande** se déroule généralement en quatre étapes : définition et communication des hypothèses pour les prévisions, prévision de la demande par organisation, consolidation des prévisions, mesure de la fiabilité des prévisions et mise en place d'actions d'amélioration.

▶▶ **Une fois reçue et enregistrée**, une commande client doit être contrôlée avant de confirmer la livraison au client : contrôle de la disponibilité des produits en stock, contrôle de la disponibilité des ressources, contrôle de la disponibilité du transport, vérification de l'en-cours de crédit…

Chapitre 7

Piloter les stocks et les flux de produits

Executive summary

- **Le pilotage des stocks** et des flux de produits a un impact important sur la performance d'une entreprise. Par exemple, les stocks représentent en général de 20 % à 60 % des actifs d'une entreprise industrielle.
- **Comment positionner** et dimensionner les stocks de chaque produit sur chacun des maillons de la chaîne logistique ? Comment planifier et suivre au mieux les flux des produits entre les différents maillons ?

Les stocks de produits

Les types de stock

Différents types de produits sont gérés en stock (voir figure 7.1).

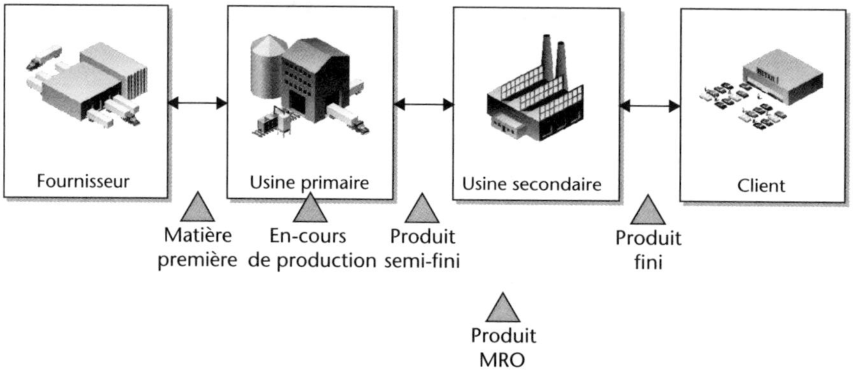

Figure 7.1 – Types de stock

- **Les matières premières** (*raw materials*) sont des produits qui sont acquis par une entreprise pour intervenir dans la composition des biens qu'elle fabrique. Une matière première peut être une ressource naturelle (le clinker pour une usine de ciment ou le minerai de fer pour une usine métallurgique) ou un produit fabriqué par un fournisseur (des bouteilles en verre pour une brasserie).
- **Les en-cours de production** (*work in process* ou WIP) sont des produits qui sont en cours de fabrication. Une voiture sur une chaîne de montage automobile ou le métal en fusion dans le moule d'une fonderie sont, par exemple, des en-cours de production.
- **Les produits semi-finis** (*semi-finished goods*) sont des produits intermédiaires qui ne sont ni des matières premières (parce qu'ils n'ont pas été achetés), ni des produits finis (parce qu'ils ne sont pas terminés) et qui peuvent être stockés. Une fois stocké, un produit semi-fini peut être réintroduit dans le cycle

de production. Une brame pour l'industrie métallurgique ou un châssis de voiture pour l'industrie automobile sont des produits semi-finis.

- **Les produits finis** (*finished goods*) sont des produits fabriqués et vendus par une entreprise.
- **Les produits de maintenance, de réparation et de révision** (*maintenance, repair and overhall supplies* ou *MRO supplies*) sont les produits qui ne rentrent pas dans la fabrication des produits finis. Les consommables, les outillages ou les pièces de rechange des machines de production sont des produits MRO.

Les fonctions du stock

Le rôle principal du stock est de découpler l'offre et la demande, les flux de produits poussés par l'offre et ceux tirés par la demande (voir « Définir le modèle de pilotage des stocks et des flux de produits »). En constituant un *buffer*, le stock permet de découpler deux opérations successives qui participent à la fabrication d'un produit.

Exemple

Sur une ligne d'assemblage, un stock de pièces, en constituant un *buffer*, permet de découpler deux opérations successives qui participent à la fabrication d'un produit. Dans une usine, un stock de matières premières permet à une ligne de production de fonctionner indépendamment des livraisons des fournisseurs.

Pour découpler l'offre et la demande, un stock peut assurer six fonctions différentes.

- **Le stock de roulement** (*cycle stock* ou *cycle inventory*) est le stock nécessaire pour couvrir les demandes clients entre deux approvisionnements consécutifs. Il est diminué progressivement par les commandes clients et augmenté cycliquement par les réceptions des commandes fournisseurs. Le stock de roulement et le stock de sécurité constituent les deux principales composantes du stock.

- **Le stock de sécurité** (*safety stock* ou *reserve stock* ou *buffer stock*) est le stock destiné à couvrir les variations non prévues de la demande (augmentation) et des approvisionnements (diminution). Des erreurs de prévision, une demande volatile, le changement d'un prix de vente ou encore le lancement de nouveaux produits peuvent être la cause d'une augmentation non prévue de la demande. L'interruption de la production, des problèmes de qualité, des retards fournisseurs ou une augmentation du temps de transport peuvent entraîner une diminution non prévue des approvisionnements.

Souvent, seul un stock de sécurité infini permettrait de couvrir toutes les variations. non prévues de la demande et des approvisionnements. Aussi, le plus souvent, le stock de sécurité est dimensionné en fonction d'un taux de service cible. Le taux de service est la proportion de la demande qui peut être satisfaite sans rupture (par exemple, si sur 100 lignes de commande enregistrées, cinq n'ont pu être livrées à temps ou ont été livrées incomplètes, le taux de service est de 95 %).

Un exemple de méthode de calcul du stock de sécurité en fonction du taux de service cible est décrit dans la fiche pratique de la page 245.

- **Le stock de série** (*lot size inventory*) est le stock qui est approvisionné en excédent pour des raisons économiques. Par exemple, l'allongement d'une campagne de fabrication (pour réduire les coûts de production), le transport en camion complet (pour réduire les coûts de transport) ou encore le regroupement de plusieurs commandes d'approvisionnement (pour réduire les coûts d'achat) génèrent un stock de série.

FICHE PRATIQUE

COMMENT CALCULER UN STOCK DE SÉCURITÉ ?

Une méthode de calcul du stock de sécurité repose sur l'hypothèse que la déviation de la demande est distribuée suivant une courbe de Gauss (voir figure 7.2).

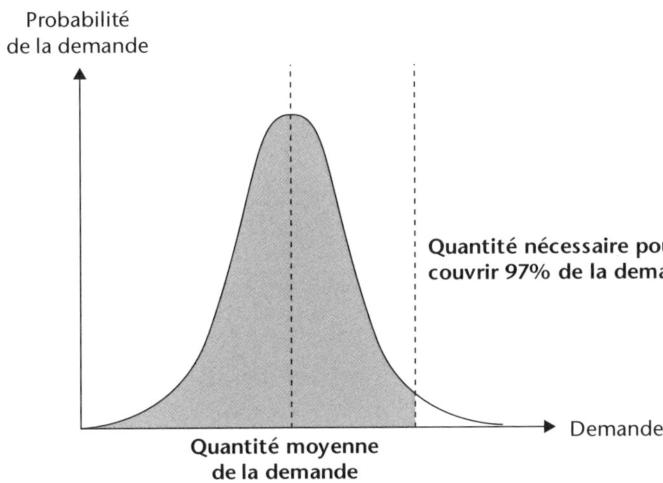

Figure 7.2 – Courbe de Gauss

Dans cette hypothèse, le stock de sécurité peut être calculé en utilisant la formule suivante :

$$\text{Stock de sécurité} = \text{Facteur de service} \times \text{Écart type de la demande} \times \sqrt{\text{Délai de livraison}}$$

Le facteur de service est déterminé par le taux de service cible. Par exemple, pour atteindre un taux de service de 97 %, le facteur de service doit être égal à 1,88.

L'écart type de la demande représente l'imprédictibilité de celle-ci. Plus la demande est difficile à prévoir, plus l'écart type est grand et plus le stock de sécurité doit être élevé.

De la même façon, plus le délai de livraison est élevé, plus le stock de sécurité doit être important.

- **Le stock en transit** (*transportation inventory* ou *pipeline inventory*) est un stock de produits en transit entre deux sites (à bord d'un camion ou sur une plate-forme de distribution par exemple).
- **Le stock d'anticipation** (*anticipation inventory*) est un stock complémentaire destiné à couvrir un événement à venir comme un programme de promotion des ventes, une variation saisonnière de la demande, la fermeture d'une usine ou encore une période de vacances. Une fois que l'événement a eu lieu, le stock d'anticipation n'a plus lieu d'être.
- **Le stock de couverture** (*hedge inventory*) est un stock destiné à couvrir un risque dont la probabilité d'occurrence ou l'impact est élevé (comme la hausse du coût d'une matière première ou une grève chez un fournisseur).

Le coût du stock

Le coût du stock comprend le coût d'acquisition des produits, le coût de possession du stock, le coût de passation de commande et le coût de rupture.

■ Coût d'acquisition

Pour un produit acheté à un fournisseur, le coût d'acquisition (*acquisition cost*) comprend le coût du produit et tous les coûts liés à l'acquisition du produit (comme les coûts de transport, d'assurance ou encore de douane). Pour un produit fabriqué en interne, le coût d'acquisition comprend le coût des composants et les coûts de fabrication.

■ Coût de possession

Le coût de possession du stock (*carrying cost*) correspond à l'ensemble des coûts liés à la gestion d'un produit en stock. Il est composé du coût d'immobilisation du capital, du coût de stockage et du coût de dépréciation.

- **Le coût d'immobilisation du capital** correspond, au minimum, au montant des intérêts si l'argent nécessaire à l'acquisition du stock avait été placé. Cet argent ne peut en effet pas être utilisé pour d'autres investissements.
- **Le coût de stockage** regroupe le coût de l'immobilier, les frais du personnel travaillant dans l'entrepôt et le coût des équipements (chariot élévateur, étagère...).
- **Le coût de dépréciation** correspond aux coûts liés à l'obsolescence des produits.

■ Coût de passation de commande

Le coût de passation de commande (*ordering cost*) comprend, pour les produits commandés à des fournisseurs, les coûts administratifs (comme les frais de correspondance et de téléphone ou les salaires et charges sociales des employés en charge des commandes de réapprovisionnement) et les frais de contrôle (contrôle qualitatif et quantitatif). Pour les produits fabriqués par l'usine, le coût de passation de commande correspond au coût de lancement en fabrication. Le coût de lancement en fabrication comprend les coûts de préparation du lancement (comme le coût d'édition de l'ordre de fabrication) et les coûts liés à la préparation de la ligne de production.

■ Coût de rupture

Le coût de rupture (*stock out cost*) est le coût résultant d'une commande client qui n'a pas pu être satisfaite. Il peut inclure la perte de chiffre d'affaires, le coût d'utilisation de moyens de livraison urgente, le coût de modification au dernier moment de l'ordonnancement de la production ou encore, éventuellement, le coût lié à la perte d'un client.

Définir la politique de gestion des stocks

Une politique de gestion des stocks (*inventory policy*) définit les objectifs et les méthodes mises en œuvre pour la gestion des stocks. Les méthodes de gestion des stocks peuvent être différentes par type de stock (matière première, en-cours de production, produit semi-fini, produit fini, produit MRO) ou par segment de produits.

L'analyse ABC est souvent utilisée pour définir une politique de gestion des stocks différenciée en fonction du volume de vente ou d'utilisation des produits (voir fiche pratique ci-après).

FICHE PRATIQUE

COMMENT SEGMENTER LES PRODUITS POUR MIEUX GÉRER LES STOCKS ? L'ANALYSE ABC

Objectifs

L'analyse ABC est une technique qui vise à segmenter les produits en trois groupes en fonction de la demande afin de définir, pour chaque groupe, une politique de gestion des stocks, de production ou de distribution adaptée.

Description

L'analyse ABC est une technique, basée sur la loi de W. Pareto, qui suppose qu'une part importante des ventes est souvent réalisée par un nombre limité de produits.

Le référentiel produit est segmenté en trois groupes (voir figure 7.3) :

- le groupe A est composé des références constituant 80 % du volume (représentant souvent environ 20 % des références) ;
- le groupe B est composé des références constituant 15 % du volume (représentant souvent environ 30 % des références) ;
- et le groupe C est composé des références constituant 5 % du volume (représentant souvent environ 50 % des références).

• • •

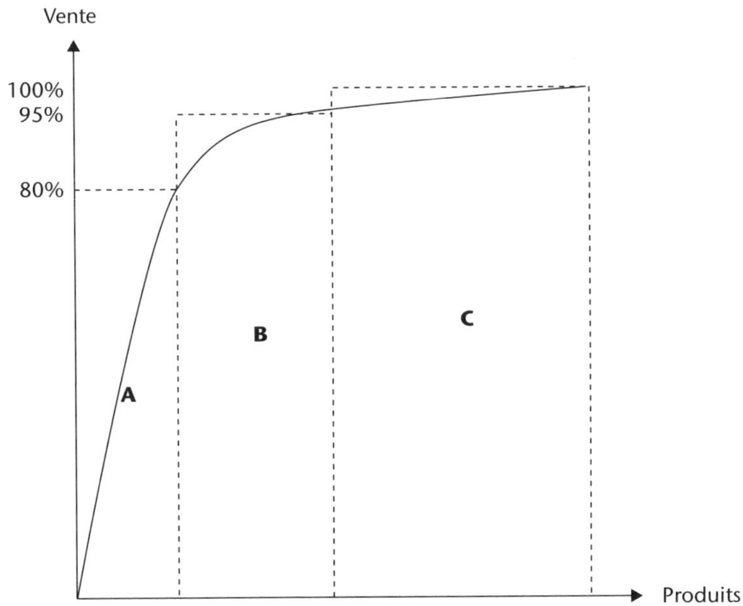

Figure 7.3 – Analyse ABC

La segmentation peut être réalisée suivant d'autres critères tels que le prix ou le poids.

Pour chacun des segments, une politique de gestion des stocks, de production et de distribution peut être définie. Par exemple, la politique de production pourra être une fabrication sur point de commande pour les produits du groupe A, une fabrication sur prévision pour les produits de groupe B et une fabrication à la commande pour les produits du groupe C.

L'analyse seule des consommations de produits en utilisant l'analyse ABC n'est pas toujours suffisante pour définir une politique de gestion des stocks. Cette politique peut en effet être différente pour deux produits qui présentent des volumes de vente similaires mais une variabilité de la demande différente. Un produit qui présente une forte variabilité des ventes sur l'année (les ventes sont concentrées sur la fin de l'année par exemple) ne sera peut-être pas maintenu en stock tout au long de l'année. L'analyse volume variabilité permet de prendre en compte non seulement le volume mais aussi la variabilité de la demande pour segmenter les produits (voir fiche pratique ci-après).

FICHE PRATIQUE

COMMENT SEGMENTER LES PRODUITS POUR MIEUX GÉRER LES STOCKS ? L'ANALYSE VOLUME VARIABILITÉ

Objectifs

L'analyse volume variabilité est une technique qui vise à segmenter les produits en fonction du volume et de la variabilité de la demande et à définir, pour chaque segment, une politique de gestion des stocks, de fabrication et de distribution adaptée.

Description

L'analyse volume variabilité segmente le référentiel des produits en quatre groupes (voir figure 7.4). Sur la base de cette segmentation, une politique de gestion des stocks, de fabrication et de distribution peut être définie pour chacun des segments.

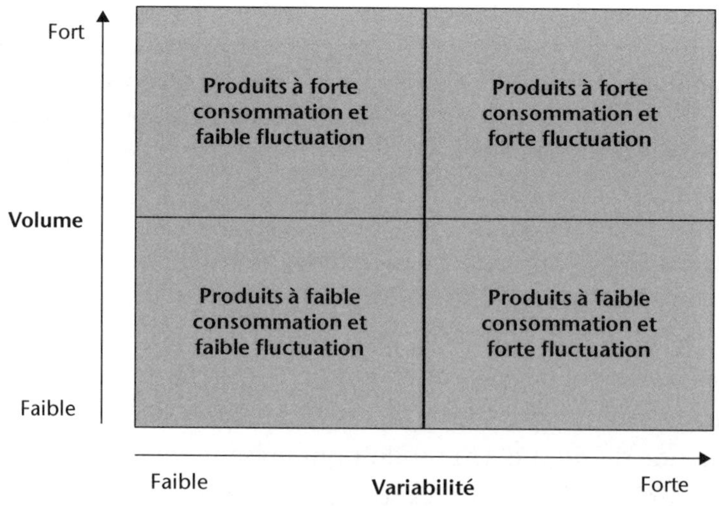

Figure 7.4 – Analyse volume variabilité

• • •

Une segmentation différente peut également être utilisée : les produits à forte consommation et à forte fluctuation, les produits à forte consommation et à faible fluctuation, les produits à consommation moyenne et les produits à faible consommation.

Un exemple de politique de gestion des stocks des produits finis d'un industriel du luxe qui gère plusieurs sites de production et de stockage est décrit ci-après.

Exemple

Une entreprise produit et commercialise des produits horlogers et de joaillerie. Elle possède un réseau de distribution sur plusieurs niveaux. Les différentes usines approvisionnent une plate-forme centrale en Suisse. Cette plate-forme approvisionne des plates-formes régionales qui livrent, à leur tour, les boutiques que possède l'entreprise en propre. Les plates-formes régionales sont approvisionnées tous les mois. Les boutiques sont livrées toutes les semaines.

L'entreprise a défini une politique de gestion des stocks en segmentant les produits en quatre groupes : nouveaux produits, best-sellers 1, best-sellers 2 et produits à faible volume.

Les nouveaux produits sont, avant le lancement, stockés dans l'entrepôt central (pour constituer le stock), après le lancement, stockés dans les boutiques.

Les best-sellers 1, qui représentent 50 % du chiffre d'affaires, sont stockés à la fois dans l'entrepôt central, les entrepôts régionaux et les boutiques.

Les best-sellers 2, qui représentent 30 % du chiffre d'affaires, sont stockés dans l'entrepôt central et les boutiques.

Les produits à faible volume (produits dont la demande est variable, produits exceptionnels qui sont soit fabriqués à la commande soit des éditions limitées, produits en fin de vie qui ne sont plus fabriqués) sont stockés uniquement dans les boutiques. Les produits en fin de vie sont stockés, en général, dans les boutiques qui ont les plus fortes ventes afin de pouvoir écouler le plus rapidement possible le stock restant.

Définir la méthode de réapprovisionnement

Une fois la politique de gestion des stocks définie, une méthode de réapprovisionnement doit être retenue pour chaque produit. Cette méthode diffère suivant que le stock du produit est réparti sur un seul niveau mono échelon ou sur plusieurs niveaux (multiéchelon) de la chaîne logistique.

Exemple

Un stock réparti dans plusieurs points de vente est monoéchelon. Un stock déployé sur un entrepôt central et plusieurs entrepôts régionaux d'un réseau de distribution ou d'approvisionnement est multiéchelon.

Les méthodes de réapprovisionnement pour les stocks monoéchelons ont été décrites dans la partie « Les commandes d'achat pour les achats directs ».

Les stocks multiéchelons

La méthode de réapprovisionnement peut être plus difficile à mettre en œuvre lorsque le stock est multiéchelon. Les méthodes de réapprovisionnement doivent en effet déterminer suivant quelle fréquence et quelle quantité mais aussi pour quels sites une commande de réapprovisionnement doit être effectuée.

■ L'approche séquentielle

L'approche séquentielle calcule des demandes de réapprovisionnement de façon séquentielle, tout au long du réseau, des nœuds du réseau devant livrer les clients jusqu'aux nœuds du réseau qui réceptionnent les produits. Elle utilise les méthodes de réapprovisionnement mises en œuvre pour les stocks monoéchelons. Elle considère que chaque site est indépendant.

Cette approche est simple à mettre en œuvre mais elle ne permet pas d'optimiser globalement le stock réparti entre plusieurs sites.

■ La méthode de planification des ressources de distribution

La méthode de planification des ressources de distribution (*distribution resource planning* ou *distribution requirement planning* ou DRP) détermine, sur la base de la demande client (prévision des ventes, commandes clients), les niveaux de stock cibles pour chaque produit et chaque nœud du réseau de distribution. Il en déduit par la suite les besoins en capacité de transport par dépôt, les besoins en main-d'œuvre et équipements par dépôt, les volumes de réapprovisionnement par produit et par source de réapprovisionnement.

Le DRP réalise un calcul en cascade tout au long du réseau de distribution, des nœuds du réseau devant livrer les clients jusqu'aux nœuds du réseau qui réceptionnent les produits des différentes sources d'approvisionnement (usines ou fournisseurs). Le calcul utilise également différents paramètres du réseau de distribution (comme les délais d'approvisionnement, de production, de distribution, les quantités minimales d'approvisionnement, de production et de distribution ou encore les stocks de sécurité). Le calcul réalisé par le DRP pour chacun des nœuds du réseau de distribution s'appuie sur la logique MRP (voir « Planifier les besoins en capacités »). Le plus souvent, le calcul du DRP doit traiter un important volume de données et est automatisé.

L'exemple ci-dessous (voir tableau 7.1) illustre le calcul d'un DRP pour un réseau de distribution composé d'une usine approvisionnant un entrepôt central qui livre lui-même deux entrepôts régionaux (voir figure 7.5).

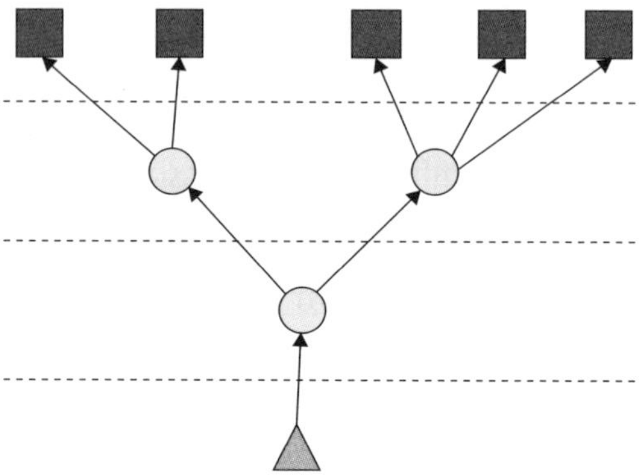

Figure 7.5 – Exemple de réseau de distribution

Dans cet exemple, la taille des commandes de réapprovisionnement des entrepôts est fixe (10). La taille des ordres de production transmis de l'entrepôt central vers l'usine est fixe également (20). Par souci de simplification, les délais de livraison et de production sont nuls.

Tableau 7.1 – Exemple de calcul d'un DRP

Mois		1	2	3	4	5	6
Plateforme B							
Demande		5	4	6	5	9	4
Stock disponible	12	7	3	7	2	3	9
Stock de sécurité		5	5	5	5	5	5
Approvisionnement			10		10	10	
Plateforme C							
Demande		6	4	7	5	4	5
Stock disponible	12	6	12	5	10	6	11
Stock de sécurité		7	7	7	7	7	7
Approvisionnement		10	0	10	0	10	0

• • •

Mois		1	2	3	4	5	6
Plateforme A							
Demande		10	10	10	10	20	0
Stock disponible	12	2	12	22	12	12	32
Stock de sécurité		15	15	15	15	15	15
Approvisionnement		20	20	0	20	20	0

Le DRP a été développée par Andre Martin[1]. En 1975, alors *material management director* chez Abbott, il mit en place cette méthode en utilisant le logiciel Steps d'IBM.

■ La méthode d'optimisation des stocks multiéchelons

La méthode d'optimisation des stocks multiéchelons (*multi-echelon inventory optimization* ou MEIO) détermine les niveaux de stock cibles et les besoins en réapprovisionnement globalement. Elle utilise des algorithmes d'optimisation.

Pour être mise en œuvre, cette méthode nécessite généralement d'utiliser un système d'optimisation des stocks multiéchelons (voir l'encadré ci-après).

Système d'optimisation des stocks multiéchelons

Description

Un système d'optimisation des stocks multiéchelons a pour objectif d'optimiser globalement les stocks tout en respectant un taux de service client donné.

Fonctions proposées

Un système d'optimisation des stocks multiéchelons propose, dans un premier temps, de modéliser la chaîne logistique et les paramètres associés

1 Source : *Distribution Resource Planning : The Gateway To True Quick Response And Continual Replenishment*, Andre J. Martin - 1995, revised edition, John Wiley & Sons.

• • •

(comme les délais de réapprovisionnement). Par la suite, sur la base de paramètres d'entrée (comme le taux de service client), le système calcule le niveau optimal de stock cible et de stock de sécurité pour chaque produit sur chaque site. Une fonction de simulation permet de comparer différents scénarios d'optimisation en faisant varier les paramètres d'entrée (le taux de service client par exemple) et se sélectionner le scénario le plus adapté.

Technologies utilisées

Un système d'optimisation des stocks multiéchelons s'appuie en général sur des algorithmes stochastiques.

Planifier les flux de produits

Une fois les méthodes d'approvisionnement définies, il est possible de planifier les quantités à approvisionner par produit et pour chacun des nœuds du réseau. Cette planification doit prendre en compte les contraintes des ressources de production, logistiques (comme les capacités de stockage) et de transport (comme les capacités de transport) nécessaires au réapprovisionnement, au stockage et au déplacement des produits au sein du réseau d'approvisionnement et de distribution.

Suivre les flux des produits

Une fois planifiés, les flux sont mis en œuvre par les fonctions de gestion des entrepôts (voir chapitre 8) et du transport (voir chapitre 9).

S'il permet de vérifier la bonne exécution du plan, le suivi des produits tout au long d'une chaîne logistique présente d'autres intérêts. Il permet de réduire les niveaux de stock, les coûts, les délais de livraison, de maîtriser la qualité (en permettant par exemple de retrouver la cause d'un écart de qualité), la logistique (en ayant connaissance à chaque instant de la localisation des unités d'expédition) ou encore de respecter la réglementation (pour lutter contre la fraude ou circonscrire un problème sanitaire par exemple).

La traçabilité des produits est cependant difficile à mettre en œuvre. Comment, par exemple, suivre les 70 000 références produit gérées par un hypermarché qui travaille avec 3 000 à 6 000 fournisseurs ? La mise en œuvre progressive de systèmes d'identification automatique utilisant le code à barres ou la fréquence radio a permis d'améliorer la traçabilité des produits.

Piloter la performance du pilotage des stocks et des flux de produits

Le tableau 7.2 regroupe quelques exemples d'indicateurs de suivi de la performance du pilotage des stocks.

Tableau 7.2 – Exemples d'indicateurs de suivi de la performance du pilotage des stocks

Nom	Nom en anglais	Unité de mesure	Description
Taux de rupture de stock	*Out of stock rate*	%	$\frac{\text{Nombre de produits en rupture}}{\text{Nombre total de produits}}$
Taux de rotation des stocks	*Inventory turnover, inventory turns*	%	Le taux de rotation des stocks mesure le nombre de fois où un stock de produits se renouvelle sur une période donnée. Il est en général mesuré séparément pour chaque type de stock (matières premières, produits finis...). $\frac{\text{Nombre de produits sortis du stock}}{\text{Nombre moyen de produits en stock}}$ $\frac{\text{Somme des coûts des produits vendus}}{\text{Valeur moyenne du stock}}$
Taux d'obsolescence	*Inventory obsolescence*	%	$\frac{\text{Valeur du stock obsolète}}{\text{Valeur totale du stock}}$

Comment améliorer la performance du pilotage des stocks et des flux de produits ?

Réduire les coûts du stock

Pour une entreprise, réduire de 10 % les stocks contribue souvent à une amélioration de 2 % à 5 % du résultat. Pourtant de nombreuses entreprises présentent des opportunités importantes de réduction des coûts du stock.

Exemple

Une étude menée par l'univerisité de l'Ohio sur l'évolution des stocks dans 17 secteurs d'activité aux États-Unis de 1979 à 1999 a montré que si les stocks de matières premières et d'en-cours avaient été généralement améliorés, certains secteurs avaient vu leurs stocks de produits finis augmenter.

Les principaux leviers de réduction des niveaux de stock sont représentés dans la figure 7.6.

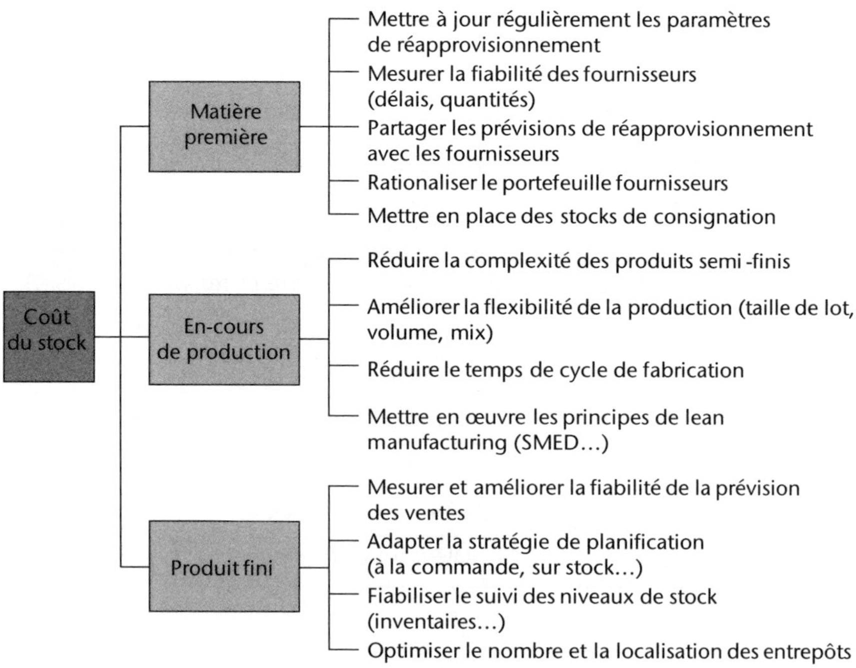

Figure 7.6 – Exemple de leviers de réduction du coût du stock

Mettre en place une gestion conjointe des approvisionnements et des stocks

■ Introduction

En 1961, dans son ouvrage *Industrial Dynamics*, Jay W. Forrester écrivait : « L'activité centrale de nombreuses entreprises industrielles est le processus de production et de distribution. Un problème récurrent est de faire correspondre le volume de production avec le volume des ventes au consommateur final. Il est bien connu que le volume de production en usine fluctue beaucoup plus que le volume des achats des consommateurs finaux. Il a souvent été observé qu'un système de distribution fait de stocks en cascade et de procédures de commande semble amplifier de petites perturbations qui se produisent dans les points de vente. »

L'amplification des perturbations dont parle Jay W. Forrester prendra le nom de *bullwhip effect* (quelquefois traduit en français par effet coup de fouet) ou celui de son fondateur, *Forrester effect* (voir figure 7.7).

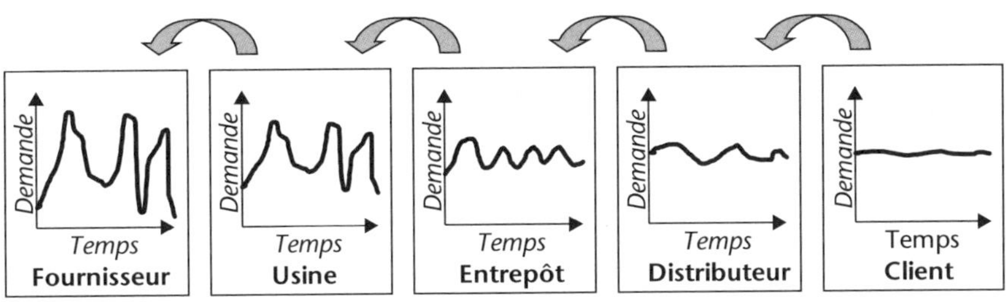

Figure 7.7 – *Bullwhip effect*

Un jeu de simulation, le *beer game* permet de mieux comprendre le *bullwhip effect* (voir fiche pratique ci-après).

FICHE PRATIQUE

QU'EST-CE QUE LE *BEER GAME* ?

Objectifs

Le *beer game* est un jeu de simulation qui permet de mieux comprendre les difficultés de gestion d'une chaîne logistique constituée d'entités indépendantes qui communiquent peu entre elles.

Description

Le *beer game* simule le fonctionnement d'une chaîne logistique de distribution de bières (voir figure 7.8). Il se joue à quatre participants et un administrateur. Chaque participant joue le rôle d'un maillon de la chaîne logistique : brasserie, distributeur, grossiste, magasin. À chaque période du jeu (une période représentant une semaine de simulation), chaque participant décide, sur la base du stock disponible et des commandes de son client, de la quantité de caisses de bière à réapprovisionner auprès de son fournisseur. Il reçoit par ailleurs, durant cette même période, des livraisons de son fournisseur et expédie des caisses de bière à son client. La demande client hebdomadaire au niveau du magasin est connue du seul administrateur du jeu. Les livraisons entre les participants se font avec des délais de quatre semaines (deux semaines pour transmettre la commande de réapprovisionnement, deux semaines pour acheminer les produits).

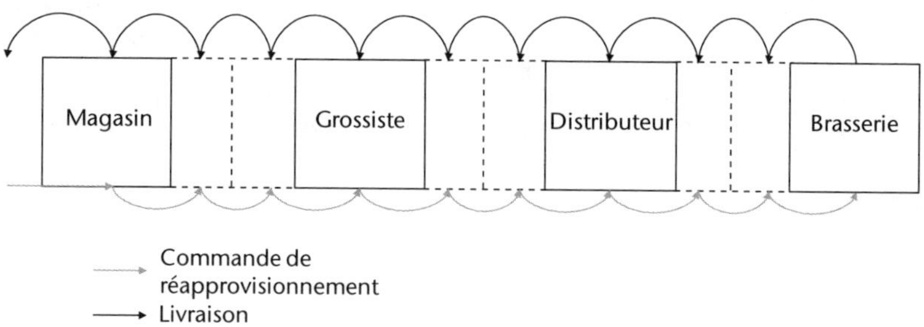

Figure 7.8 – Chaîne logistique simulée dans le *beer game*

• • •

Tous les participants ont pour objectif de minimiser le coût des stocks tout en évitant les ruptures de stock. Chaque participant paie 1 $ pour un produit en rupture de stock et 0,5 $ par produit tenu en stock.

Origines

Le *beer game* a été développé par Jay W. Forrester et le Systems Dynamics Group du Massachusetts Institute of Technology (MIT) dans les années 1960, afin d'illustrer et d'expliquer les causes du *bullwhip effect* aux étudiants.

Démarche

- Au démarrage du jeu, chaque maillon possède en stock douze caisses de bière.
- Sur les quatre premières semaines, la demande client au point de consommation est de quatre caisses.
- La demande double à la cinquième semaine et reste à ce niveau jusqu'à la fin du jeu.

L'augmentation subite de la demande produit des ruptures de stock au niveau du magasin, ruptures qui se propagent en amont de la chaîne logistique en raison des délais de livraison longs (quatre semaines). Pour réagir à cette situation, les participants passent d'importantes commandes qui conduisent, par la suite, à des niveaux de stock élevés. Il n'est pas rare de voir des commandes de plus de cinquante caisses.

La mise en place d'un processus collaboratif de gestion des stocks et des approvisionnements entre un client et ses fournisseurs est souvent un moyen efficace de minimiser le *bullwhip effect*. À partir des années 1980, de nombreuses méthodes d'approvisionnement conjoint entre les clients et les fournisseurs furent développées : QR, VMI (ou CRP), JIT II, CMI ou encore CPFR.

■ L'évolution des méthodes d'approvisionnement conjoint entre les clients et les fournisseurs

En 1984, l'industrie américaine du textile et de l'habillement, devait faire face à une forte compétition des pays à bas coûts. Elle forma le *Crafted With Pride in the U.S.A. Council* (CWP) qui chercha à améliorer la qualité de service pour prendre avantage de la production locale. Une étude, confiée à la société de conseil Kurt Salmon Associates, mit en évidence les délais très élevés (soixante-six semaines) d'une chaîne logistique qui regroupait de nombreux acteurs : producteurs de textile, de tissus et de vêtements, distributeurs. Moins de 17 % du temps était effectivement utilisé à des activités de production. Des programmes appelés ***quick response*** **(QR)** furent mis en œuvre pour réduire les délais de livraison. Ces programmes amélioraient en particulier les échanges d'information entre clients et fournisseurs en s'appuyant sur les nouvelles technologies de l'époque : code UPC pour identifier les produits, EDI pour échanger des informations entre les différents systèmes d'information, code à barres pour le suivi des conteneurs[1].

En 1985, Wal-Mart et Procter & Gamble lancèrent un projet de mise en œuvre du ***vendor managed inventory*** **(VMI)**. Le projet contribua largement à populariser le VMI qui fut adopté, par la suite, par d'autres distributeurs. De nombreux projets de mise en œuvre du VMI ne donnèrent cependant pas les résultats escomptés en raison, en particulier, de la difficulté des fournisseurs à réaliser des prévisions fiables.

En 1986, le directeur des achats et de la logistique de Bose Corporation, un fabricant de systèmes audio de haute fidélité, confia la gestion du réapprovisionnement en juste-à-temps de ses usines à ses fournisseurs. Des employés de ces fournisseurs devaient être présents à plein-temps sur les sites de Bose Corporation (*in plants*[2]).

---

1 Source : *Quick Response In The Apparel Industry*, Janice H. Hammond, Maura Kelly, 24 avril 1991.

2 Source : *Bose Corporation : JIT II*, James R. Freeland, Rhanna Kidwell, 8 septembre 1995.

Cette méthode de réapprovisionnement, le ***just in time*** **II** (ou **JIT II**), permit aux acheteurs et aux planificateurs de BOSE de se concentrer sur des tâches à plus forte valeur ajoutée et aux fournisseurs de mieux comprendre les besoins de leur client.

En 1998, le distributeur Kmart mit fin à 300 projets VMI qu'il remplaça par 50 projets de mise en place du ***collaborative managed inventory*** (**CMI**) qui répondirent mieux aux attentes du distributeur.

En 1992, inquiet de la perte de compétitivité face aux nouveaux formats de distribution, en particulier les *wholesale club*, et s'inspirant des techniques développées par l'initiative *quick response*, les représentants de l'industrie de la distribution alimentaire lancèrent à leur tour l'initiative ***efficient consumer response*** ou **ECR** (voir fiche pratique ci-après).

En 1996, Wal-Mart et Warner-Lambert, le fabricant du rince-bouche Listerine, mirent en place une nouvelle méthode de réapprovisionnement qu'ils appelèrent ***collaborative forecasting and replenishment*** ou **CFAR**[1]. Avec cette méthode, ils échangent des informations non seulement sur les stocks et les mouvements de stock mais aussi sur les prévisions de vente. En 1998, l'association Voluntary Interindustry Commerce Solutions (VICS) formalisa cette méthode de réapprovisionnement qui fut renommée ***collaborative planning, forecasting and replenishment*** ou **CPFR**.

1 Source : « Clearing The Cobwebs From The Stockroom », *Businessweek*, 21 octobre 1996.

FICHE PRATIQUE

QU'EST-CE QUE L'ECR ?

Objectifs

L'objectif de l'*efficient consumer response* ou ECR (réponse optimale au consommateur) est de mettre en place une organisation de l'industrie de la distribution alimentaire orientée client dans laquelle les distributeurs et les industriels travaillent ensemble pour maximiser la satisfaction client et réduire les coûts.

Description

Le rapport « Efficient Consumer Response – Enhancing Consumer Value In The Grocery Industry », souvent considéré comme le point de départ de l'ECR, décrit l'ECR comme une stratégie de l'industrie de la distribution alimentaire dans laquelle les distributeurs et les fournisseurs collaborent pour apporter plus de valeur au client. En travaillant conjointement sur l'efficience de la chaîne logistique globale plutôt que sur ses composants individuels, les distributeurs et les fournisseurs réduisent les coûts globaux de la chaîne logistique, les stocks et les immobilisations tout en améliorant la mise à disposition de produits alimentaires frais et de qualité.

Origines

Inquiets de la perte de compétitivité face aux nouveaux formats de distribution, les représentants de l'industrie de la distribution alimentaire mirent en place en 1992 un groupe de travail. Ce groupe de travail, l'*Efficient Consumer Response Working Group*, avait pour objectif d'identifier les opportunités d'amélioration de la chaîne logistique. Il confia à la société de conseil Kurt Salmon Associates la conduite d'une étude qui identifia un ensemble de pratiques pour réduire les coûts de l'industrie de 10 %. Les acteurs de l'industrie de la distribution alimentaire mirent en place progressivement certaines de ces pratiques. En 1994, l'industrie de la grande distribution en Europe créa à son tour ECR Europe.

• • •

Démarche

L'ECR propose de mettre en place quatre actions pour améliorer la performance de la chaîne logistique et mieux répondre à la demande des clients.

- **Un assortiment magasin performant** qui définit, pour chaque catégorie de produits, le nombre et les types de produits, la dimension et l'emballage des produits ou encore l'espace alloué à la catégorie (category management).
- **Un réapprovisionnement performant** qui réduit les coûts en améliorant la qualité des informations de sortie de caisse et en mettant en place de nouvelles pratiques (programmes continuous replenishment, EDI, *cross-docking*, approvisionnement assisté par ordinateur, nouvelles techniques de réception des marchandises).
- **Des promotions performantes** qui mettent fin à des pratiques inefficaces source, par exemple, de surstockage.
- **Un lancement des nouveaux produits** performant en améliorant le processus de lancement souvent source de nombreux échecs et donc de coûts supplémentaires.

■ Gestion des stocks de consignation

Un stock de consignation est une marchandise qui se trouve chez le client mais qui demeure la propriété du fournisseur. La valeur de ce stock doit être comptabilisée par le fournisseur. Le transfert de propriété ne s'effectue que lorsque la marchandise est prélevée du stock de consignation par le client. En général, ce dernier peut retourner au fournisseur les marchandises du stock de consignation qu'il n'a pas utilisées.

Le plus souvent, le fournisseur facture le client tous les mois sur la base d'une déclaration de consommation de ce dernier.

Pour le client, le stock de consignation réduit les coûts d'immobilisation du capital. Pour le fournisseur, à l'inverse, il augmente la valeur totale du stock et nécessite une gestion administrative plus lourde. Le fournisseur cherchera souvent à refacturer, d'une façon ou d'une autre, ce surcoût à son client.

■ Gestion partagée des approvisionnements

La gestion partagée des approvisionnements ou GPA est une méthode de réapprovisionnement avec laquelle le fournisseur réapprovisionne le stock du client, sur la base d'informations transmises par ce dernier (comme les quantités en stock ou le volume des ventes). Cette méthode permet au fournisseur d'avoir une meilleure visibilité de la demande client et de planifier sa production et ses expéditions en conséquence. Elle permet également de réduire les risques de rupture de stock. Cette méthode est surtout utilisée dans le secteur de la grande distribution. Il existe deux versions de la gestion partagée des approvisionnements.

- Dans la GPA sans confirmation de la proposition de commande, plus souvent appelée *vendor managed inventory* ou VMI, le fournisseur réapprovisionne le stock du client de sa propre initiative, sans attente de confirmation du client.
- Dans la GPA avec confirmation de la proposition de commande (*collaborative managed inventory* ou *co-managed inventory* ou CMI ou *joined managed inventory* ou JMI), le fournisseur ne réapprovisionne le stock du client qu'après validation de la proposition par ce dernier.

■ Collaborative planning forecasting and replenishment

Le *collaborative planning, forecasting and replenishment* (CPFR), traduit en français par plan, prévisions et approvisionnements concertés, est un processus de gestion de la chaîne d'approvisionnement qui s'appuie sur une prévision des ventes unique établie conjointement par le client (le distributeur) et le fournisseur (l'industriel). Il repose également sur un accord de collaboration et un plan commercial commun.

Le processus de CPFR est une évolution du processus de GPA. Il permet d'obtenir une vision plus globale de la chaîne d'approvisionnement en intégrant les prévisions et en anticipant sur les événements.

Le processus CPFR comprend neuf étapes décrites ci-dessous[1]. Ces neuf étapes peuvent être réparties en trois phases : la planification (étapes 1 et 2), la prévision de la demande (étapes 3 à 8) et le réapprovisionnement (étape 9).

1. Établir l'accord de collaboration

   Le client et le fournisseur définissent le cadre et les règles de fonctionnement de leur collaboration dans un accord de partenariat qui décrit les attentes des deux parties, les actions et les ressources à mettre en place pour la réussite de la coopération. Le client et le fournisseur doivent également s'entendre sur les objectifs du partenariat, l'accord de confidentialité ou encore les données échangées.

2. Élaborer le plan commercial commun

   Le client et le fournisseur partagent des informations sur leurs stratégies et leurs plans opérationnels respectifs afin d'établir un plan commercial partagé. Par la suite, ils définissent, pour chaque article, ses paramètres de gestion comme la quantité minimale de commande, les sous-multiples de commande ou le délai et la fréquence de réapprovisionnement.

3. Établir la prévision de vente

   La prévision des ventes est établie à partir des informations sur les sorties de stock et les événements programmés comme les campagnes publicitaires ou les actions promotionnelles par exemple.

4. Identifier les exceptions de la prévision de vente

   Le client et le fournisseur identifient les articles qui tombent en dehors de la prévision des ventes. Les critères d'exception sont définis pour chaque article dans l'accord de partenariat.

5. Résoudre les exceptions de la prévision des ventes

1 Source : *Collaborative Planning, Forecasting and Replenishment Recommended Guidelines.*

Les exceptions identifiées sont traitées conjointement par le client et le fournisseur qui décident ensemble des modifications à apporter aux prévisions.

6. Établir le programme d'approvisionnement

   Le programme d'approvisionnement est établi sur la base de la prévision des ventes, du plan commercial ou encore de la stratégie de gestion des stocks. Il intègre les objectifs de niveau de stock par article et par site. La partie court terme du programme d'approvisionnement est utilisée pour générer les commandes de réapprovisionnement. La partie long terme est utilisée à des fins de planification.

7. Identifier les exceptions du programme de réapprovisionnement

   Le client et le fournisseur identifient les articles qui tombent en dehors du programme de réapprovisionnement. Les critères d'exception sont définis pour chaque article dans l'accord de partenariat.

8. Résoudre les exceptions

   Les exceptions identifiées sont traitées conjointement par le client et le fournisseur qui décident ensemble des modifications à apporter au programme de réapprovisionnement.

9. Créer les commandes de réapprovisionnement

   Les commandes de réapprovisionnement sont créées sur la base du plan de réapprovisionnement.

L'essentiel

- **Différents types de produits** sont gérés en stock : les matières premières, les en-cours de production, les produits semi-finis, les produits finis et les produits de maintenance, de réparation et de révision.
- **Une politique de gestion des stocks** définit les objectifs et les méthodes mises en œuvre pour la gestion des stocks. Différentes analyses (analyse ABC, analyse volume variabilité) peuvent être utiles pour définir une politique de gestion des stocks.
- **Les trois principales méthodes de réapprovisionnement** des stocks multiéchelons sont l'approche séquentielle, la méthode de planification des ressources de distribution et la méthode d'optimisation des stocks multiéchelons.
- **La planification des flux de produits** doit prendre en compte les contraintes des ressources de production, logistiques (comme les capacités de stockage) et de transport (comme les capacités de transport) nécessaires au réapprovisionnement, au stockage et au déplacement des produits.
- **Les principales méthodes d'approvisionnement conjoint** entre les clients et les fournisseurs sont la gestion des stocks de consignation, la gestion partagée des approvisionnements (GPA) et le *collaborative planning, forecasting and replenishment* (CPFR).

Chapitre 8

Gérer les entrepôts

Executive summary

▸▸ **Les coûts logistiques**, incluant les coûts de gestion des entrepôts, représentent souvent de 3 % à 5 % du chiffre d'affaires d'une entreprise industrielle. La logistique, en incluant le transport, représente en Europe de 10 % à 15 % du coût d'un produit fini. Dans certains secteurs, comme celui de la grande distribution ou de l'automobile, la fonction logistique est critique au bon fonctionnement des opérations.

▸▸ **Quels moyens de stockage**, de manutention et de conditionnement faut-il utiliser ? À quelle catégorie de prestataire de services logistiques faut-il éventuellement sous-traiter ses opérations logistiques ? Quel processus faut-il mettre en œuvre ?

La gestion des entrepôts

Le processus de gestion des entrepôts

Le processus de gestion d'un entrepôt est représenté figure 8.1.

Figure 8.1 – Exemple de processus de gestion d'un entrepôt

Les entrepôts et les plates-formes logistiques

Un entrepôt (*warehouse*) est un bâtiment utilisé pour le stockage des marchandises.

Une plate-forme logistique (*logistics hub*) est un bâtiment utilisé pour des opérations de groupage ou de dégroupage de marchandises. Elle est appelée plate-forme de *cross-docking* lorsque les marchandises ne sont pas stockées pour ces opérations de groupage/dégroupage.

Certains bâtiments sont pour partie des entrepôts, pour partie des plates-formes logistiques.

Les entrepôts et plates-formes logistiques disposent de quais de déchargement et de chargement. Les bâtiments, dont la hauteur sous plafond est d'au moins 5,50 mètres, présentent généralement des volumes homogènes.

■ Les zones de l'entrepôt

Un entrepôt est constitué de différentes zones.

La zone de réception

La zone de réception regroupe les quais de déchargement des camions, les zones de contrôle réception, de conditionnement et de stockage de masse.

Les quais de déchargement sont utilisés pour le déchargement des camions par transpalette ou chariot élévateur. Ils doivent être à la même hauteur que celle du plancher des camions, soit à environ 1,20 mètre du sol.

La zone de contrôle réception est utilisée pour conduire les contrôles quantitatifs et qualitatifs des marchandises réceptionnées.

Une zone de déconditionnement est nécessaire si les marchandises réceptionnées doivent être conditionnées unitairement (pouvant nécessiter un déhoussage ou une dépalettisation), reconditionnées (pour effectuer un changement de la palette par exemple) ou étiquetées.

Après avoir été réceptionnées et avant d'être transférées progressivement vers la zone de stockage, les marchandises peuvent être entreposées dans la zone de stockage de masse. Dans cette zone, les marchandises sont généralement posées à même le sol. Le stockage de masse est adapté en particulier aux produits gerbables.

La zone de réception est dimensionnée en fonction du volume de réception de l'entrepôt et du type des marchandises réceptionnés. Par exemple, plus le volume de réception sera élevé, plus la surface occupée par la zone de réception devra être importante.

La zone de stockage

La zone de stockage regroupe les moyens de stockage (le plus souvent des racks) séparés entre eux par des allées de circulation. Les allées peuvent être à sens unique ou à double sens. Elles sont dimensionnées pour permettre le déplacement des moyens de manutention.

La zone de stockage peut être elle-même divisée en deux zones : une zone de réserve et une zone de *picking*. La zone de *picking*, dans laquelle les marchandises sont stockées en vue du *picking*, est en général approvisionnée à partir de la zone de réserve. Par exemple, un rack peut regrouper une zone de réserve qui contient des palettes complètes et une zone de *picking*, au niveau du sol, qui regroupe des palettes rompues dans lesquelles sont prélevées les marchandises.

La zone de préparation de commande

La zone de préparation de commande est utilisée pour préparer les commandes des clients (personnalisation, étiquetage). Le dimensionnement de la zone de préparation sera différent suivant que la préparation est faite en palettes complètes, en colis ou au détail.

La zone de préparation pourra contenir également une zone de consolidation. La zone de consolidation est utilisée pour regrouper l'ensemble des préparations d'une commande.

La zone d'expédition

La zone d'expédition regroupe une zone d'emballage, une zone de contrôle et une zone d'attente de départ.

La zone d'emballage est utilisée pour préparer les marchandises pour le transport. Les équipements d'emballage, comme les housseuses et les banderoleuse, sont situés dans cette zone. La zone d'emballage peut être située en amont ou en aval de la zone de contrôle.

La zone de contrôle permet de vérifier que la commande prête à être expédiée au client est conforme.

La zone d'attente de départ et de chargement permet de stocker les marchandises qui sont prêtes avant l'arrivée du camion.

Les zones de l'entrepôt peuvent être agencées de différentes façons. Les deux agencements les plus courants sont les agencements en I et en U (voir figure 8.2). Avec un agencement en I, le flux des produits traverse l'entrepôt de bout en bout. Avec un agencement en U, les quais de chargement et de déchargement sont situés sur la même façade de l'entrepôt.

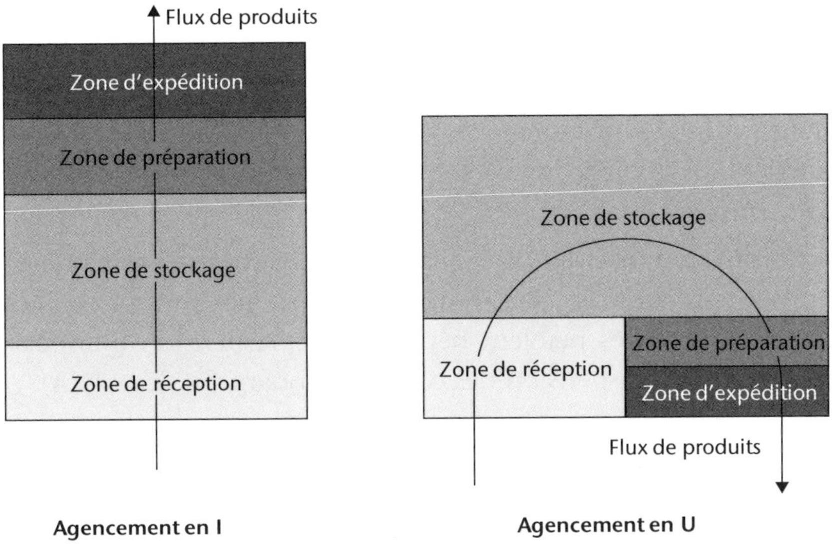

Figure 8.2 – Exemples d'agencement d'entrepôts

▪ Les types d'entrepôt

Les entrepôts et plates-formes peuvent répondre à différents objectifs : réduire les coûts de transport en concentrant puis en éclatant les flux de marchandises, positionner les marchandises à proximité des lieux de consommation, stocker les marchandises sur des périodes données... Certains entrepôts et plates-formes sont mis en place pour répondre à des fonctions spécifiques.

L'entrepôt d'usine est situé à proximité ou au sein de l'usine. Il est utilisé pour réceptionner les matières premières avant leur consommation et les produits finis avant leur expédition.

La plate-forme de *cross-docking* a pour vocation de concentrer et/ou d'éclater des marchandises sans les stocker. Les transports de messagerie utilisent généralement des plates-formes de *cross-docking*.

L'entrepôt de consignation est situé à proximité de ou chez un client. Ce dernier s'approvisionne directement à partir de l'entrepôt. Les marchandises sont la propriété du client lorsqu'elles quittent l'entrepôt.

Le magasin avancé fournisseur (MAF) est une variante de l'entrepôt de consignation. Il est localisé à proximité de l'usine d'un client. Les marchandises sont livrées en flux tendus à l'usine. Les MAF sont utilisés principalement par les équipementiers de l'industrie automobile. Ils regroupent généralement les produits de plusieurs fournisseurs.

L'entrepôt douanier est un lieu agréé par les autorités douanières et soumis à leur contrôle. Sous le régime d'entrepôt sur douane, les marchandises stockées peuvent bénéficier de suspension d'imposition (par exemple, suspension des droits de douane ou de la TVA).

Les moyens de stockage

Différents moyens de stockage peuvent être utilisés pour entreposer des marchandises dans un entrepôt ou une plate-forme logistique.

- **Rack conventionnel ou simple profondeur**

  Un rack conventionnel ou simple profondeur est composé d'une rangée unique de stockage en profondeur afin que les charges entreposées soient immédiatement accessibles. L'emplacement d'une palette dans un rack s'appelle une alvéole.

- **Rack à double profondeur**

  Un rack à double profondeur est composé de deux rangées de stockage en profondeur. Le déplacement de la charge située à l'avant de la travée est nécessaire pour atteindre celle située dans la seconde rangée.

- **Rack à accumulation dynamique**

  Un rack à accumulation dynamique est composé de plusieurs rangées de stockage en profondeur (en général de deux à cinq rangées). Les différentes travées sont légèrement inclinées et équipées de rails ou de rouleaux gravitaires permettant le déplacement des charges entre les différentes rangées. Le stockage peut se faire à partir d'une allée ou de deux allées de circulation. Dans le cas où deux allées sont utilisées, l'une peut être réservée au stockage, l'autre au déstockage. Le stockage par accumulation est adapté aux produits stockés en grandes quantités.

- **Silo**

  Un silo est un réservoir clos généralement métallique ou en béton. Il est utilisé pour stocker les produits en vrac comme les liquides ou les pulvérulents (ciment, farine...).

Les moyens de manutention

Les moyens de manutention sont utiles pour déplacer les marchandises sur un site. Le mot transitique est parfois utilisé pour définir l'ensemble des opérations (entrées, sorties, transferts...) nécessaires au déplacement des produits sur un site, du quai de réception au quai d'expédition, à l'aide d'un système de manutention automatique.

Transpalette

Le transpalette est un chariot qui est utilisé pour déplacer des palettes. Il se caractérise par une fourche qui peut s'élever du sol, permettant ainsi au manutentionnaire de soulever une palette puis de la déplacer. Un transpalette électrique assiste l'opérateur lorsque la palette est soulevée puis déplacée.

Chariot élévateur

Il existe une grande variété de chariots élévateurs. Un chariot élévateur est destiné à déplacer des charges telles que des cartons, des bobines ou encore des conteneurs. Il est équipé d'un poste de conduite, d'un mat qui lui permet de soulever les charges en hauteur et d'une ou de plusieurs fourches. Il est particulièrement adapté au déplacement de charges lourdes et au stockage en rack.

Les premiers chariots furent fabriqués en 1917 par l'entreprise Clark, aux États-Unis. En France, Fenwick fut la première société à construire et commercialiser des chariots élévateurs. Le nom Fenwick est devenu un nom commun pour désigner ces chariots.

Transstockeur

Un transstockeur est un portique roulant vertical, muni d'un chariot mobile et utilisé dans la manutention de charges isolées à l'intérieur de magasins. Un transstockeur peut être à simple ou double profondeur. Les magasins à double profondeur permettent de stocker sur deux niveaux de profondeur et ainsi de maximiser la capacité de stockage.

Le transstockeur est particulièrement adapté pour travailler dans des allées étroites et à des hauteurs de plus de 30 mètres. Il permet ainsi de maximiser l'utilisation de l'espace d'un entrepôt. La vitesse de déplacement du transstockeur et son automatisation permettent d'offrir une capacité de manutention élevée.

Chariot sans conducteur (automatic guided vehicle ou AGV)

Un chariot sans conducteur déplace des charges sans l'intervention d'un conducteur. Différentes technologies sont utilisées par les chariots sans conducteur. Les chariots filoguidés suivent un fil enterré émettant un signal électrique (tout changement de parcours nécessite alors de nouveaux travaux dans le sol). Les chariots laserguidés (*laser guided vehicle* ou LGV) déterminent leur parcour grâce à un capteur laser placé dans le chariot et des réflecteurs accrochés aux murs ou sur des poteaux préinstallés. Si les systèmes filoguidés et laserguidés sont les plus répandus, il existe d'autres systèmes de guidage comme l'optoguidage (suivi d'une ligne peinte au sol grâce à des caméras embarquées) ou l'odoguidage (suivi d'une série d'aimants insérés de façon régulière dans le sol).

Convoyeur

Un convoyeur (à chaînes, à rouleaux…) permet de déplacer des charges au sein d'un entrepôt suivant un parcours fixe.

Les installations portuaires utilisent également des moyens de manutention qui leur sont propres[1].

---

1 Les définitions ci-dessous sont extraites de *Terminologie en transports combinés*, Conseil économique et social des Nations unies, 1er février 2000.

Grue classique

Une grue classique est utilisée pour soulever les marchandises par un câble passant par une flèche.

Reach stacker

Un *reach stacker* est une grue automobile équipée d'un dispositif de levage frontal lui permettant de déplacer ou gerber des charges.

Chariot-cavalier

Un chariot-cavalier est un portique mobile monté sur des roues caoutchoutées qui enfourche un conteneur pour le soulever, le déplacer ou le gerber, se déplaçant sur une surface plane et renforcée.

Portique roulant

Un portique roulant est une grue portique pouvant faire évoluer la charge dans les trois dimensions (hauteur, largeur, longueur) et évoluant elle-même en site propre, soit sur rails, soit sur pneus. De telles grues sont couramment affectées à une surface de manœuvre limitée, dans une seule direction. Elles sont utilisées pour le transbordement rail/route et/ou navire/quai.

Les moyens de conditionnement

Les moyens de conditionnement sont utilisés pour faciliter le stockage, la manutention et le transport de marchandises.

■ Les palettes

Une palette est un plateau utilisé pour le stockage, la manutention et le transport de marchandises. Elle est conçue pour être déplacée par des chariots élévateurs (ou transpalettes). Si la plupart des palettes sont en bois, il en existe en plastique, en fer ou encore en carton. La dimension des palettes a été normalisée dans de nombreuses régions du monde. En Europe, la palette Europe ou palette EPAL est la plus répandue. Elle mesure 80 cm de largeur sur 120 cm de longueur. Elle est également déclinée en demi-palette (80 cm × 60 cm). L'industrie automobile européenne utilise un format différent (100 cm × 120 cm). Aux États-Unis, il existe une dizaine de formats de palettes couramment utilisés. Le plus répandu est celui défini par la Grocery Manufacturers'Association. Le choix d'un format de palette est structurant à la fois pour les équipements logistiques (camion, transpalette, rack…) et les emballages des produits. Par exemple, les industriels du secteur de la grande consommation dimensionnent leurs emballages afin d'optimiser le remplissage des palettes.

Il existe différents systèmes de gestion des palettes :

- **Le système de palettes perdues** : les palettes qui sont utilisées pour livrer les produits à un client restent la propriété de ce dernier. Les palettes peuvent être soit données soit vendues au client.
- **Le système d'échange de palettes** : à la réception d'une palette de produits, le client remet à son fournisseur une palette vide qu'il prélève de son stock.
- **Le système de location de palettes** : une société achète des palettes et les loue à des industriels. La société contrôle les flux de palettes, facture ses clients en fonction de l'utilisation des palettes et optimise la disponibilité des palettes. CHEP est la première société à avoir lancé un système de location de palettes, en 1958.

Le choix d'un système de gestion de palettes peut varier par client, par industrie ou par pays. Par exemple, le système d'échange de palettes fonctionne mieux en Allemagne qu'en Italie. Le système de palettes perdues est adapté aux petites entreprises ou aux entreprises qui ont des clients non réguliers.

■ Les big bags

Un *big bag* est un sac amovible et suffisamment renforcé pour être soulevé et mis à l'intérieur d'une unité de chargement pour le transport en vrac de marchandises.

■ Les conteneurs

En 1956, un transporteur routier américain, Malcolm Mac Lean, décida de charger les remorques de ses camions directement dans les navires pour réduire le temps de transbordement. Il perfectionna par la suite ce système en dissociant la caisse de la remorque de son châssis et inventa ainsi le conteneur.

Le conteneur est une caisse métallique de forme rectangulaire qui est utilisée pour le transport de marchandises. Il peut être transporté à la fois par bateau, par camion, par train ou encore par péniche. Chacun des huit coins du conteneur est équipé d'une pièce de coin (*corner fitting* en anglais) en acier. Ces pièces sont utilisées pour la manutention, le gerbage et le transbordement des conteneurs d'un moyen de transport à un autre. La dimension des conteneurs a été normalisée en 1967. Les formats de conteneurs les plus répandus sont ceux d'une longueur de 20 et 40 pieds et d'une largeur de 8 pieds. Ces dimensions, conçues initialement pour le continent américain, ne sont pas adaptées au format des palettes Europe. Un conteneur de 40 pieds ne peut charger que 25 palettes Europe en raison de la largeur interne de 2,33 mètres. Ainsi la capacité d'un conteneur de 40 pieds utilisé sur un plateau routier est très inférieure à celle d'une remorque routière qui peut charger 33 palettes. L'utilisation des conteneurs est très répandue dans les transports de longue distance nécessitant l'utilisation de différents modes de transport. Si le conteneur le plus utilisé est la simple caisse métallique (souvent appelée une boîte), il existe des conteneurs spécialisés pour les transports réfrigérés (conteneur réfrigéré ou conteneur *reefer*) ou ventilés, des conteneurs citernes ou encore à voiture.

Un équivalent vingt pieds ou EVP (*twenty equivalent unit* ou TEU) est une unité de mesure correspondant au volume occupé par un conteneur standard de vingt pieds. Cette unité sert à exprimer, par exemple, la capacité d'un porte-conteneurs ou d'une aire d'entreposage. Un conteneur de 40 pieds équivaut à deux EVP.

Les termes empotage (*stuffing*) et dépotage (*stripping*) sont respectivement utilisés pour désigner le remplissage et le vidage d'un conteneur.

Il existe deux types d'expédition de conteneurs :

- FCL (*full container load*) : l'entreprise qui souhaite expédier des marchandises à un destinataire dispose de la quantité suffisante pour utiliser toute la charge ou le volume utile du conteneur. Le transport de la marchandise est alors réalisé en limitant les ruptures de charge.
- LCL (*less than container load*) : l'entreprise qui souhaite expédier des marchandises à un destinataire ne dispose pas de la quantité suffisante pour utiliser toute la charge ou le volume utile du conteneur. Elle doit alors faire appel à une société de groupage pour compléter le chargement du conteneur.

Les unités utilisées pour gérer les marchandises

En fonction des opérations effectuées (entreposage, manutention, vente...), l'unité utilisée pour gérer les marchandises peut varier de l'unité de vente consommateur à l'unité de transport.

■ Unité de vente consommateur ou UVC

Une unité de vente consommateur (*sales unit*) correspond à l'unité d'un produit que le consommateur peut acquérir séparément.

■ Unité logistique

Une unité logistique est un regroupement d'unités de vente consommateur qui permet de faciliter le stockage et la manutention. Une unité logistique peut être une unité de charge ou une unité de chargement.

■ Unité de charge

Une unité de charge (*loading unit*) est une marchandise palettisée ou préemballée destinée à être chargée dans une unité de chargement. En général, la surface au sol de l'unité de charge est adaptée aux dimensions de l'unité de chargement. Par exemple, les dimensions des emballages, qui peuvent être des unités de charge, sont en général standardisées pour être des sous-multiples des unités de chargement. Le PCB (par combien) désigne le nombre d'unités de vente consommateur contenues dans une unité de charge.

■ Unité de chargement

Une unité de chargement (*unit load device*) désigne une marchandise préparée pour être chargée dans une unité de transport. Un fût, une caisse, un rouleau, une cuve, une palette ou encore un conteneur peuvent être des unités de chargement.

■ Unité de transport

Une unité de transport désigne un conteneur, une caisse mobile ou une semi-remorque. Par extension, une unité de transport intermodale (UTI) désigne une unité de transport adaptée au transport intermodal.

Une unité de vente consommateur (un tube de dentifrice) fait partie, avec d'autres UVC, d'une unité de charge (un carton de tube de dentifrice) incluse dans une unité de chargement (une palette de cartons) chargée dans une unité de transport (un conteneur ou une caisse mobile), comme illustré figure 8.3.

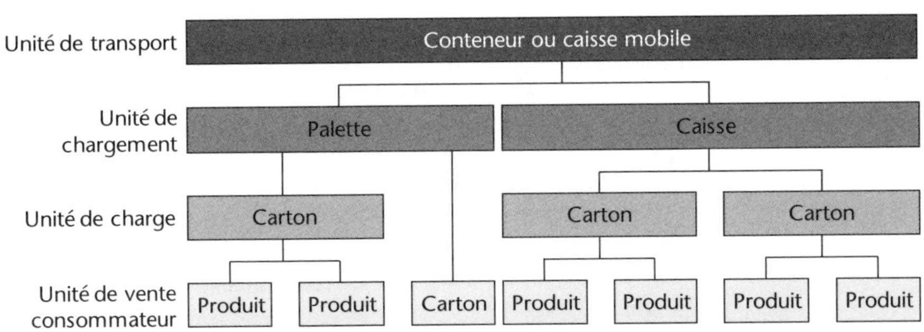

Figure 8.3 – Unités utilisées pour gérer les marchandises

La gestion des stocks utilise souvent le terme SKU (*stock-keeping unit*) traduit en français par unité de gestion des stocks (UGS). L'unité de gestion des stocks ne désigne pas une unité de mesure mais un article qui fait partie des stocks et qui est caractérisé, entre autres, par sa fonction, son style, son format, sa couleur et sa localisation.

Les prestataires de services logistiques

Pour réduire leurs coûts logistiques et se focaliser sur leur cœur de métier, de nombreuses entreprises sous-traitent leurs opérations logistiques à des prestataires. Les sociétés du secteur de la haute technologie ont été parmi les premières à sous-traiter leur logistique.

Il existe différentes catégories de prestataires de services logistiques (voir figure 8.4).

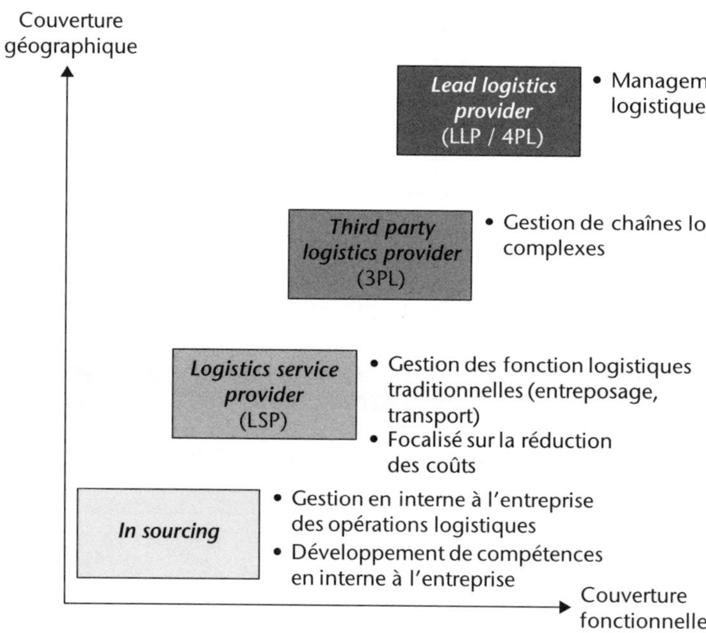

Figure 8.4 – Modèles d'externalisation de la logistique

- Les *logistics service providers* (LSP) prennent en charge des opérations logistiques traditionnelles (entreposage et transport). Ils possèdent souvent un nombre réduit d'entrepôts et ont une couverture géographique généralement limitée.

- Les *third party logistics providers* (3PL) proposent, en plus de services d'entreposage et de transport, des services complémentaires (*co-packing*, suivi du transport...). Ils mettent souvent en place des systèmes d'information avancés pour proposer des services à valeur ajoutée (*track & trace*...). Ils ont une couverture géographique étendue (pays, région, continent).
- Les *fourth party logistics providers* (4PL), également appelés *lead logistics providers* (LLP), prennent en charge la gestion de la chaîne logistique globale de leurs clients. Ils proposent des services qui dépassent les seules opérations logistiques comme la prise de commande ou la facturation des clients. Le terme 4PL a été inventé par le cabinet de conseil Accenture (qui s'appelait alors Andersen Consulting). Ce dernier définissait un 4PL comme « un intégrateur qui assemble ses propres ressources, capacités et technologies et celles d'autres prestataires pour concevoir et piloter des *supply chains* complexes ». Aujourd'hui, le terme 4PL est surtout utilisé pour désigner une entreprise qui ne possède pas de moyens en propre et qui intègre les prestations de différentes entreprises (entreposage, transport, opération à valeur ajoutée) tandis que le terme LLP est employé pour les 3PL qui diversifient leur offre de services.

Certaines entreprises souhaitent garder la maîtrise de leur fonction logistique, comme par exemple les industriels de la chimie qui stockent et transportent des matières dangereuses.

Réceptionner les marchandises

Préparer la réception des marchandises

La préparation de la réception des marchandises doit prévoir le personnel et les moyens de manutention qui seront nécessaires.

Réceptionner les marchandises

Le réceptionnaire reçoit les marchandises livrées par le transporteur. Les marchandises sont déchargées du moyen de transport et entreposées dans la zone de réception.

Contrôler les marchandises

Le réceptionnaire contrôle les marchandises réceptionnées avant de les entrer en stock. Il vérifie en particulier la conformité de la livraison avec le bon de commande (comme par exemple que les produits commandés n'ont pas été substitués par d'autres produits ou qu'il n'y a pas d'écart de quantité entre la commande et la livraison). Il vérifie également que les marchandises ne sont pas endommagées. Ce contrôle est réalisé soit en déballant toutes les marchandises des unités de transport, soit par sondage, soit uniquement visuellement.

Si la livraison n'est pas conforme, le réceptionnaire peut soit refuser la livraison soit indiquer ses réserves sur le bon de livraison. Le réceptionnaire signe le bon de livraison reconnaissant ainsi le transfert de propriété des marchandises.

Entreposer les marchandises

Les marchandises contrôlées sont transférées de la zone de réception vers la zone de stockage. Une zone de stockage est généralement organisée en emplacements. Chaque emplacement est identifié par une adresse unique. Par exemple l'adresse d'un emplacement peut être définie par un numéro de zone, un numéro d'allée, un numéro de travée et un niveau.

Lorsqu'un produit est entré en stock, deux méthodes différentes sont utilisées pour identifier l'emplacement qui sera utilisé : la méthode de stockage à emplacement fixe et celle à emplacement variable.

- Avec la méthode de stockage à emplacement fixe (*fixed-location storage*), chaque produit est toujours rangé au même emplacement de l'entrepôt. Cette méthode permet aux employés de localiser facilement les produits. Elle nécessite cependant un espace de stockage important puisqu'il faut réserver un emplacement de stockage pour chaque référence, qu'elle soit stockée ou non. Elle ne permet pas d'obtenir des taux de remplissage très supérieur à 50 %.

- La méthode de stockage à emplacement variable (*random-location storage*) affecte un emplacement de façon dynamique à chaque produit entré en stock. Cette méthode permet d'atteindre des taux de remplissage de l'ordre de 80 %.

L'emplacement de stockage d'un produit est souvent fonction de ses caractéristiques. Les articles nécessitant les mêmes moyens de manutention sont généralement regroupés dans une même zone de l'entrepôt. Les produits dont le taux de rotation est élevé sont souvent rangés dans un emplacement proche de la zone de préparation.

La classification ABC (voir fiche pratique « Comment segmenter les produits pour mieux gérer les stocks ? L'analyse ABC ») est souvent utilisée pour organiser l'entrepôt en trois zones : les produits de classe A sont stockés dans les emplacements les plus proches de la zone de préparation, les produits de classe B sont stockés dans une zone plus éloignée tandis que les produits de classe C sont stockés dans la zone la plus éloignée de la zone de préparation.

Gérer les stocks de marchandises

Suivre les niveaux de stock

Le stock théorique définit, pour chaque produit, la quantité en stock et, éventuellement, les emplacements utilisés. Il est suivi en utilisant des fiches de stock (voir tableau 8.1). La gestion de ces fiches de stock peut être simplifiée en utilisant une application de gestion des stocks. Le stock théorique permet de gérer les stocks physiques en quantité (pour le réapprovisionnement ou le prélèvement) et en valeur (pour la valorisation des stocks).

Tableau 8.1 – Exemple de fiche de stock pour un article

Date du mouvement de stock	Quantité entrée en stock	Quantité sortie du stock	Quantité en stock
03/10			10
12/10	3		13
19/10		4	9
27/10	2		11
29/10		3	8

Plusieurs raisons peuvent conduire le stock théorique à ne pas être égal au stock physique : une erreur dans la déclaration de l'entrée d'un produit en stock (quantité ou référence produit erronée), la mise au rebut non déclarée d'un produit endommagé, un vol... Plus le taux de fiabilité du stock théorique sera faible, moins la gestion des stocks sera performance (surstockage, rupture de stock...).

Réaliser les inventaires physiques

La réalisation d'inventaires permet de mesurer et corriger les écarts entre les stocks théorique et physique. Elle répond à des exigences opérationnelles mais aussi réglementaires. En France, chaque entreprise doit obligatoirement procéder à l'inventaire physique (en quantité et en valeur) de ses stocks au moins une fois par an, à la clôture de l'exercice comptable.

Il existe deux grandes catégories d'inventaire : l'inventaire périodique et l'inventaire tournant.

■ Inventaire périodique

L'inventaire périodique consiste à compter périodiquement tous les produits stockés dans l'entrepôt. Par exemple un inventaire annuel est un inventaire périodique réalisé tous les ans.

Afin de préparer un inventaire, il est nécessaire de constituer les équipes de comptage, de former ces équipes à la procédure d'inventaire et de préparer l'interruption de tous les mouvements de stock durant l'inventaire (en avertissant, par exemple, les clients et les fournisseurs concernés).

Avant de commencer l'inventaire, tous les mouvements de stock sont interrompus et le stock théorique est gelé. Chaque équipe ou personne se voit remettre la liste des produits à compter. Cette liste contient la quantité du stock théorique ou non. Les équipes d'inventaire comptent tous les produits et relèvent les quantités constatées.

Par la suite, les écarts entre le stock théorique et physique sont analysés. Un nouveau comptage pour certains articles peut être nécessaire. Le stock théorique est mis à jour. Les mouvements de stock dans l'entrepôt sont à nouveau autorisés.

L'inventaire périodique est contraignant parce qu'il peut nécessiter la mobilisation d'importantes équipes de comptage, une interruption de l'activité de l'entrepôt et peut s'étaler sur plusieurs jours. Il n'est donc réalisé que lorsque cela est strictement nécessaire.

■ Inventaire tournant

L'inventaire tournant (*cycle counting*) peut être réalisé pour assurer un taux élevé de fiabilité des stocks entre deux inventaires périodiques. Un inventaire tournant ne nécessite pas une interruption de l'activité ni la mobilisation d'un nombre important d'employés pour le comptage.

L'inventaire tournant consiste à compter périodiquement (toutes les semaines par exemple) un groupe de produits dans l'entrepôt avec comme objectif d'avoir compté tous les articles au moins une fois dans l'année. La liste des produits à compter sur une période donnée est souvent constituée sur la base d'une analyse ABC (voir fiche pratique « Comment segmenter les produits pour mieux gérer les stocks ? L'analyse ABC »). Un produit de la classe A sera généralement compté plus souvent qu'un produit de la classe B ou C (plus nombreuses entrées et sorties en stock, quantité en stock plus importante...). D'autres critères peuvent également être pris en compte comme la criticité du produit pour la production ou la vente, la valeur du produit ou encore la zone de stockage utilisée.

Évaluer la valeur des stocks

La valorisation des stocks est l'affectation d'une valeur conventionnelle aux stocks détenus par une entreprise, pour les besoins de sa comptabilité. Elle est réalisée de façon différente pour les stocks des produits fabriqués par l'entreprise et les stocks des produits achetés à des fournisseurs.

Les produits fabriqués par l'entreprise sont valorisés au coût de production dont le calcul est issu de la comptabilité analytique.

Les produits achetés à des fournisseurs sont valorisés au coût estimé d'acquisition. Différentes méthodes existent pour calculer le coût estimé d'acquisition : la méthode du coût moyen pondéré, la méthode du premier entré premier sorti ou encore la méthode du dernier entré premier sorti. Cette dernière méthode n'est pas admise par la réglementation comptable en France. Selon le principe de permanence des méthodes comptables, il n'est pas possible de changer de méthode d'évaluation des stocks librement (par exemple dès que le taux d'inflation varie).

Expédier les marchandises

Préparer l'expédition des marchandises

Avant d'expédier les marchandises, il faut prévoir le personnel et les moyens de manutention qui seront nécessaires, planifier les rendez-vous avec les transporteurs ou les enlèvements avec les clients.

Prélever les marchandises

Pour préparer les marchandises à livrer aux clients, le préparateur n'utilise pas, en général, les commandes clients mais une liste de prélèvement (*picking list*). La liste de prélèvement recense les marchandises à prélever en stock pour préparer une ou plusieurs commandes.

Il existe deux méthodes de prélèvement : soit le préparateur se déplace vers les marchandises à prélever (*man to goods*), soit les marchandises se déplacent vers le préparateur (*goods to man*).

■ Le préparateur se déplace vers les marchandises

Le préparateur peut effectuer le prélèvement de différentes façons :

- Prélèvement par commande ou en rafale (un préparateur pour une commande)

  Le préparateur de commande se déplace dans l'entrepôt pour prélever tous les produits d'une commande donnée. La liste des articles à prélever est en général triée (par exemple par zone de l'entrepôt) pour optimiser le circuit de prélèvement et limiter les déplacements du préparateur. Si l'entrepôt couvre une surface importante, l'opérateur peut être amené à passer une part importante de son temps à se déplacer.
- Prélèvement par groupe de commandes (un préparateur pour plusieurs commandes)

  Le préparateur se déplace dans l'entrepôt pour prélever tous les produits de plusieurs commandes. La liste de prélèvement regroupe alors plusieurs commandes. Elle est triée par produit afin de limiter les déplacements du préparateur. Suite au prélèvement, il est nécessaire de trier les articles prélevés par commande.
- Prélèvement par zone de stockage ou par allotissement (plusieurs préparateurs pour une ou plusieurs commandes)

  La liste de prélèvement regroupe plusieurs commandes et est triée par zone géographique de l'entrepôt. Chaque préparateur, affecté à une zone donnée de l'entrepôt, réalise le prélèvement pour la zone qui le concerne. Suite au prélèvement, il est également nécessaire de trier les articles prélevés par commande.

Les erreurs de prélèvement peuvent être difficiles à éviter, en particulier s'il existe un grand nombre de références dans l'entrepôt ou s'il existe des produits d'apparence similaire. Ces erreurs génèrent des erreurs de livraison et des écarts de stock. Il existe différents dispositifs qui permettent de réduire les erreurs de prélèvement.

Pick to light

Le produit à prélever est indiqué par un voyant lumineux au préparateur de commande. Le système *pick to light* permet de localiser et prélever un produit plus rapidement et plus sûrement qu'une liste de prélèvement. Il est utilisé, en particulier, dans l'industrie pharmaceutique ou la vente par correspondance.

Pick to voice ou Voice picking

Le préparateur de commande est équipé d'un casque et d'un micro. Le système *pick to voice* lui indique la localisation du produit à prélever. Arrivé à l'emplacement indiqué, le système donne la quantité à prélever. L'opérateur peut avoir à confirmer, en utilisant le micro, certaines des opérations. Une fois le prélèvement effectué et confirmé par l'opérateur, le système indique la localisation du prochain produit éventuel à prélever. À la différence d'une liste de prélèvement, le système *pick to voice* laisse au préparateur les mains libres pour réaliser les opérations de prélèvement.

■ Les marchandises se déplacent vers le préparateur

Le préparateur est positionné à un endroit fixe et les produits sont acheminés vers lui à l'aide, par exemple, d'un convoyeur.

Trier les marchandises

Le tri des marchandises est nécessaire si le prélèvement n'a pas été réalisé par commande.

Pour simplifier l'opération de tri, un dispositif *put to light* peut être utilisé. Lorsque le préparateur scanne le code à barres d'un article prélevé, le dispositif lui indique, à l'aide d'un signal lumineux, dans quel contenant l'article prélevé doit être déposé. Chaque contenant est affecté à une commande client.

Réaliser des opérations de fabrication

Des opérations de fabrication ou de différenciation des produits, comme l'assemblage, la configuration, le conditionnement ou l'étiquetage d'un produit, peuvent être effectuées lors de la préparation des commandes. En ne réalisant ces opérations qu'au moment de la préparation de commande, une entreprise peut réduire la variété des produits en stock. Ces opérations sont une forme de différenciation retardée.

Par exemple, les industriels du secteur des produits de grande consommation réalisent des opérations de *co-packing*. Le *co-packing* est une opération de conditionnement qui consiste à assembler sous un même emballage soit des produits différents (un produit standard avec l'échantillon d'un nouveau produit), soit des produits identiques (dans le cas d'offres promotionnelles par exemple). Il est généralement réalisé dans l'entrepôt et non dans l'usine.

Conditionner les marchandises

Le conditionnement (*packing*) des marchandises peut être réalisé pendant ou à l'issue du prélèvement. Dans le premier cas (*pick and pack*), les produits prélevés sont rangés directement dans le conditionnement qui sera utilisé pour le transport (carton, palette...). Dans le second cas (*pick then pack*), les produits sont conditionnés sur la zone d'expédition.

Expédier les marchandises

L'envoi d'un avis préalable d'expédition (*advanced shipping notice* ou ASN) permet d'avertir le client d'une expédition à venir. L'avis préalable d'expédition est un document électronique qui fournit des détails sur la nature et la quantité des marchandises expédiées.

Les marchandises sont chargées dans les moyens de transport pour être expédiées.

Piloter la performance de la gestion des entrepôts

Le tableau 8.2 regroupe quelques exemples d'indicateurs de suivi de la performance de la gestion des entrepôts.

Tableau 8.2 – Exemples d'indicateurs de suivi de la performance logistique

Nom	Nom en anglais	Unité de mesure	Description
Taux de fiabilité des stocks	*Inventory accuracy*	%	Le taux de fiabilité des stocks peut en général être mesuré à l'issue d'un inventaire physique. $\frac{\text{Nombre de produits qui ont un stock correct}}{\text{Nombre total de produits}}$
Valeur du stock	*Inventory on hand*	Valeur	$\sum$quantité d'un produit × valeur du produit
Taux de fiabilité des expéditions	*Shipping accuracy*	%	$\frac{\text{Nombre de commandes expédiées sans erreur}}{\text{Nombre total de commandes}}$
Taux de fiabilité du prélèvement	*Picking accuracy*	%	$\frac{\text{Nombre de commandes prélevées sans erreur}}{\text{Nombre total de commandes}}$
Quantité moyenne par expédition	*Quantity per shipment*	Quantité	$\frac{\text{Quantité totale livrée sur une période}}{\text{Nombre d'expéditions sur la période}}$
Chargement à temps	*On-time loading*	%	$\frac{\text{Nombre de chargements dans les délais}}{\text{Nombre total de chargements}}$
Taux de prélèvement	*Pick rate*	Quantité	Le taux de prélèvement peut être mesuré par quantité de produits, par nombre de commandes (voir calcul ci-dessous) ou encore par nombre de lignes de commande. $\frac{\text{Nombre de commandes prélevées}}{\text{Nombre d'employés en charge du prélèvement}}$
Taux d'utilisation	*Space utilization*	%	$\frac{\text{Espace de stockage utilisé de l'entrepôt}}{\text{Surface totale de stockage de l'entrepôt}}$

Comment améliorer la performance de la gestion des entrepôts

Réduire les coûts de gestion des entrepôts

A. T. Kearney et l'association européenne de la logistique ont évalué à 7,3 % du chiffre d'affaires le coût moyen de la logistique d'une entreprise en 2009 (voir figure 8.5). Ces coûts incluaient les coûts de gestion des entrepôts mais aussi les coûts de transport qui représentaient, à eux seuls, la moitié des coûts logistiques.

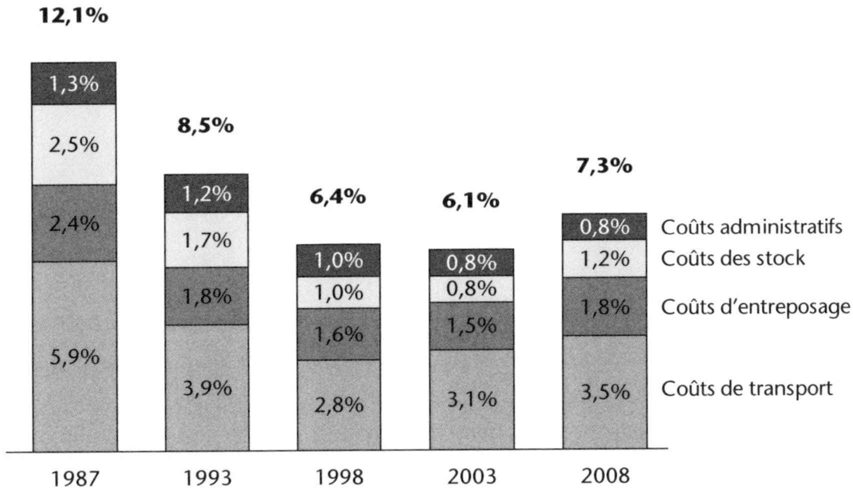

Figure 8.5 – Part des coûts logistiques en pourcentage du chiffre d'affaires[1]

Quelques exemples de leviers de réduction des coûts des entrepôts sont représentés figure 8.6.

1 Source : The sixth Excellence in Logistics study – A.T. Kearney et l'association européenne de la logistique - 2009

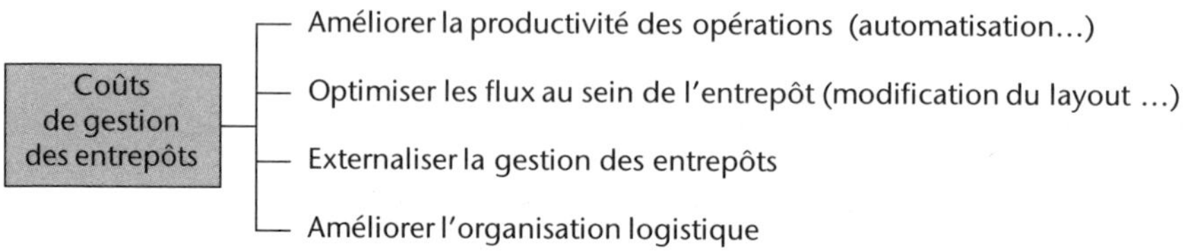

Figure 8.6 – Exemples de leviers de réduction des coûts de gestion des entrepôts

Mettre en œuvre un WMS

Des *warehouse management system* (WMS) sont souvent utilisés pour supporter le processus de gestion des entrepôts (voir encadré ci-après).

Système de gestion d'entrepôt ou *warehouse management system* (WMS)

Description

Un système de gestion d'entrepôts (*warehouse management system*) désigne un logiciel et les équipements associés destinés à gérer le stockage et les flux de marchandises au sein d'un entrepôt. Il permet d'améliorer la gestion des stocks, d'augmenter la productivité de l'entrepôt ou encore de réduire les délais de traitement des commandes.

Fonctions proposées

Un WMS propose un ensemble de fonctions élémentaires pour gérer un entrepôt :

- Gestion des données de base de l'entrepôt : articles, structure de l'entrepôt, emplacements, parcours de manutention...
- Gestion des réceptions : préparation de la réception des marchandes (gestion des rendez-vous), réception des marchandises, contrôle des marchandises, préparation de l'entreposage (impression des étiquettes, identification de l'emplacement de stockage)...
- Gestion des stocks : gestion des inventaires...

• • •

- Gestion des expéditions : préparation des commandes (impression de la liste de prélèvement), impression des étiquettes et des documents…

Au fil du temps, les WMS se sont enrichis de fonctions avancées :

- Gestion des flux spécifiques : *cross-docking*…
- Gestion des ressources (*labor management*) : planification de la charge de travail, optimisation des ressources humaines et matérielles…

Technologies utilisées

Les logiciels de gestion d'entrepôt sont soit des solutions spécialisées (*best of breed*), soit le module d'un logiciel de gestion d'entreprise (ERP).

Les logiciels peuvent être associés à divers équipements :

- Des terminaux embarqués ou portables.
  Les terminaux embarqués ou portables permettent aux opérateurs d'échanger des informations avec le WMS. Ces terminaux peuvent être équipés d'un clavier, d'un écran ou encore d'un système d'identification automatique. Ils communiquent avec le WMS en utilisant la radio fréquence (terminal radio), le wifi ou encore la synchronisation batch (le terminal communique avec le WMS lorsqu'il est posé sur une station d'accueil). Les terminaux embarqués sont fixés aux moyens de manutention (un chariot élévateur par exemple) tandis que les terminaux portables sont portés par les manutentionnaires.
- Les systèmes d'identification automatique
  Les systèmes d'identification automatique permettent d'automatiser la saisie de données (le code d'un article ou d'une réception par exemple). Ils utilisent des codes à barres (douchette, pistolet laser…) ou des puces RFID. Les terminaux sont souvent équipés de systèmes d'identification automatique.
- *Light* et *voice picking*
  Le *light picking* permet de transmettre des informations à l'opérateur à l'aide de voyants lumineux. Le *voice picking* transmet des informations à l'opérateur qui est équipé d'un casque et d'un micro.

L'essentiel

- **Un entrepôt** est constitué de différentes zones : la zone de réception, la zone de stockage, la zone de préparation de commande et la zone d'expédition. Il utilise des moyens de stockage et des moyens de manutention.
- **Le processus de gestion d'un entrepôt** se déroule souvent en quatre grandes étapes : la réception des marchandises, la gestion des stocks, l'expédition des marchandises et le pilotage de la performance de l'entrepôt.
- **Il existe deux grandes catégories d'inventaire** : l'inventaire périodique et l'inventaire tournant.
- **Pour effectuer le prélèvement des marchandises**, soit le préparateur se déplace vers les marchandises, soit les marchandises se déplacent vers le préparateur. Dans le premier cas, le prélèvement peut être effectué par commande, par groupe de commandes ou par zone de stockage.

Chapitre 9

Transporter

Executive summary

- **Le coût du transport** représente souvent de 3 % à 5 % du chiffre d'affaires d'une entreprise industrielle. L'impact sur l'environnement du transport est également important. En France, par exemple, le transport de marchandises est responsable de 10 % des émissions de CO_2[1].
- **Comment gérer au mieux le transport** pour réduire les coûts et l'impact sur l'environnement ? Quels modes et nœuds de transport, quels modes d'acheminement faut-il privilégier ? Quel processus faut-il mettre en œuvre ?

1 Source : ADEME (Agence de l'environnement et de la maîtrise de l'énergie).

La gestion du transport

Le processus de gestion du transport

Plusieurs fonctions participent à la gestion du transport d'une entreprise. Souvent, la fonction achat négocie les contrats avec les transporteurs, les usines affrètent le transport amont, le département logistique affrète le transport aval, tandis que le département service client contrôle les factures des transporteurs. Parce que la gestion du transport est rarement sous la responsabilité d'un département unique, le processus de gestion du transport de bout en bout est rarement formalisé. La figure 9.1 représente un exemple de processus de gestion du transport.

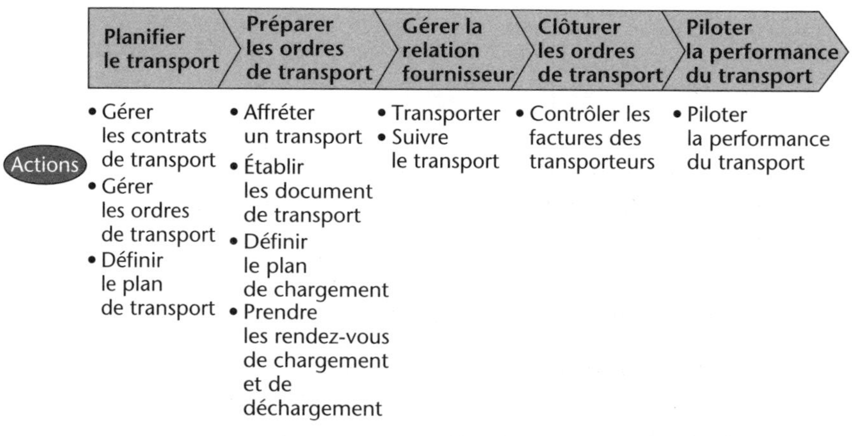

Figure 9.1 – Exemple de processus de gestion du transport

Les modes de transport

Le transport de marchandises peut être assuré par différents modes de transport qui sont répartis en quatre catégories : terrestre, maritime, aérien et par installations fixes. Le transport terrestre se subdivise lui-même en transport routier, ferroviaire et fluvial.

■ Le transport routier

Le transport routier est devenu, dans la seconde moitié du XXe siècle, le principal mode de transport terrestre. Il dut son succès en particulier au développement du réseau routier.

Il existe trois types de véhicule assurant le transport routier de marchandises :

- les véhicules isolés (camions) ;
- les véhicules articulés, composés d'un tracteur et d'une semi-remorque, souvent utilisés pour les transports internationaux ;
- les trains routiers constitués d'un camion et d'une remorque.

■ Le transport aérien

Le transport aérien de marchandises a connu un développement important à partir du début des années 1970, date de l'apparition des avions gros-porteurs. Il est généralement utilisé pour le transport de produits dont la valeur est très élevée.

Le transport aérien de marchandises utilise soit des appareils mixtes soit des appareils tout cargo.

- **Les appareils mixtes** sont principalement utilisés pour le transport de passagers mais leur soute peut accueillir du fret en complément des bagages.
- **Les appareils tout cargo** ne transportent que du fret. Leurs aménagements intérieurs sont donc étudiés en conséquence. Ils sont en général composés d'un pont principal entièrement dégagé et d'une soute au pont inférieur. À titre d'exemple, la capacité d'un Boeing 747 Cargo est de 95 tonnes.

■ Le transport fluvial

Le transport fluvial est peu coûteux en énergie et permet de transporter des tonnages très importants. En revanche, c'est un mode de transport relativement lent et disposant, dans certains pays comme la France, d'un réseau de voies navigables limité et très inégalement réparti.

Les bateaux utilisés dans le transport fluvial se répartissent en deux grandes familles : les automoteurs et les convois.

- **Les automoteurs** sont des bateaux à fond plat adaptés sà la navigation sur les fleuves et les canaux. Ils sont de toutes tailles. Par exemple, la péniche, utilisée essentiellement sur les canaux français de gabarit dit Freycinet, a une longueur de 38,5 m, tandis que le Campinois, initialement construit pour naviguer sur les canaux de Campine (au sud des Pays-Bas) et de la Belgique, mesure 50 m de long.
- **Les convois** sont constitués d'un pousseur, équipé du moteur, et de barges qui peuvent être spécialisées ou non.

■ Le transport maritime

Le transport maritime est le mode de transport le plus économique pour les échanges massifiés et de longue distance. Il est également utilisé pour des échanges de courte distance (cabotage) dans les régions bien irriguées par les mers. Le transport maritime est réalisé à l'aide de différents types de navire.

- **Les vraquiers** sont des navires transportant des marchandises séches en vrac. Une marchandise en vrac est non emballée et ne comporte pas d'éléments individualisables. Les minéraliers, céréaliers et charbonniers, utilisés respectivement pour le transport de minerais et de céréales et de charbon sont des vraquiers.
- **Les navires citernes** sont utilisés pour le transport de produits liquides en vrac. Les pétroliers (*tankers*), chimiquiers ou encore méthaniers, destinés respectivement au transport de pétrole, de produits chimiques ou de méthane, sont des navires citernes.
- **Les navires spéciaux** sont des navires spécialisés dans le transport de charges lourdes ou encombrantes comme les grumes.
- **Les porte-conteneurs** transportent des conteneurs qui sont arrimés entre eux et au navire. La localisation de chaque conteneur est documentée dans un plan de chargement (*bay plan*).

- **Les navires rouliers** sont équipés d'une rampe arrière (et parfois d'une rampe latérale) relevable qui prend appui sur les descentes du port. Généralement appelés *roll on-roll off* ou RO-RO, ils permettent la manutention d'à peu près tous les types de marchandise en utilisant le roulage direct (semi-remorques, voitures, wagons) ou le roulage indirect (dans lequel un matériel spécialisé est utilisé pour charger les marchandises).
- **Les navires nourriciers ou collecteurs** (*feeders* en anglais) sont des navires de petit tonnage permettant l'éclatement, sur différents ports, d'une cargaison apportée dans un port principal par un gros navire faisant peu d'escales et, inversement, la collecte de marchandises vers le port principal.
- **Les remorqueurs** sont des navires utilisés pour aider les manœuvres d'entrée et de sortie des navires dans le port.

Il existe deux offres de transport maritime de fret : le transport à la demande et le transport de ligne régulière. Le transport de ligne régulière assure des liaisons maritimes régulières entre différents ports suivant un calendrier de départ accessible au public. La difficulté d'exploitation d'un transport de ligne régulière, qui doit répondre à une demande souvent saisonnière et déséquilibrée, a conduit les armateurs à se réunir, à partir de 1865, au sein de conférences maritimes. Les armateurs qui desservent une même route maritime se regroupent dans une même conférence en vue de fournir un service de transport fiable et régulier (en coordonnant les horaires, répartissant les escales et le tonnage transporté ou encore en régulant les capacités de transport) à des taux de fret uniformes ou communs. Les conférences maritimes ont toujours joui d'exemptions ou d'immunités des règles de concurrence dans de nombreux territoires.

Les compagnies maritimes ont mis également en place des services *feeder*. Un service *feeder* est un « service de transport maritime à courte distance qui relie au moins deux ports entre eux afin de concentrer ou redistribuer la marchandise (en général dans des conteneurs) provenant ou à destination d'un transport de haute mer desservant l'un d'entre eux[1] ».

■ Le transport ferroviaire

Le transport ferroviaire est très utilisé pour le transport massifié. S'il est moins flexible que le transport routier, il est beaucoup plus respectueux de l'environnement. Il peut, dans certains cas, être plus adapté que le transport routier.

Le transport ferroviaire utilise différents types de wagons : le wagon couvert qui possède une unique porte de chargement centrale, le wagon plat pour les marchandises lourdes ou longues, le wagon-tombereau pour les marchandises en vrac (houille, coke, minerais, bois…), le wagon-citerne pour le transport des produits liquides, des hydrocarbures et des gaz liquéfiés, le wagon silo pour le transport des produits pulvérulents, le wagon à étage pour le transport des véhicules automobiles ou encore le wagon sous contrôle de température.

Les wagons de fret sont acheminés par train complet ou de façon isolée. Le train complet achemine les wagons (en France, généralement de vingt à trente) sans transiter par des gares de triage. Pour pouvoir utiliser un train complet, le site expéditeur et le site de destination doivent disposer de leurs propres installations terminales embranchées sur le réseau ferré. Lorsqu'un industriel ne dispose pas de la quantité de marchandise suffisante pour remplir un train complet, il peut utiliser des wagons isolés. L'acheminement d'un wagon isolé ou d'un groupe de wagons utilise des gares de triages. Dans la gare de départ, le wagon isolé est regroupé avec d'autres wagons afin de constituer un train. Le train est acheminé vers la gare de destination en transitant, lorsque cela est nécessaire, par des gares de triage ou les wagons sont triés pour constituer de nouveaux trains.

À la différence du transport maritime, le transport ferroviaire subit la concurrence directe du transport routier. À l'exception de

1 Source : *Terminologie en transports combinés, op. cit.*

certains acheminements en train complet, il ne peut pas assurer un transport de bout en bout. Les trains de marchandises qui partagent les mêmes sillons que les trains de voyageurs, prioritaires, sont également soumis à de nombreux aléas. Le temps de transport d'un wagon isolé est souvent beaucoup plus élevé que celui d'un camion en raison des nombreuses ruptures de charge dans les gares de transit.

Le ferroutage permet de bénéficier des avantages du transport ferroviaire tout en assurant un transport de bout en bout. Il cherche à tirer parti des complémentarités du rail et de la route. Le ferroutage consiste à embarquer sur des trains des caisses mobiles ou des conteneurs, des remorques ou semi-remorques ou encore des camions avec ou sans leur remorque ou semi-remorque.

- Le transport de caisses mobiles ou de conteneurs par le rail et la route est souvent appelé **transport combiné rail-route**. Ce transport nécessite des chantiers de changement de mode que l'on retrouve aux abords de nombreuses grandes agglomérations européennes.
- Le transport de remorques ou semi-remorques est souvent appelé **service de route roulante non accompagné**. Les remorques ou semi-remorques sont chargées sur les trains soit à l'aide de grues sur des wagons spécialisés (appelés kangourou), soit en roulant sur des wagons spéciaux surbaissés.
- Le transport de camions est appelé **service de route roulante accompagné**. Il est quelquefois qualifié d'autoroute ferroviaire. Les camions sont chargés sur des wagons spéciaux. Le transport de camions s'est développé dans les régions montagneuses (comme la Suisse) ou pour franchir un obstacle incontournable (comme la Manche). Il est particulièrement pertinent là où les infrastructures routières restent insuffisantes.

Le transfert modal de la route vers le rail est indispensable pour réduire les émissions de gaz à effet de serre du transport. Actuellement, le rail achemine principalement des marchandises en vrac. Pour favoriser ce transfert modal, le développement d'une offre de transport pour les marchandises palettisées est nécessaire (voir l'avis d'expert de Peter Reinshagen, directeur général d'Ermewa).

Avis d'expert

PETER REINSHAGEN, directeur général d'Ermewa

QUEL EST LE MÉTIER D'ERMEWA ?

Le transport ferroviaire de marchandises regroupe plusieurs métiers : le tractionnaire ferroviaire, qui tire les trains, le gestionnaire de l'infrastructure, qui gère le réseau ferroviaire, le transitaire de transport, qui organise le transport de bout en bout, et le loueur de wagons. Ermewa est le deuxième loueur de wagons d'Europe. Filiale du Groupe Streem, elle loue aux entreprises industrielles et aux opérateurs ferroviaires une flotte de plus de 47 000 wagons.

COMMENT FAVORISEZ-VOUS LE TRANSFERT MODAL DE LA ROUTE VERS LE FER ?

L'offre de transport ferroviaire est adaptée au transport de marchandises en vrac, mais pas à celui de marchandises palettisées qui représente pourtant la majorité du transport de marchandises. Les conteneurs ne sont pas optimisés pour le transport de palettes tandis que le ferroutage ne permet pas d'optimiser le nombre de palettes par train.

Pour favoriser le transfert modal de la route vers le chemin de fer, il faut développer une offre de transport de marchandises palettisées. Cette offre devra s'appuyer sur un réseau de plateformes de cross-docking rail-route. Ainsi, le transport de longue distance sera réalisé par le rail, tandis que les transports des premiers et derniers kilomètres seront réalisés en camions électriques de 7,5 tonnes. Pour cette offre de transport 100 % décarbonée, nous avons conçu un nouveau wagon dédié au transport de marchandises palettisées. Ce wagon est équipé d'une bâche

• • •

• • •

dont la fermeture et l'ouverture sont automatisées afin de faciliter les opérations de chargement et déchargement.

UNE FOIS L'INFRASTRUCTURE EN PLACE, COMMENT AMÉLIORER LA PERFORMANCE DU TRANSPORT FERROVIAIRE ?

En premier lieu, il s'agit de transport en aller-retour ce qui permet de proposer un prix à la palette très compétitif. De plus, actuellement, la constitution d'un train nécessite environ quatre heures, car l'attelage et le contrôle de chaque wagon sont réalisés manuellement. Aussi, avec d'autres partenaires européens, nous avons conçu une solution de couplage automatisée, appelée *Digital Automatic Coupling* ou DAC, qui permettra, en alimentant le wagon en électricité, d'automatiser et de digitaliser le transport ferroviaire. Un des bénéfices sera la réduction du temps de préparation d'un train à 30 minutes seulement. Cette solution doit à présent être déployée sur l'ensemble du parc de wagons en Europe.

Les investissements nécessaires pour l'infrastructure et les matériels de fret ferroviaire sont élevés, mais les enjeux le sont encore plus. Par rapport au transport routier, le transport ferroviaire représente 3 fois moins de pollution sonore ; 6 fois moins d'énergie consommée ; 8 fois moins de pollution atmosphérique ; 40 fois moins de surfaces et surtout 9 fois moins d'émissions de CO_2.

■ Le transport par installations fixes

Le transport par installations fixes utilise une infrastructure dédiée pour le transport de marchandises. Il inclut le transport par convoyeur ou par pipeline.

Un pipeline est un système de canalisations utilisé pour le transport des hydrocarbures liquides et gazeux. Il est appelé oléoduc lorsqu'il transporte du pétrole brut, gazoduc lorsqu'il transporte du gaz naturel ou encore méthanoduc lorsqu'il transporte du gaz naturel ou du méthane. Les premiers pipelines ont été exploités dans les années 1860 aux États-Unis, lors des premières découvertes de gisements de pétrole brut.

Le transport par convoyeur est utilisé notamment pour les matériaux de construction, les minerais ou encore le charbon.

Les nœuds de transport

L'acheminement d'une marchandise d'un site vers un autre peut nécessiter le passage par un ou plusieurs nœuds de transport comme un port, un aéroport ou encore une plate-forme logistique.

■ Les ports maritimes

Un port maritime est « une superficie de terrain et d'eau comportant des aménagements et des installations permettant principalement la réception des navires, leur chargement et déchargement, le stockage des marchandises, la réception et l'évacuation de ces marchandises par les moyens de transport terrestre et pouvant comporter également des activités d'entreprises liées au transport maritime[1] ».

Les moyens de manutention utilisés dans les ports maritimes ont été décrits dans la partie « Les moyens de manutention » (chapitre 8).

Les ports maritimes regroupent une large communauté de professionnels : les autorités portuaires, l'administration (douanes, services vétérinaires et phytosanitaires...), les transporteurs routiers et éventuellement ferroviaires et fluviaux, les commissaires en douane et les transitaires, les armateurs et les agents maritimes, les gestionnaires d'entrepôts, les manutentionnaires ou encore les courtiers maritimes. La gestion d'une marchandise dans un port nécessite l'intervention d'un grand nombre de ces acteurs. De nombreux ports ont mis en place des systèmes d'information dédiés, appelés plates-formes communautaires, pour faciliter l'échange d'informations entre les différents acteurs.

Les ports qui sont utilisés par les compagnies maritimes pour transborder la marchandise de grands navires de forte capacité sur des navires *feeders* de moindre capacité sont appelés des ports de transbordement (*hub ports*). Un port à vocation internationale a tout intérêt à devenir un port de transbordement, car il augmente ainsi considérablement son trafic.

1 Source : *Organisation des ports maritimes européens.*

Le transport terrestre qui achemine les marchandises jusqu'au port est appelé pré-acheminement. Celui qui évacue les marchandises du port est appelé post-acheminement.

■ Les ports fluviaux

Un port fluvial constitue un point d'interconnexion entre le transport fluvial d'une part et d'autres modes de transport d'autre part. Comme le port maritime, il dispose d'installations permettant le transbordement des marchandises.

■ Les ports secs

« Un port sec s'entend d'un lieu donné situé à l'intérieur des terres pour le groupage et la distribution de marchandises, ayant des fonctions correspondant à celles d'un port maritime, et comprenant des services de dédouanement. Les fonctions rattachées à un port maritime que l'on pourrait s'attendre à retrouver dans un port sec supposent des installations pour la manutention de conteneurs (voire de marchandises en vrac) ; des liaisons avec les infrastructures intermodales ; un regroupement géographique de sociétés et d'organismes indépendants s'occupant du transport de marchandises (tels que transitaires, expéditeurs et transporteurs) ; et la fourniture de services connexes (entre autres, inspections douanières, paiement de taxes, entreposage, entretien et réparation, et liaisons bancaires au moyen des technologies de l'information et de la communication[1]). »

Les ports secs peuvent être mis en place pour répondre à des objectifs différents :

- Dans les pays développés, les ports secs sont souvent utilisés pour décongestionner les ports maritimes. En 2005, l'Europe comptait environ 200 ports secs tandis que les États-Unis recensaient 370 grands dépôts de dédouanement.

1 Source : *Question intersectorielle concernant la gestion de la mondialisation dans le domaine du commerce et des transports : promotion des ports secs comme moyen de faire bénéficier les zones non côtières des avantages de la mondialisation*, Conseil économique et social des Nations unies, septembre 2006.

- Dans les pays en voie de développement, les ports secs sont mis en place pour promouvoir le développement de l'arrière-pays et pour désenclaver les pays qui n'ont pas accès à la mer. Le port sec permet en effet de prolonger la massification des flux au-delà du port maritime.

Il n'existe pas de définition partagée du port sec. La traduction anglaise d'un port sec connaît un grand nombre de variantes : *dry port, inland terminal, inland port, inland hub, inland logistics centre, inland freight terminal...*

■ Les aéroports

Un aéroport constitue un point d'interconnexion entre le transport aérien et d'autres modes de transport. Comme un port maritime, il dispose d'installations permettant le transbordement de marchandises.

Un *hub airport* est un aéroport choisi par une compagnie aérienne pour y faire transiter la plupart de ses vols. Le premier hub a été mis en place par la société de messagerie FedEx à Memphis en 1973. Issu du vocabulaire du transport aérien, le terme *hub* est aujourd'hui utilisé pour désigner un port de transbordement (*hub port*) ou une plate-forme logistique de transbordement (*logistics hub*).

■ Les plates-formes logistiques

Les plates-formes logistiques sont décrites dans la partie « Les entrepôts et les plates-formes logistiques » (chapitre 8).

Des zones logistiques sont parfois mises en place pour regrouper entre eux différents opérateurs. Les premières zones logistiques, comme Sogaris ou Garonor à proximité de Paris, ont été créées dans les années 1960 en France, puis à la fin des années 1960 et dans le courant des années 1970 en Italie et en Allemagne. Ces zones ont été développées conjointement par des opérateurs logistiques, des administrations territoriales, des gouvernements centraux ou encore des chambres de commerce et d'industrie dans le cadre de politiques de développement du territoire.

Le transport multimodal

Le transport multimodal permet d'acheminer une marchandise en utilisant plusieurs modes de transport. Le ferroutage, qui a été décrit dans la partie « Les modes de transport » (chapitre 9), est un mode de transport multimodal. Les principales terminologies utilisées en transport multimodal sont décrites ci-dessous.

Terminologie en transport multimodal[1]

Transport multimodal : acheminement d'une marchandise empruntant deux modes de transport différents ou plus.

Transport intermodal : acheminement d'une marchandise utilisant deux modes de transport ou plus mais dans la même unité de chargement ou le même véhicule routier, et sans empotage ni dépotage. Par extension, l'intermodalité caractérise un système de transport en vertu duquel deux modes de transport ou plus sont utilisés par la même unité de chargement ou le même véhicule routier, sans empotage ou dépotage, pour permettre une chaîne de transport de porte à porte.

Transport combiné : transport intermodal dont les parcours principaux, en Europe, s'effectuent par rail, voies navigables ou mer et dont les parcours initiaux et/ou terminaux, par route, sont les plus courts possible.

Ferroutage : transport combiné rail-route.

Unité de transport intermodale (UTI) : conteneurs, caisses mobiles et semi-remorques convenant au transport intermodal.

Caisse mobile : unité conçue pour le transport de marchandises, adaptée de manière optimale en fonction des dimensions des véhicules routiers et équipés d'éléments de préhension permettant le transbordement entre modes, habituellement rail/route.

Les modes d'acheminement

Les entreprises de transport offrent différents modes d'acheminement dont quelques exemples sont décrits dans le tableau ci-après.

1 *Terminologie en transports combinés, op. cit.*

Tableau 9.1 – Exemple de modes d'acheminement

Catégorie	Description
Le transport de lots	Le transport de lots consiste à transporter des marchandises d'un point de chargement vers un point de destination. Il concerne aussi bien des produits finis ou semi-finis à destination de l'industrie (lots industriels) que des produits destinés à la consommation finale et souvent transportés chez des distributeurs. Le savoir-faire d'un transporteur de lots consiste à optimiser le remplissage des camions. Un transporteur qui effectuera un transport de marchandises d'un point de chargement vers un point de destination cherchera un autre chargement pour effectuer le trajet retour. Il existe deux grands types de transport de lots : – Le transport de lots complets : le transport est effectué d'un point de chargement unique vers un point de destination unique. Le camion est entièrement chargé (« camion complet »). Aucun passage à quai intermédiaire n'est nécessaire. – Le transport de lots partiels : le transport nécessite plusieurs points de chargement et/ou de livraison pour optimiser le remplissage du camion. Le transport de demi-lots désigne un transport où la marchandise est chargée chez deux clients et/ou livrée à deux destinataires.
Le transport de messagerie	Le transport de messagerie consiste à transporter des marchandises dont le poids et le volume sont limités. Le poids est souvent limité à 3 tonnes et ne peut pas être inférieur à quelques centaines de kilos. Le transport de messagerie repose sur l'utilisation de plates-formes de groupage et dégroupage qui sont reliées entre elles en réseau au travers de liaisons régulières. Le savoir-faire du transporteur de messagerie consiste à savoir gérer des ruptures de charge liées aux multiples chargements et déchargements et à savoir organiser le réseau de plates-formes. Le transport de messagerie s'effectue en plusieurs étapes : – Dans un premier temps, les marchandises sont réceptionnées sur une plate-forme de groupage. – Les marchandises sont ensuite triées et regroupées en fonction de leur destination (par exemple une même ville, un même département ou un même pays). – Chaque marchandise est transportée vers la plate-forme de dégroupage de la zone de destination, en transitant par le réseau de plates-formes. – À partir de la plate-forme de dégroupage, les marchandises sont livrées à leur lieu de destination.
Le transport express	Le transport express est un transport de messagerie où le délai de livraison est garanti. Sur le territoire français, généralement, un transport de messagerie est réalisé à J +2 tandis qu'un transport express est garanti à J +1 avant 12 ou 13 heures.

• • •

Catégorie	Description
Le transport urgent	Le transport urgent répond 24 heures sur 24 et 7 jours sur 7 à des demandes clients ponctuelles et immédiates pouvant réclamer la mise à disposition de moyens les plus divers comme la moto, l'avion-taxi ou encore l'hélicoptère.
Le transport spécialisé	Le transport spécialisé désigne un transport exigeant un matériel spécialisé (comme un camion frigorifique, un camion-citerne ou encore un camion benne) ou un savoir-faire spécialisé (le transport de produits dangereux par exemple).

Le transport international

Le transport de marchandises au sein d'un même pays est souvent réalisé de bout en bout par un seul transporteur. À l'inverse, dans le transport international, rares sont les sociétés capables d'assurer le transport de marchandises de bout en bout. Seules quelques sociétés de transport express (telles que UPS ou FedEx) disposent de leurs propres moyens (camions, bateaux, avions...) pour prendre en charge toute la chaîne de transport du site de chargement au site de livraison.

De nombreux acteurs économiques participent à une chaîne de transport internationale.

Exemples

L'acheminement porte à porte d'un conteneur maritime suppose l'intervention d'environ 25 acteurs différents, nécessite l'établissement de 30 à 40 documents, l'utilisation de 2 à 3 modes différents de transport et la manutention du conteneur dans 12 à 15 sites différents[1].

▪ Les principaux intervenants dans une chaîne de transport internationale

Les principaux acteurs économiques qui participent à une chaîne de transport internationale peuvent être des opérateurs, des mandataires ou des commissionnaires (voir figure 9.2).

1 Source : *La Sûreté dans les transports maritimes : facteurs de risques et répercussions économiques*, Comité des transports maritimes de l'OCDE, juillet 2003.

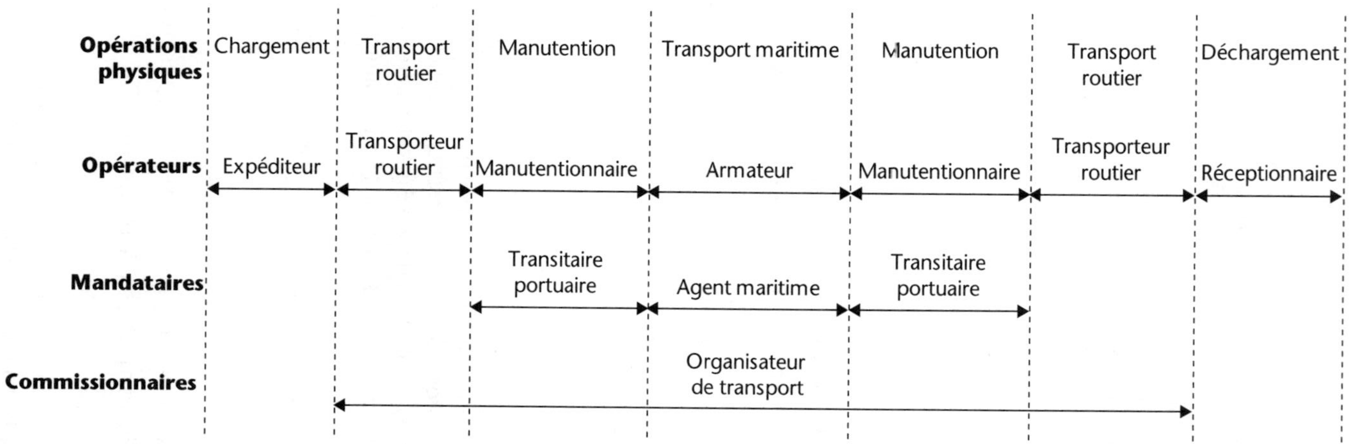

Figure 9.2 – Exemples d'interventions des acteurs du transport international

Organisateur de transport ou commissionnaire de transport

L'organisateur de transport (*forwarding agent*) est un intermédiaire qui se charge d'organiser pour le compte d'un expéditeur, mais en son nom propre, un transport de marchandises. L'organisateur de transport choisit librement les transporteurs et les autres intermédiaires (transitaire portuaire ou aéroportuaire par exemple) auxquels il fera appel pour accomplir sa mission et traite avec eux en son nom propre. L'organisateur de transport peut prendre à sa charge la chaîne de transport de bout en bout ou une partie seulement (du site de chargement au port de destination par exemple).

L'organisateur de transport peut également réaliser des opérations de groupage et de dégroupage. Parce qu'il travaille pour plusieurs expéditeurs, il peut constituer des camions, des wagons, des conteneurs ou encore des unités de chargement aériennes complets à partir d'envois de détail. Un *non vessel operators common carriers* (NVOCC) est un organisateur de transport qui propose des lignes régulières de conteneurs de groupage en utilisant des navires porte-conteneurs qui ne lui appartiennent pas.

Transitaire (portuaire ou aéroportuaire) ou mandataire de transport

Le transitaire portuaire ou aéroportuaire est un agent qui assure la liaison entre deux modes de transport. Il réalise les opérations physiques (comme le chargement ou le déchargement de navires) et administratives (comme les formalités douanières) ou les confie à des sous-traitants (commissionnaire en douane, manutentionnaire ou encore opérateur de terminal à conteneurs).

Armateur

L'armateur (*shipowner*) effectue le transport maritime de marchandises. Il peut être le propriétaire, l'exploitant ou l'affréteur d'un navire. Certains armateurs (ou leurs agents) proposent un service de transport de porte à porte en prenant en charge le pré-acheminement et post-acheminement portuaire (*carrier haulage*). Le plus souvent cependant, les pré et post-acheminements sont organisés par le chargeur ou son mandataire (*merchant haulage*).

Agent maritime ou consignataire de navires

Dans les ports où il n'est pas installé, l'armateur est représenté par un agent maritime (*shipping agent*). L'agent maritime effectue toutes les opérations physiques ou administratives que l'armateur réaliserait lui-même s'il était présent sur le port. Si son contrat de mandat signé par l'armateur ne se limite pas au seul rôle de consignataire de navires, l'agent maritime peut être notamment chargé de la négociation et la conclusion des contrats, de la gestion des finances, de la recherche de fret ou encore de la mise en place d'une politique commerciale.

Agent de fret aérien

L'agent de fret aérien représente dans les aéroports les compagnies de fret aérien.

Manutentionnaire, acconier, stevedore ou docker

Le manutentionnaire effectue les opérations d'arrimage, de chargement et de déchargement des navires. Il est également chargé de la garde des marchandises dans l'enceinte du port. Les entreprises de manutention sont apparues dans les années 1850. Auparavant, les chargement et déchargement des navires étaient réalisés par l'équipage, les chargeurs devaient alors déposer leurs marchandises sur le quai.

Les termes *acconier* et *stevedore* sont surtout utilisés respectivement en Méditerranée et dans les ports d'Europe du Nord. L'accon, bateau plat fait d'une simple pièce de bois, est à l'origine du mot acconier. Il était utilisé comme un quai mobile de chaque côté des navires mouillants en rade lorsque le port était trop exigu pour recevoir à quai tous les navires. Les propriétaires des accons étaient appelés des acconiers.

Commissionnaire en douane

Le commissionnaire en douane agit au nom et pour le compte d'un client ou en son nom propre dans la réalisation d'opérations de dédouanement import et/ou export. Il est tenu d'une obligation de conseil et répond de ses fautes non seulement vis-à-vis de son client mais également de l'administration des douanes. Le métier de commissionnaire en douane peut être exercé seul ou en complément d'autres activités, comme celle de transitaire portuaire ou aéroportuaire.

Transitaire de transport

Le transitaire de transport est un mandataire qui exécute les ordres de son client. Il n'a pas le choix des sous-traitants et n'est donc pas responsable de la défaillance de ces derniers. À la différence du commissionnaire qui a une obligation de résultat, le mandataire n'a qu'une obligation de moyens.

Le terme transitaire est quelquefois utilisé pour regrouper à la fois les commissionnaires de transport (organisateur de transport) et les mandataires de transport (transitaire portuaire, transitaire aéroportuaire, consignataire de navires, agent maritime, agent de fret aérien).

■ Les incoterms

Les incoterms (*international commercial terms*) ou, en français, conditions internationales de vente, ont été définies en 1936 par la Chambre de commerce internationale (CCI) afin de faciliter les échanges entre un acheteur et un vendeur.

Les incoterms sont des « règles internationales d'interprétation résumées en sigles, acronymes et abréviations, des expressions commerciales concernant les modalités de la répartition entre l'acheteur et le vendeur des responsabilités liées à un contrat international de vente[1] ».

Sans être obligatoires d'emploi, les incoterms apportent au vendeur et à l'acheteur des conditions de vente prérédigées. L'incoterm permet au vendeur de savoir jusqu'à quel endroit précis et jusqu'à

1 Définition de la délégation générale à la langue française et aux langues de France publiée au Journal officiel du 22 septembre 2000.

quel moment précis il supporte les frais et les risques de la marchandise lors de son transport. De la même façon, l'acheteur connaît précisément le moment et l'endroit où les risques et les frais de déplacement de la marchandise passent à sa charge. Chaque incoterm précise les documents qui sont dus par le vendeur à l'acheteur.

Les incoterms permettent d'éviter les malentendus et les litiges.

Plusieurs mises à jour ont été apportées aux incoterms de 1936. La mise à jour de 2010 regroupe 11 incoterms : les incoterms utilisables pour tous les types de transport (voir figure 9.3) et les incoterms du transport par mer et par voies navigables intérieures (voir figure 9.4).

Les incoterms 2010 sont répartis en deux catégories :

- les incoterms de vente au départ (familles des E, C et F) où les charges et les risques liés au transport principal sont supportés par l'acheteur ;
- les incoterms de vente à l'arrivée (famille des D) où les charges et les risques liés au transport principal sont supportés par le vendeur.

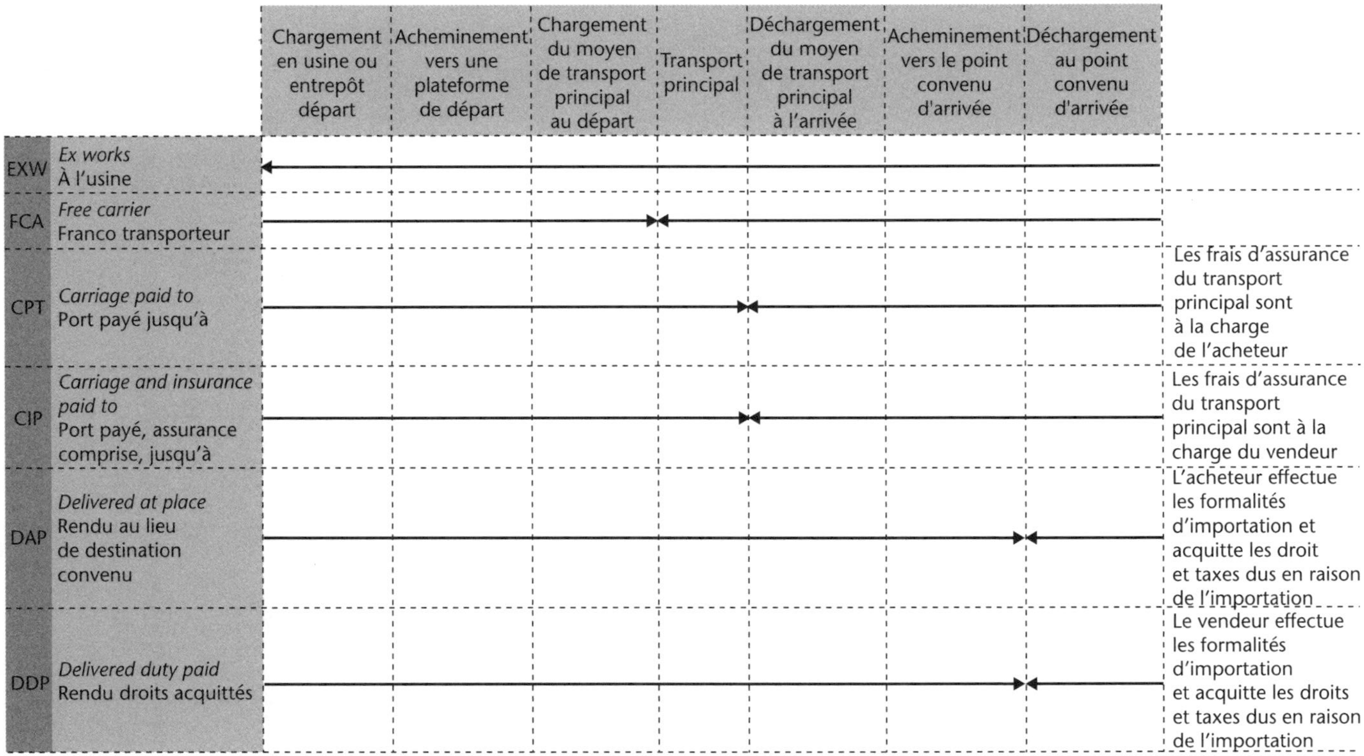

Figure 9.3 – Incoterms utilisables pour tous les types de transport

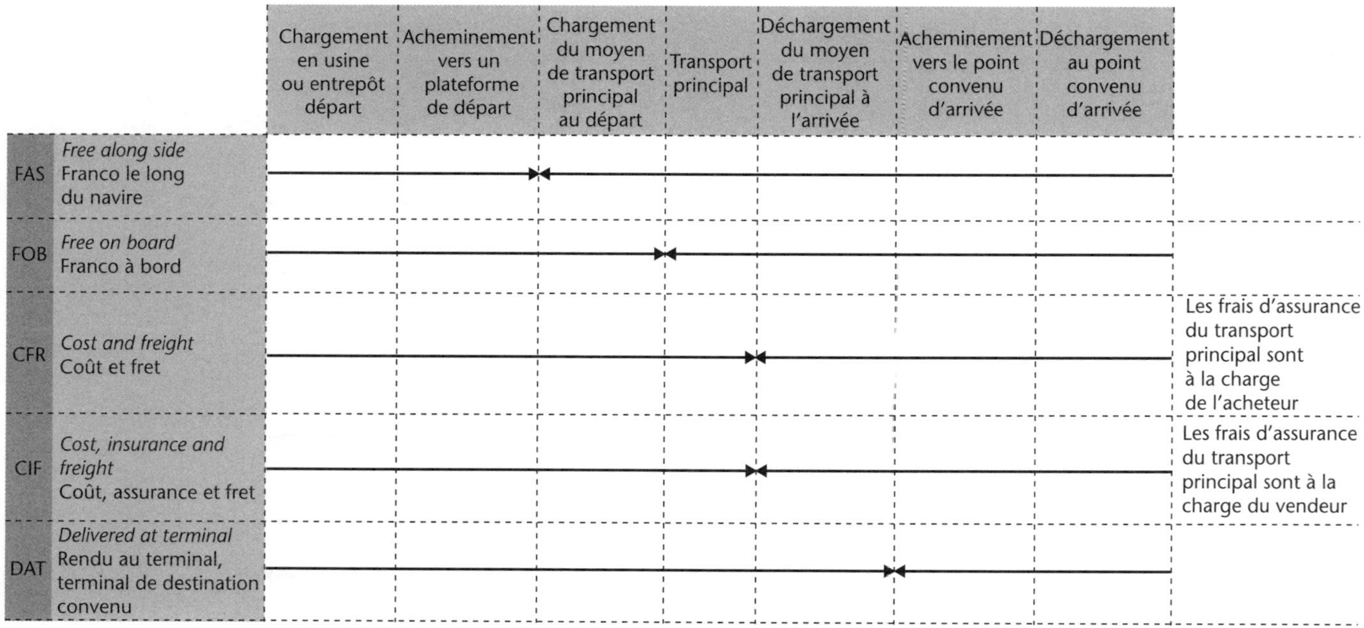

Figure 9.4 – Incoterms du transport par mer et par voies navigables intérieures

Planifier le transport

Gérer les contrats de transport

▪ La tarification du transport routier

La tarification du transport peut être fonction d'un nombre différent et varié de paramètres : le poids, le volume, la surface occupée au sol, l'unité de conditionnement (la palette par exemple), la distance parcourue, le type de marchandise transportée (dangereuse, liquide...), le nombre de chargements ou déchargements ou encore le temps d'attente avant un chargement ou un déchargement.

Par exemple, une société de transport de lots pourra proposer un barème de prix de transport à la tonne par tranche de poids et par tranche de distance en utilisant le barème de transport représenté dans le tableau 9.2.

Tableau 9.2 – Exemple de barème de prix de transport

	3T	5T	7T	10T	15T	20T	23T	25T
101 à 120 km	256	185	155	130	112	104	99	97
121 à 140 km	282	204	171	144	124	115	110	107

Dans les barèmes utilisés par les transporteurs, les distances ne sont pas des distances réelles mais des distances tarifaires. Ces distances tarifaires sont les distances théoriques entre différentes zones géographiques (codes postaux, villes...). Un distancier est souvent utilisé pour définir ces distances tarifaires. En général, plus le tonnage est élevé (dans la limite du poids de transport autorisé pour le véhicule) et plus la distance à parcourir est grande, plus le prix à la tonne est faible. Pour les marchandises palettisées ou non gerbables, les sociétés de transport de lots peuvent proposer un prix non pas au poids mais au mètre plancher (nombre de mètres carrés au sol utilisés), à la palette ou au volume. Les sociétés de messagerie proposent souvent un tarif au poids par tranche de poids.

■ La tarification du transport maritime

Les conférences maritimes ont contribué à standardiser la tarification des lignes maritimes régulières. Un tarif est souvent constitué d'un fret de base, de surcharges et de ristournes.

- Le fret de base est établi, pour un voyage donné, à l'unité payante (poids ou volume) ou au conteneur.
- La surcharge fuel ou BAF (*bunker adjustment factor*) doit permettre à l'armateur d'ajuster son prix en fonction de l'évolution du prix du pétrole (cet ajustement a été mis en place par les armateurs suite au choc pétrolier de 1973).
- La surcharge monétaire ou CAF (*currency adjustment factor*) doit permettre à l'armateur d'ajuster son prix en fonction de l'évolution du cours du dollar. Dans la réalité la surcharge monétaire, comme la surcharge fuel, sont souvent utilisées par l'armateur pour augmenter le prix du transport.
- La THC (*terminal handling charge*) représente les frais de manutention de la marchandise au port qui ne sont pas inclus dans le fret de base. L'armateur utilise des *liner terms* pour définir les opérations de manutention qui sont incluses dans le fret de base. Il existe neuf *liner terms* différents (de quai à quai, de quai à sous-palan, de quai à bord, de sous-palan à bord, de sous-palan à sous-palan, de sous-palan à quai, de bord à bord, de bord à sous-palan et de bord à quai).
- Les pénalités de retard de retour du conteneur.

Créer les ordres de transport

Un transport de fret est souvent initié par la création d'un ordre de transport. Par exemple, un prestataire logistique reçoit des ordres de transport de la part de ses clients par téléphone, fax ou e-mail. Un service logistique interne peut recevoir des ordres de transport générés automatiquement par le progiciel de gestion intégré de son entreprise.

Un ordre de transport peut être créé pour servir une commande client ou un groupe de commandes clients.

Définir le plan de transport

Le plan de transport définit les acheminements mis en œuvre sur une période donnée pour réaliser les ordres de transport. Chaque ordre de transport est affecté à un acheminement.

Un plan de transport peut être fixe ou variable.

- Un plan de transport fixe ne varie pas d'une période à l'autre. Il est dimensionné pour répondre à une demande moyenne. Les sociétés de transport maritime opèrent le plus souvent leurs porte-conteneurs suivant un plan de transport fixe. Les sociétés de transport de messagerie mettent en place des lignes de transport fixes qui relient entre elles leurs agences.
- Lorsque le plan de transport est variable, les acheminements sont planifiés en fonction des ordres de transport à exécuter. Il est très souvent nécessaire de consolider les ordres de transport afin de réduire les coûts d'exploitation d'un plan de transport variable. Dans le cas du transport routier, plusieurs méthodes existent pour consolider des ordres de transport : les trajets continus, les tournées de ramassage ou de livraison ou encore la consolidation des ordres de transport inférieurs à un camion complet.

■ Les trajets continus

Afin d'éviter les trajets à vide, il est quelquefois possible de mettre en place des trajets continus (*continuous move routings*). Si une livraison doit être effectuée d'un site A vers un site B et si une autre livraison nécessite le trajet inverse, il peut être avantageux d'utiliser le même camion (voir figure 9.5). Certaines sociétés industrielles peuvent quelquefois utiliser les mêmes camions pour l'approvisionnement des matières premières et l'expédition des produits finis.

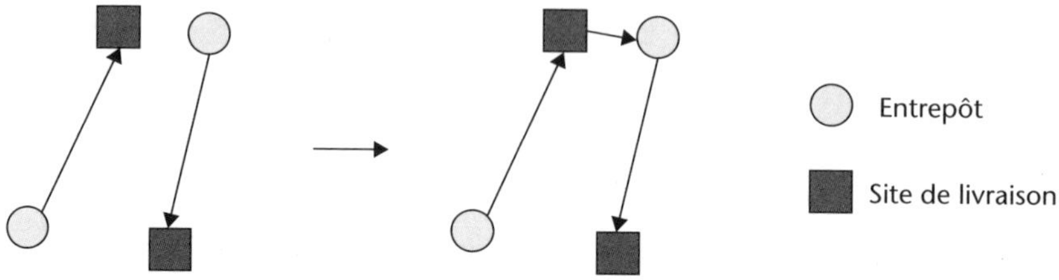

Figure 9.5 – Trajet continu

■ Les tournées de ramassage ou de livraison

Une tournée de ramassage (*multi-pick*) permet de regrouper les marchandises de plusieurs fournisseurs suivant une tournée, tandis qu'une tournée de livraison (*multi-drop*) permet de livrer plusieurs clients suivant une tournée (voir figure 9.6). Les tournées améliorent le taux de remplissage des véhicules et réduisent ainsi les coûts de transport. La recherche de la ou des tournées de livraison optimales peut être un problème difficile à résoudre. Il faut en effet déterminer quels clients seront servis par quel véhicule et dans quel ordre ce dernier doit visiter les clients de manière à minimiser, par exemple, la longueur totale des tournées ou le nombre de véhicules utilisés. Des contraintes supplémentaires (l'horaire de livraison d'un client par exemple) rendent le problème plus difficile encore à résoudre. Différentes techniques ont été développées pour construire des tournées optimales (par exemple la *saving matrix technique* et la *generalized assignment technique*). Il existe également de nombreux logiciels d'optimisation des tournées.

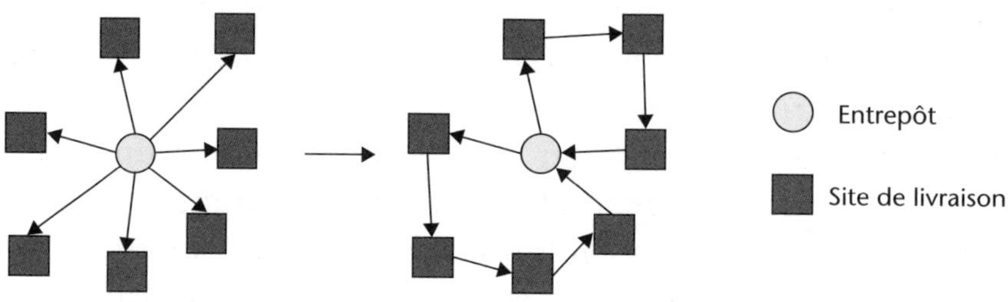

Figure 9.6 – Tournée de livraison

Les tournées de livraison sont souvent appelées *milk run* en anglais, en référence à la tournée du laitier qui dépose, chaque matin, une bouteille de lait chez ses clients.

■ Consolidation des ordres de transport inférieurs à un camion complet

Les ordres de transport inférieurs à un camion complet appelé LTL (*less than truckload*) sont regroupés afin de constituer des camions complets.

Préparer les ordres de transport

Affréter le transport

Une fois le plan de transport défini, il faut identifier les chauffeurs et les véhicules qui réaliseront le transport. Sans moyen de transport en propre, ce qui est de plus en plus souvent le cas, une entreprise doit affréter un transport.

L'affrètement consiste à confier le transport de marchandises à une société de transport. L'usage du mot affrètement, utilisé initialement pour le seul transport maritime, a été étendu à tous les autres modes de transport.

Une fois la société de transport choisie, les documents de transport doivent être établis.

Établir les documents de transport

■ Les documents de transport maritime

Il existe trois grands types de contrat pour le transport maritime : le connaissement maritime (*bill of lading* ou B/L), la lettre de transport maritime (*sea waybill*) et la charte-partie (*charter-party*).

Le connaissement maritime est un contrat de transport passé entre le chargeur et le transporteur maritime. Il est établi en trois exemplaires par le transporteur maritime (ou son agent). En le délivrant, le transporteur reconnaît avoir reçu les marchandises qui y sont mentionnées, s'engage à les transporter aux conditions convenues et à les livrer à destination conformément aux instructions reçues, moyennant le paiement du fret.

La lettre de transport maritime (LTM), contrairement au connaissement maritime, n'est pas un titre de propriété des marchandises. Elle constitue uniquement le contrat de transport passé entre le chargeur et le transporteur maritime et atteste le chargement à bord de la marchandise. Elle se compare à la lettre de voiture internationale (CMR) et à la lettre de transport aérien (LTA).

La charte-partie est un contrat d'affrètement entre un armateur et un affréteur.

■ Les documents de transport routier

La lettre de voiture (*consignment note*) est le principal contrat de transport pour le transport routier. Tout contrat de transport routier de marchandises intérieur ou international, exécuté par une entreprise résidant ou non en France, donne lieu à l'établissement d'une lettre de voiture dont au moins un exemplaire doit se trouver à bord du véhicule (ou son édition à bord du véhicule par système informatique doit être possible). La lettre de voiture est de forme libre et doit comporter certaines mentions comme : sa date d'établissement, les nom, adresse et numéro de Siren ou numéro d'identification intracommunautaire du transporteur, la date de prise en charge, la quantité ou le poids ou le volume de la marchandise remise. Outre son intérêt pour les services de contrôle, la lettre de voiture a pour fonction de constituer la preuve de la réalité et des modalités du contrat de transport intervenu entre l'expéditeur et le transporteur. Pour le transport routier international, la lettre de voiture doit respecter les termes de la convention relative au contrat de transport international de marchandises par route (CMR) du 19 mai 1956.

En plus de la lettre de voiture, un Carnet TIR peut également être établi pour accompagner un transport international. Le Carnet TIR est un « document de transit douanier international sous le couvert duquel un transport de marchandises peut être effectué depuis un bureau de douane de départ jusqu'à un bureau de douane de destination finale selon une procédure appelée Procédure TIR, stipulée dans la Convention TIR. Il garantit le paiement des droits et taxes douaniers, limité à 60 000 € par Carnet dans les pays autorisant une opération TIR[1] ».

■ Les documents de transport ferré

La lettre de voiture est le principal contrat de transport. Pour le transport international, la lettre de voiture internationale (LVI) doit respecter les termes de la Convention internationale concernant le transport des marchandises par chemin de fer (CIM) de 1924.

■ Les documents de transport fluvial

Pour le transport fluvial, une lettre de voiture ou un connaissement fluvial est nécessaire. Les expéditions par voie d'eau donnent lieu à l'établissement soit d'une lettre de voiture (comme pour le transport routier) et valant reconnaissance de prise en charge par le transporteur, soit d'un connaissement fluvial, document qui s'apparente au connaissement maritime car il est négociable à ordre et est transmissible par simple endossement.

■ Les documents de transport multimodal

Pour le transport multimodal, un connaissement de transport combiné ou CTBL (*combined transport bill of lading*) peut être établi.

Définir le plan de chargement

Le plan de chargement décrit la façon dont est remplie une unité de transport (comme un camion, une remorque, un conteneur ou encore un wagon). Le remplissage est réalisé en fonction de critères tels que

1 Source : Union internationale des transports routiers.

l'optimisation de l'utilisation de la capacité de l'unité de transport, la séquence de chargement et déchargement, la capacité de gerbage des contenants ou encore la répartition du poids. L'optimisation d'un plan de chargement permet de réduire le coût de transport.

La normalisation des dimensions de certaines unités de transport et de chargement permet de faciliter la construction du plan de chargement.

Exemples

Une semi-remorque de dimension standard (13,5 mètres de long sur 2,4 mètres de large) transporte à plat 32 ou 33 palettes Europe selon la disposition (2 rangées de 16 ou 3 rangées de 11).

Prendre les rendez-vous de chargement et de déchargement

La prise de rendez-vous de chargement et de déchargement permet de réduire les temps d'attente des transporteurs, de mieux planifier la charge de travail des équipes logistiques en charge de la préparation des commandes, du chargement ou du déchargement des camions.

Exécuter les ordres de transport

Transporter

Le transport de marchandises doit respecter de nombreuses réglementations.

Par exemple, en France, le transport de marchandises dangereuses doit respecter l'arrêté ADR, pour le transport routier, l'arrêté ADNR, pour le transport fluvial ou encore l'arrêté DIR, pour le transport ferré. Pour le transport maritime, le code maritime international des marchandises dangereuses (IMDG) est la norme utilisée partout dans le monde pour l'expédition de marchandises dangereuses.

Suivre le transport

Plusieurs raisons conduisent les différents acteurs de la chaîne logistique à suivre le transport de marchandises.

Le suivi du transport permet à une entreprise d'être alertée en cas de retard de livraison. Un retard de livraison peut en effet perturber un planning de production (les matières premières ne sont pas disponibles à temps) ou dégrader la qualité de service au client (un produit n'est pas livré à la date attendue).

Le suivi du transport permet également aux différents acteurs de la chaîne logistique (comme les gestionnaires de plates-formes ou les réceptionnaires) de planifier aux mieux les opérations physiques et administratives.

Les entreprises de transport suivent leurs transports pour gérer leur flotte de véhicules. Certains transporteurs routiers équipent par exemple leurs camions de GPS pour localiser à tout instant les véhicules.

Dans certains cas, la réglementation peut imposer de suivre le transport de marchandises.

Exemples

Chaque année, plus d'un milliard de tonnes de fret sont chargées et déchargées dans les ports de l'Union européenne, faisant de la navigation le premier moyen de transport en volume. Certains navires transportent des marchandises qui provoqueraient des dommages environnementaux massifs en cas d'accident.
Pour améliorer la sécurité maritime, le Parlement européen et le Conseil de l'Union européenne ont arrêté dans la directive 2002/59/CE du 27 juin 2002 « relative à la mise en place d'un système communautaire de suivi du trafic des navires et d'information », un suivi des navires à risque. Cette directive exige des États membres qu'ils mettent en place des systèmes d'information concernant la sécurité maritime et les mouvements des navires de façon à permettre un échange efficace des données.

Clôturer les ordres de transport

Contrôler les factures des transporteurs

En raison de la diversité des principes de tarification, il est souvent difficile de contrôler les factures de transport transmises par les transporteurs. Le coût de transport d'une entreprise industrielle pouvant représenter de 3 % à 5 % de son chiffre d'affaires, le contrôle des factures est souvent difficile mais nécessaire.

La pré-facturation transport permet de simplifier le contrôle des factures. Elle consiste à calculer les montants attendus des factures de transport et à les transmettre aux transporteurs pour contrôle.

Piloter la performance du transport

Le tableau 9.3 regroupe quelques exemples d'indicateurs de suivi de la performance du transport.

Tableau 9.3 – Exemples d'indicateurs de suivi de la performance du transport

Nom	Nom en anglais	Unité de mesure	Description
Taux de parcours à vide	*Empty miles*	%	Nombre de kilomètres parcourus à vide / Nombre total de kilomètres parcourus
Taux de camion complet	*Full truck rate*	%	Nombre de trajets avec un taux de chargement > 95 % / Nombre total de trajets
Taux de remplissage des camions	*Truck loading rate*	%	Capacité du camion utilisée / Capacité disponible du camion
Taux d'émission de CO_2	*CO_2 emission rate*	%	Poids de CO_2 émis / Poids transporté × distance parcourue

• • •

Nom	Nom en anglais	Unité de mesure	Description
Coûts de distribution	*Distribution costs*	%	$\frac{\text{Somme des coûts de transport, d'entreposage et des stocks}}{\text{Chiffre d'affaires}}$
Coûts de transport	*Transportation costs*	%	$\frac{\text{Somme des coûts de transport}}{\text{Chiffre d'affaires}}$

Comment améliorer la performance du transport ?

Réduire les coûts de transport

Le coût du transport comprend des coûts variables qui dépendent de l'activité (comme la distance parcourue) et des coûts fixes. Les coûts variables peuvent inclure le coût du carburant, de l'entretien, des pneumatiques (dans le cas du transport routier) ou encore le montant des péages. Les coûts fixes peuvent inclure le coût d'achat du véhicule, les salaires des conducteurs, le coût des assurances... Pour les entreprises de transport, la part des coûts fixes est souvent significative. Les coûts variables étant sensiblement les mêmes pour un véhicule chargé et un véhicule à vide, les transporteurs cherchent souvent à saturer leurs capacités de transport. Ainsi, si la demande de transport routier ou maritime sur une ligne est élevée pour le trajet aller mais faible pour le trajet retour, les prix seront généralement élevés pour le trajet aller et faibles pour le trajet retour.

Quelques exemples de leviers de réduction des coûts de transport sont représentés figure 9.7.

Coûts de transport

- Optimiser les tournées de collecte ou de distribution
- Optimiser le réseau de distribution (nombre/localisation des entrepôts)
- Optimiser le taux de remplissage des camions, conteneurs…
- Externaliser certaines fonctions transport (affrètement…)
- Automatiser la préfacturation transport et fiabiliser le contrôle facture
- Mettre en place des contrats de transport
- Mettre en place des trajets continus pour limiter les transports à vide
- Utiliser des centres de consolidation avec des partenaires (*pooling*)
- Optimiser les flux de transport (*cross-docking*, livraison directe usine…)
- Utiliser le mode de transport optimal

Figure 9.7 – Exemples de leviers de réduction des coûts de transport

De nouvelles technologies comme les véhicules autonomes (voir encadré nouvelle technologie) devraient également permettre de réduire les coûts de transport.

Nouvelle technologie

Véhicule autonome

Définition

Un véhicule autonome (*autonomous vehicule*) est un véhicule (voiture, camion, drone, etc.) qui peut manœuvrer avec une assistance humaine limitée ou sans assistance humaine.

Description

Le Ministère des transports des États-Unis a défini une nomenclature sur 5 niveaux pour décrire le niveau d'automatisation du véhicule :
- Pas d'automatisation
- Automatisation de fonctions spécifiques
- Automatisation de fonctions combinées
- Conduite automatisée limitée
- Conduite automatisée totale

Bénéfices

- Les véhicules autonomes permettraient de réduire le nombre d'accidents. Les accidents sont principalement causés par des erreurs humaines.

•••

• • •

– En optimisant leur conduite, les véhicules autonomes réduisent à la fois leur consommation d'énergie et leurs émissions de CO_2.
– L'automatisation de la conduite réduit les coûts en augmentant la productivité et en réduisant les coûts salariaux. Dans l'industrie minière, les véhicules autonomes permettraient d'augmenter la productivité de 25 %.[1]

Exemple

Amazon utilise 30 000 robots Kiva pour déplacer les marchandises dans ses entrepôts.

Mettre en œuvre un TMS

Un système de gestion du transport (voir encadré ci-après) peut être utilisé pour supporter une partie du processus de gestion du transport.

Système de gestion du transport ou *transportation management system* (TMS)

Description

Un système de gestion du transport (*transportation management system* ou TMS) est un logiciel qui permet de planifier, de gérer et de suivre au mieux les opérations de transport.

Fonctions proposées

À la fin des années 1980, les premiers TMS proposaient des fonctions élémentaires. Ils se sont progressivement enrichis de nouvelles fonctionnalités telles que :

- l'achat de transport (aide à la sélection des meilleures offres) ;
- la définition du plan de transport (sélection du meilleur transporteur, optimisation des tournées, regroupement des commandes) ;
- la gestion des flottes de véhicules ;
- le suivi des ordres de transport (transmission des ordres de transport aux transporteurs, mise à jour du statut des ordres de transport par les transporteurs, suivi des transports internationaux) ;

• • •

1 Source : An executive's guide to the Internet of Things, Jacques Bughin, Michael Chui, James Manyika, McKinsey Quarterly, août 2015.

• • •

- la gestion du chargement des véhicules (optimisation du taux de remplissage des véhicules) ;
- le contrôle des factures des transporteurs (pré-facturation) ;
- le suivi de la performance du transport (calcul des émissions de CO_2).

La couverture fonctionnelle est souvent différente d'un TMS à l'autre.

Technologies utilisées

Un système de gestion du transport s'appuie en général sur plusieurs technologies :

- des algorithmes de calcul pour optimiser les tournées ou le remplissage des véhicules ;
- des technologies de communication (EDI, portail Web…) qui permettent aux expéditeurs, aux réceptionnaires et aux transporteurs d'échanger des informations.

Gérer conjointement le transport

Les projets de gestion collaborative du transport entre les expéditeurs, les réceptionnaires, les transporteurs et les prestataires logistiques permettent souvent d'améliorer la performance du transport : augmentation du taux de remplissage des camions, réduction du nombre de trajets à vide, réduction du nombre d'heures d'attente pour le chargement ou le déchargement d'un camion…

L'association Voluntary Interindustry Commerce Solutions, qui avait fait la promotion du CPFR à la fin des années 1990, chercha à développer la gestion collaborative du transport, traduction de l'anglais *collaborative transportation management* ou CTM (qu'il ne faut pas confondre avec le CTM de *capable to match* décrit dans la partie « Valider les commandes de vente »).

L'association décrit la gestion collaborative du transport comme « un processus holistique qui associe partenaires commerciaux et fournisseurs de service de la chaîne logistique pour réduire les inefficacités du processus de planification et d'exécution du transport. L'objectif de la gestion collaborative du transport est d'améliorer la performance opérationnelle de tous les intervenants impliqués en réduisant les inefficacités du transport au travers de la collaboration ». L'association décrit le CTM comme un complément du CPFR.

La gestion collaborative du transport peut présenter de nombreux bénéfices :

- Le partage des programmes prévisionnels de transport entre l'expéditeur et le transporteur permet au premier d'identifier les opportunités de consolidation des chargements et au second de planifier et d'ajuster au mieux ses capacités.
- Le partage des programmes de transport entre le réceptionnaire et le transporteur permet au premier de mettre en place des flux continus entre le transport amont et le transport aval et de consolider des flux amonts, et au second de réduire le nombre de trajets à vide et d'augmenter le taux de chargement.

Les bourses de fret sont des exemples de mise en œuvre d'une gestion collaborative du transport. Certaines sociétés ont également mis en place des portails permettant à leurs transporteurs de consulter et de mettre à jour les programmes de chargement et de consulter et valider la pré-facturation transport.

Réduire l'impact sur l'environnement[1]

Le transport a un impact élevé sur l'environnement. Il existe différents leviers pour réduire cet impact.

■ Réduire l'incidence sur l'environnement des modes de transport utilisés

La charte « Objectif CO_2 – les transporteurs s'engagent », développée par le ministère français de l'Écologie, du Développement durable, des Transports et du Logement, propose différentes actions pour

1 Une partie des informations de ce paragraphe est extraite du *Guide de la démarche Objectif CO_2*, publié en avril 2011 par le ministère français de l'Écologie, du Développement durable, des Transports et du Logement.

réduire l'incidence sur l'environnement des modes de transport utilisés. Ces actions concernent :

- le véhicule (accélérer la modernisation de la flotte, brider les moteurs pour réduire la vitesse maximale des véhicules, utiliser des lubrifiants synthétiques, utiliser des accessoires pour diminuer la résistance aérodynamique, améliorer la maintenance des véhicules, utiliser des pneumatiques permettant de réduire la consommation, limiter l'utilisation et modifier la technologie de la climatisation, utiliser des boîtes de vitesses robotisées) ;
- le carburant (améliorer la gestion et le suivi des consommations de carburant, utiliser des carburants alternatifs au gazole) ;
- et le conducteur (limiter l'usage du moteur à l'arrêt, former les conducteurs à l'écoconduite).

■ Utiliser des modes de transport massifiés et plus écologiques

Le transport de marchandises par chemin de fer, voie fluviale ou par cabotage maritime génère moins d'émissions de CO_2 que le transport routier. D'une part il permet de massifier le transport, d'autre part, il peut, dans le cas du train, utiliser des énergies non polluantes comme l'électricité. L'utilisation de moyens de transport massifiés est adaptée au transport de longue distance.

Exemples

La société alimentaire Kraft Jacobs Suchard utilise le transport ferroviaire pour acheminer des matières premières de Brême jusqu'à ses usines installées en Allemagne, et notamment des grains de café jusqu'à Berlin. Le transport par train des grains de café équivaut à 4 300 voyages de longue distance et à 7 200 livraisons locales qui étaient effectués auparavant par camion et représente une économie d'énergie de 40 %. La société utilise le trajet retour pour transporter le café emballé.

■ Utiliser de façon optimale le transport routier

L'utilisation optimale du transport routier de marchandises dépend du nombre de kilomètres parcourus, du taux de chargement des véhicules ou encore du taux de retour à vide.

Réduire le nombre de kilomètres parcourus

- **Optimiser le réseau de distribution**

  La refonte du réseau de distribution peut réduire de façon significative le nombre de kilomètres parcourus (voir « Définir le réseau logistique » au chapitre 1). Par exemple, les industriels de la boisson cherchent souvent à livrer les clients en direct usine pour réduire au maximum les distances à parcourir.

- **Optimiser les flux de transport**

  Des solutions informatiques permettent de calculer des plans de transport, des tournées ou encore des plans de chargement des camions optimisés.

- **Optimiser le transport conjointement avec les clients**

  La collaboration avec les clients est souvent nécessaire pour optimiser le transport. Elle permet de partager à la fois les contraintes et les enjeux environnementaux. Par exemple, la mise en place de la gestion partagée des approvisionnement permet au fournisseur de proposer un lot de réapprovisionnement qui optimise le chargement du véhicule de livraison. Les économies réalisées par cette optimisation pourront être partagées entre le fournisseur et son client.

Augmenter le taux de chargement des véhicules

Le taux de chargement moyen des véhicules routiers en Europe s'élève à un peu moins de 50 % en poids[1]. Plusieurs actions peuvent être mises en œuvre pour augmenter le taux de chargement.

---

1 Source : étude de l'Agence européenne de l'environnement couvrant l'ensemble des pays pour lesquels des données étaient disponibles.

- **Modifier la palettisation du véhicule**

  Le chargement d'un camion est limité par le poids et le volume du chargement. Pour les produits volumineux en particulier, le chargement est parfois difficile à optimiser (absence d'un double plancher dans le camion, hauteur du chargement trop importante pour permettre un gerbage des palettes, hauteur du chargement trop faible pour occuper l'espace disponible...). Il est possible d'améliorer le chargement des camions en modifiant la palettisation. Par exemple, en passant d'un emballage permettant de mettre six produits par palette, mais ne permettant pas de gerber les palettes, à un emballage de quatre produits permettant de gerber les palettes, il est possible de transporter 33 % de produits en plus.

- **Mutualiser le transport**

  Pour réduire leurs niveaux de stock, les distributeurs demandent aux industriels de réduire les tailles des lots de réapprovisionnement. Pour les petites entreprises, les quantités de livraison ne permettent alors plus de remplir les camions. La mutualisation du transport entre industriels permet d'améliorer les taux de chargement tout en réduisant la taille des lots de réapprovisionnement.

Exemples

Afin d'améliorer les taux de chargement des camions, le distributeur Carrefour a mis en place des centres de consolidation et de collaboration ou CCC, déjà mis en œuvre au Royaume-Uni par Tesco. Les CCC sont des entrepôts mutualisés entre plusieurs fournisseurs, dont l'exploitation est confiée à un prestataire logistique et dont les stocks appartiennent aux fournisseurs. Chaque fournisseur livre en camions complets les CCC qui livrent, à leur tour, en camions complets les entrepôts de Carrefour. Un camion peut regrouper les produits d'une vingtaine de fournisseurs. Ces CCC sont avant tout destinés aux petites entreprises. Les entreprises de taille intermédiaire mettent souvent en place leurs propres plates-formes de consolidation. Les grandes entreprises disposent généralement de volumes suffisants pour livrer les plates-formes de Carrefour en camions complets.

- **Optimiser le ratio volume/poids des chargements**

  Lors du transport d'un produit léger mais volumineux, le poids total autorisé en charge est rarement atteint. La combinaison de produits légers et de produits lourds permet d'améliorer le taux de chargement, tant en poids qu'en volume.

Exemples

En France, PepsiCo distribuait les produits d'apéritifs et les boissons dans le circuit hors domicile terrain (cafés, hôtels, restaurants, réseaux de transport, lieux de loisirs...) en utilisant deux réseaux de distribution différents. Pour réduire ses coûts, l'impact sur l'environnement et améliorer le service au client, l'entreprise a mis en place un réseau de distribution unique qui livre, dans un même camion, des produits lourds (les boissons) et des produits légers (les produits d'apéritifs).

Limiter les transports à vide

En France, le taux de trajets à vide s'élevait à 21,9 % en 2008[1]. Pour limiter les transports à vide, un transporteur doit trouver le ou les clients permettant de mettre en place des flux continus (voir « Définir le plan de transport »). Des sites de bourse de fret ou de transport ou des clubs d'entreprises peuvent aider à identifier le ou les clients permettant de mettre en place des flux continus.

Pour réduire leurs émissions de gaz à effet de serre, de grands groupes industriels conduisent d'importants programmes de transformation de leur *supply chain* (voir l'avis d'expert de Pierre-Martin Huet, directeur *supply chain* du Groupe Michelin).

1 Source : enquête TRM 2008.

Avis d'expert

PIERRE-MARTIN HUET, directeur *supply chain* du Groupe Michelin.

COMMENT LA CHAÎNE LOGISTIQUE MISE EN PLACE PAR LE GROUPE MICHELIN ASSURE-T-ELLE LA PRODUCTION ET LA DISTRIBUTION DE SES PRODUITS ?

Michelin opère une *supply chain* mondiale avec un sourcing de matières premières diversifié, dont le caoutchouc naturel, qui vient des régions équatoriales du globe. Ces matières sont acheminées par bateau, train ou camion jusqu'à une soixantaine de centres de production situés, pour la plupart, à proximité des marchés desservis : en Europe, en Amérique et en Asie. Certains composants nécessitent une étape de transformation et d'assemblage qui est réalisée en amont dans nos usines de produits semi-finis. La distribution des produits finis vers les clients est assurée grâce à un réseau logistique d'environ 200 entrepôts complété par les nombreuses plateformes d'éclatement de nos prestataires logistiques.

QUELS LEVIERS UTILISEZ-VOUS POUR RÉDUIRE LES ÉMISSIONS DE CO_2 DE VOTRE *SUPPLY CHAIN* ?

Nous sommes très engagés dans la décarbonation de notre *supply chain*, en ligne avec la stratégie « tout durable » du Groupe Michelin. Nous avions validé avec le SBTI[1] un premier objectif de réduction de nos émissions de 22 % entre 2018 et 2030. Nous avons atteint cette cible en 2023 avec 7 ans d'avance !
Cela a été possible grâce à la mobilisation de l'ensemble de nos équipes sur une politique volontariste en trois volets :

- **Transporter moins :** nous réduisons le besoin de transport en produisant au plus près de nos marchés et en augmentant les livraisons directes de nos usines vers les clients. Ainsi, depuis 2018, nous avons réduit de 12 % le nombre de tonnes que nous transportons pour chaque tonne de produits que nous vendons.

1 SBTI : *Science Based Target Initiative*. Organisme, qui, en partenariat avec le Pacte mondial de l'ONU, certifie la conformité des objectifs de décarbonation des entreprises avec les accords de Paris.

• • •

• • •

- **Transporter mieux :** nous utilisons des moyens de transport peu carbonés disponibles sur le marché, à commencer par le train et le fluvial qui émettent 5 fois moins de CO_2 que le routier. Nous avons ainsi augmenté la part du multimodal dans nos flux de 50 % en 5 ans.
- **Transporter différemment :** nous lançons des tests sur des moyens de transport prometteurs, mais pas encore matures, ou déployables à grande échelle. Nous expérimentons ainsi du transport hydrogène pour le terrestre ou à voile pour le maritime.

La transformation de notre *supply chain* doit ainsi permettre de répondre aux enjeux de la transition écologique, tout en gagnant en résilience et en agilité pour satisfaire les attentes en constante évolution de nos clients. Cela passe par une différenciation de nos modèles de *supply chain*, allant du *Make to Order* à de la livraison par tiers, le tout orchestré par une digitalisation complète de nos processus.

L'essentiel

▶▶ **Les marchandises** peuvent être acheminées en utilisant un mode de transport terrestre (transport routier, ferroviaire ou fluvial), maritime, aérien, en empruntant plusieurs modes de transports (transport multimodal) ou en faisant appel à des installations fixes.

▶▶ **Les marchandises transportées** peuvent, avant de parvenir à destination, transiter par des nœuds de transport : ports maritimes, fluviaux ou secs, aéroports ou plates-formes logistiques.

▶▶ **Le processus de gestion du transport** se déroule souvent en cinq grandes étapes : la planification du transport, la préparation des ordres de transport, l'exécution des ordres de transport, la clôture des ordres de transport et le pilotage de la performance du transport.

▸▸ **La réduction de l'incidence sur l'environnement du transport,** l'utilisation des modes de transport massifiés, l'utilisation de façon optimale du transport routier sont des moyens permettant de réduire l'impact du transport sur l'environnement.

Chapitre 10

La logistique inverse

Executive summary

- **Aux États-Unis, les retours de produits** coûtent chaque année 100 milliards de dollars aux entreprises.
- **Après avoir consacré beaucoup de temps et d'argent à améliorer leur logistique**, les entreprises vont devoir maintenant investir dans leur logistique inverse.
- **Mais quel processus faut-il mettre en place** pour réduire non seulement les coûts mais aussi l'impact sur l'environnement de la logistique inverse ?

La logistique inverse

La logistique inverse (*reverse logistics*) est le processus d'acheminement des marchandises du point de consommation vers un point de consolidation afin de récupérer leur valeur et de minimiser leur impact sur l'environnement. Elle prend en charge par exemple le retour d'un produit à un distributeur, le ramassage des déchets en porte-à-porte, la collecte d'emballages de transport réutilisables ou encore la reprise d'un appareil en fin de location.

Si pendant longtemps la logistique inverse a été vue comme la logistique allant dans la « mauvaise direction », ce n'est plus le cas aujourd'hui. Les flux de retour sont en effet devenus la norme. Par exemple, depuis 2001, plus de 260 filières à responsabilité élargie du producteur (REP), responsables de flux de retour, ont été adoptées dans le monde. En France, les seuls flux de déchets représentent 20 % du tonnage des flux de marchandises qui circulent dans l'économie française. La logistique inverse devient également une priorité pour toutes les entreprises qui décident d'adopter l'économie circulaire.

Le processus de logistique inverse

Un exemple de processus de gestion de la logistique inverse est représenté figure 10.1.

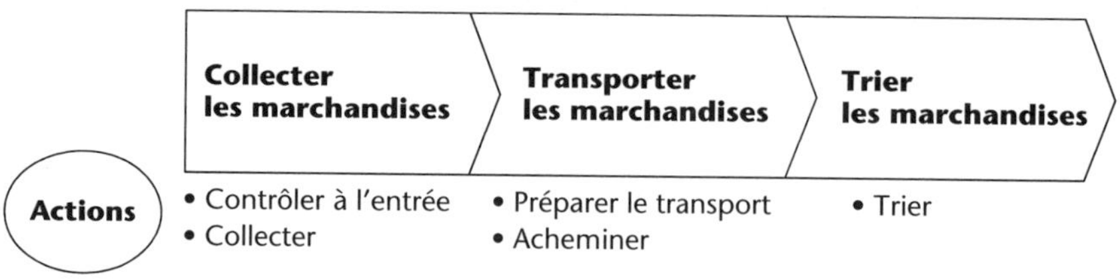

Figure 10.1

L'économie circulaire

La logistique inverse est également un maillon important de l'économie circulaire. L'économie circulaire est une économie « dans laquelle la valeur des produits, des matières et des ressources est maintenue dans l'économie aussi longtemps que possible et la production de déchets est réduite au minimum ».[1] À cette fin, elle réintroduit les produits, les composants et les matières dans les cycles de production, de distribution et d'utilisation autant de fois que cela est nécessaire et possible. Elle s'inspire du fonctionnement cyclique de la nature.

Les matériaux, les composants et les produits techniques, comme le plastique, les moteurs électriques ou les lave-linge, évoluent dans un cycle différent de celui des matériaux, composants et produits biologiques, comme le coton ou les produits alimentaires. Dans le cycle technique, les matériaux, composants et produits sont recyclés, remanufacturés, reconditionnés, réparés, préparés pour le réemploi ou maintenus (voir figure 10.2). Dans le cycle biologique, ils sont compostés, méthanisés, valorisés en extrayant des composés chimiques ou réutilisés en cascade.

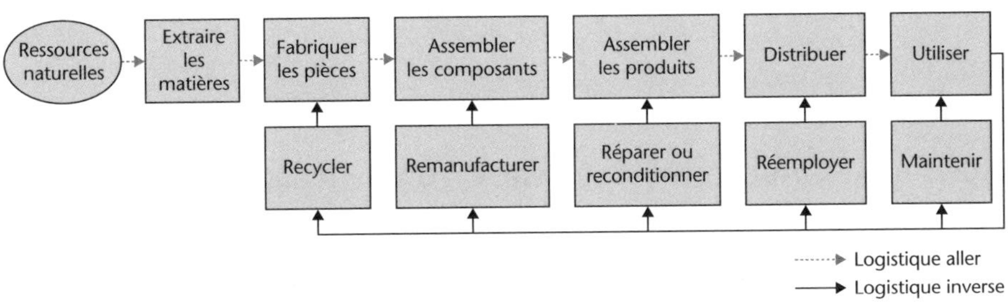

Figure 10.2 : Cycle technique

1 Source : Commission européenne.

Collecter les marchandises

La collecte (*collection*) vise à réunir des marchandises en vue de leur transport vers une installation de traitement.

Contrôler à l'entrée

Pour que des marchandises n'entrent pas inutilement dans un flux de retour, il est nécessaire de mettre en place un contrôle à l'entrée. Le contrôle à l'entrée ou *gatekeeping* est « le filtrage des marchandises retournées défectueuses et non justifiées au point de départ du processus de logistique inverse ».[1]

Le contrôle à l'entrée permet d'éviter des coûts inutiles comme le transport et le tri de produits indésirables. Par exemple il pourra vérifier qu'un article est toujours sous garantie avant de le reprendre pour le réparer sans frais. Il pourra également s'assurer qu'un produit est bien retourné dans le réseau de distribution où il a été acheté en vérifiant sa facture d'achat.

Pour faciliter le contrôle à l'entrée, des industriels et distributeurs n'acceptent que les marchandises accompagnées d'une autorisation de retour (*returns material authorisation* ou RMA) obtenue au préalable.

Collecter

Après un éventuel contrôle à l'entrée, les marchandises sont collectées. Il existe deux méthodes de collecte.

- Les marchandises peuvent être collectées auprès de leur utilisateur (*pick-up*). Par exemple une entreprise qui livre à un client des produits neufs peut en profiter pour collecter des produits usagés.
- Les marchandises peuvent être collectées par apport volontaire (*drop-off*). L'utilisateur doit alors retourner lui-même ses marchandises à un point de collecte (appelé point d'apport volontaire).

1 Source : Going Backwards : Reverse Logistics Trends And Practices, Dale S. Rogers, Ronald S. Tibben-Lembke, Reverse Logistics Executive Council (1998).

La collecte par apport volontaire permet de réduire le coût du « premier kilomètre ». Elle nécessite toutefois de mettre en place des mesures incitatives pour que l'utilisateur retourne ses marchandises. Pour les produits peu volumineux, comme les téléphones portables, ou de valeur, comme les ordinateurs, une enveloppe ou un colis pré-timbré, peut être remis à l'utilisateur pour faciliter la collecte. En France la réglementation oblige le propriétaire d'un véhicule hors d'usage (VHU) à le remettre à un centre VHU agréé. Des industriels et distributeurs reprennent également des produits usagés en échange d'un bon d'achat.

Exemple

Le fabricant et distributeur de cosmétiques Lush collecte dans ses points de vente ses pots de crème vides en échange d'un masque. Les pots collectés sont recyclés en de nouveaux pots.

Les marchandises destinées à être retournées peuvent être collectées séparément. La collecte séparée (ou collecte sélective) désigne une collecte dans le cadre de laquelle un flux de marchandise est conservé séparément en fonction de son type et de sa nature afin de faciliter un traitement spécifique. Par exemple de nombreuses villes choisissent de collecter de façon séparée les déchets organiques de ceux en carton, en verre ou en plastique.

Transporter les marchandises

Une fois collectées, les marchandises sont acheminées vers des sites où elles seront triées.

Le transport retour est souvent plus difficile à planifier et exécuter que le transport aller. Les marchandises sont par exemple rarement conçues pour la logistique inverse (*design for reverse logistics*). Ainsi il est plus difficile de transporter un meuble usagé, qui est monté, qu'un meuble neuf, le plus souvent livré démonté. Lorsque les marchandises retournées ont le statut de déchet, le transport est aussi soumis à des obligations réglementaires supplémentaires. Par exemple, dans l'Union européenne, le transport transfrontalier de déchets est soumis à une autorisation préalable.

Préparer le transport

La préparation du transport permet de réduire les coûts de manutention, de transport et de stockage et de garantir la qualité de service.

Les marchandises à retourner peuvent être conditionnées pour réduire leur volume ou leur poids. Par exemple des distributeurs équipent parfois leurs points de vente de presses à balles ou de compacteurs pour réduire le volume des déchets d'emballage en carton ou en plastique. Des restaurants d'entreprise utilisent des désydratateurs pour diminuer de 80 % le poids de leurs déchets organiques et réduire ainsi la fréquence de leur collecte.

Exemple

France Boissons, une filiale de distribution de Heineken en France, met à disposition des cafés, hôtels et restaurants un concasseur qui réduit les volumes des bouteilles en verre de 80 % et permet de stocker près de 20 kg de verre broyé. L'entreprise gère tout le cycle du verre en fournissant des bidons de collecte vides et en reprenant les bidons pleins.

Les marchandises retournées peuvent également être emballées afin qu'elles ne soient pas endommagées lors des opérations de chargement et déchargement, de transport et de stockage. Par exemple un téléphone portable pourra être transporté dans une benne s'il est destiné à être recyclé mais il devra être protégé par un emballage s'il doit être réutilisé.

Exemple

Wilkhahn, un fabricant allemand de mobilier de bureau, utilise des emballages dédiés pour collecter son mobilier usagé. Le mobilier collecté est ensuite transporté vers l'usine de Bad Münder pour être remis en état.

Transporter

Les flux de retour utilisent quelquefois les mêmes moyens de transport que les flux aller. Par exemple, un camion qui livre des produits neuf chez un client peut en profiter pour reprendre des produits usagés et augmenter ainsi son taux de remplissage.

Exemple

La Poste, en France, avec son offre Recy'go, propose aux TPE/PME et aux collectivités locales de collecter des papiers de bureau à recycler. La collecte est réalisée par les facteurs à l'occasion de leur passage pour la collecte ou la remise du courrier.

Toutefois, contrairement à ce que le terme logistique inverse pourrait laisser croire, les flux de retours ne suivent pas nécessairement le parcours inverse des flux aller. Par exemple les marchandises ne sont pas nécessairement retournées au producteur d'origine mais peuvent être expédiées à un gestionnaire de déchet.

Trier les marchandises

Le tri permet d'orienter les marchandises collectées vers les différentes filières de valorisation : préparation au réemploi, réparation, remise à neuf, recyclage du plastique, recyclage du métal, etc.

Le choix de la filière de valorisation est réalisé sur la base de différents critères comme l'état ou la valeur du produit. Par exemple un produit usagé pourra être orienté suivant son état vers une filière de réemploi, de réparation ou de recyclage.

Une inspection détaillée du produit retourné pourra être nécessaire pour en connaître l'état. En effet l'état d'un produit retourné est rarement connu *a priori* et dépend des conditions de son utilisation et de sa collecte. Le produit peut avoir été peu utilisé et être dans un état neuf ou, à l'inverse, avoir été utilisé intensivement et être hors d'usage.

Exemple

HP, le fabricant d'imprimantes, a mis en place une organisation dédiée pour gérer le retour et le retraitement de ses imprimantes à jet d'encre. En 1999, les retours d'imprimantes à jet d'encre représentaient, aux États-Unis, 6,6 % des ventes et 5,7 % des volumes. Ce pourcentage était 6 fois plus élevé que dans le reste du monde. 50 000 imprimantes étaient retournées tous les mois. L'entreprise développa un modèle pour choisir l'option de retraitement la plus adaptée : revente, reconditionnement, remise à neuf, utilisation des pièces détachées ou vente à un recycleur. Ce modèle utilisait plusieurs critères : la valeur et l'état du produit, l'étape du cycle de vie du modèle (lancement, croissance, maturité ou déclin) ou encore la valeur maximale qui pouvait être obtenue du produit. En 2000, le chiffre d'affaires de l'activité de remise à neuf en Amérique du Nord s'éleva à 50 M$.

Le tri est une opération consommatrice de main-d'œuvre et de temps. Aussi, lorsque cela est possible, il est automatisé. Par exemple, le tri des déchets ménagers est de plus en plus souvent effectué par des centres de tri automatisés.

Comment améliorer la performance de la logistique inverse ?

Réduire le coût de la logistique inverse

Si les marchandises retournées ont souvent le même poids que les marchandises neuves, leur valeur est souvent plus faible. Le coût du transport comparé à la valeur des marchandises transportées est, à l'inverse, plus élevé. Il n'est pas rare que des marchandises ne soient pas collectées parce que leur valeur résiduelle est trop faible comparée au coût de la logistique inverse.

■ Mettre en place un réseau de logistique inverse

La logistique inverse s'appuie souvent sur des réseaux logistiques qui ont été optimisés pour les flux aller. Pour améliorer la performance de la logistique inverse, il peut être nécessaire de mettre en place un réseau de logistique inverse spécifique.

Par exemple de nombreuses entreprises de la grande distribution ont mis en place des *Centralized Return Center* (CRC) pour consolider les flux de retour. Walmart fut l'un des premiers distributeurs à avoir mis en place, en Amérique du Nord, un CRC au début des années 1980. La plupart des autres distributeurs mirent en place des centres similaires à partir des années 1990.[1] La consolidation des flux de retour aurait permis au distributeur The Home Depot de diminuer ses coûts logistiques de 40 % en réduisant les coûts administratifs et de transport.[2]

Certains réseaux de logistique inverse permettent non seulement de stocker mais également de remettre en état les marchandises et emballages usagés.

Exemple

CHEP est le leader mondial de la location-gestion des emballages de transport réutilisables comme les palettes, les bacs et les conteneurs. En France, l'entreprise gère un important parc de palettes réutilisables pour ses clients, les industriels et les distributeurs du secteur de la grande distribution principalement. Elle met à disposition ses palettes sur les sites de production de ses clients qui les utilisent pour livrer leurs marchandises. Par la suite, elle récupère les palettes sur les sites de livraison, qui sont principalement les 350 entrepôts de la grande distribution, puis elle les retourne dans ses centres de service. CHEP gère 25 centres dans lesquels les palettes sont contrôlées, réparées et stockées.

■ Mutualiser les flux inverses entre eux ou avec les flux aller

Les flux inverses sont souvent dispersés et peu mutualisés, soit entre eux, soit avec les flux aller. Une mutualisation des flux de retour

1 Source : An Executive's Guide To Reverse Logistics – How To Find Hidden Profits By Managing Returns !, Curtis Greve, Jerry Davis, Greve-Davis (mars 2012).
2 Managing Retail Returns : The Good, the Bad, and the Ugly, Lisa Terry, Inbound Logistics (février 2014).

permettrait d'en améliorer la performance, à la fois économique et environnementale.

La mutualisation des flux retour est généralement plus facile à mettre en œuvre que celle des flux aller. En effet elle est souvent moins soumise à des contraintes de délais ou de confidentialité des informations sur les marchandises transportées. Elle est également plus nécessaire, les marchandises transportées ayant souvent une valeur plus faible.

Exemple

De nombreux distributeurs de textile s'appuient sur l'entreprise helvétique I:CO pour collecter chaque jour 700 tonnes de textile usagé dans 90 pays.

La logistique de retour peut également être mutualisée avec la logistique aller.

Exemple

À Nantes, avec son offre LoginWaste, Veolia Propreté collecte les déchets des commerçants en profitant de la capacité disponible des livreurs une fois qu'ils ont effectué leurs livraisons.

■ Utiliser des modes de transport massifiés

Les moyens de transport massifiés, comme le train ou la péniche, peuvent mieux répondre aux besoins de la logistique inverse que le transport par camion. Ils sont par exemple plus adaptés pour les flux inverses qui ne sont pas soumis à des délais de livraison courts et qui acheminent des marchandises pondéreuses de faible valeur (comme les déchets du BTP).

Exemple

Paprec, une entreprise des gestion des déchets, achemine en péniche les déchets de chantier des trois déchetteries d'Ile-de-France vers le centre de tri de Gennevilliers.

Par contre, les modes de transport massifiés ne sont pas adaptés aux produits dont la valeur est élevée mais diminue rapidement avec le temps et qui doivent être retournés sans délai.

L'essentiel

- **La logistique inverse** est le processus d'acheminement des marchandises du point de consommation vers un point de consolidation afin de récupérer leur valeur et de minimiser leur impact sur l'environnement.
- **Le processus de logistique inverse** se déroule en 3 étapes : collecte, transport et tri des marchandises retournées.
- **La mise en place d'un réseau de logistique inverse**, la mutualisation des flux inverses entre eux ou avec les flux aller ou encore l'utilisation de modes de transport massifiés permet de réduire les coûts et l'impact environnemental de la logistique inverse.

Index

A-B

DE

F

GH

IJK

L

MN

O

P

Q

R

S

T

UVWZ

86978 - (I) - OSB 80° - NOC - BTT
Imprimerie CHIRAT - 42540 Saint-Just-la-Pendue

Dépôt légal : janvier 2025 - N° 202411.0276
Dépôt légal de la 1re édition : février 2013

Imprimé en France